Peter Lerchner

Gelato della morte

Ein bayrischer Provinzkrimi

Scholastika Verlag

Stuttgart

Erschienen im
Scholastika Verlag
Rühlestraße 2
70374 Stuttgart
Tel.: 0711 / 520 800 60

www.scholastika-verlag.com
E-Mail: c.dannhoff@scholastika-verlag.com

Zu beziehen in allen Buchhandlungen,
im Scholastika Verlag und im Internet.

1. Auflage

ISBN 978-3-947233-64-9
Lektorat: Claudia Matusche
Coverbild: Peter Lerchner
Satz: Alexander Hallwich
Druck: BookPress

Gelato della morte

Ein bayrischer Provinzkrimi

von
Peter Lerchner

Inhaltsverzeichnis

Vorwort

Nachdem ich vorwiegend Krimis mit bayrisch-mundartlichem Dialekt besonders gern lese, hatte ich die Idee, doch selbst einmal schriftstellerisch tätig zu werden und einen Kriminalroman zu verfassen. Dabei wollte ich den bayrischen Dialekt, meine Heimat, ihre Besonderheiten und meinen Bezug zu ihr mit einbringen. Die Namen der Beteiligten und die Handlungen sind frei erfunden. Wenn auch die eine oder andere Beschreibung dem Kenner der Umgebung und der Leute bekannt vorkommen mag, ist jede Ähnlichkeit mit den handelnden Personen rein zufällig.

Die zentrale Figur in diesem Krimi ist die alleinerziehende Moni Beck, die mit ihrem Faible für Kriminalfälle dem Alltag entfliehen will. Das oberbayrische Mühldorf, provinziell, traditionell und manchmal etwas spießig, bildet die Kulisse zu den Ereignissen rund um die junge Mutter, die Courage, Selbstbewusstsein, aber auch Verletzlichkeit in sich vereint. Mir war es wichtig, keine perfekte Heldinnenfigur zu entwerfen, sondern eine ganz normale Frau, die fehlbar, menschlich, aber auch liebenswert ist. Ein Mensch wie Sie und ich – und trotzdem etwas Besonderes. Ich habe die spannende Geschichte etwas mit Humor gespickt, so dass Sie bei der Suche nach dem Mörder oder der Mörderin nicht nur zum Mitraten, sondern auch zum Lachen angeregt werden.

Nun wünsche ich Ihnen viel Spaß beim Lesen, und wenn Sie die eine oder andere Passage lustig finden, dann lachen Sie laut, denn auch Lachen ist menschlich und zudem gesund!

Prolog

Langsam zerlief ihm das soeben gekaufte Eis mit dem vielversprechend klingenden Titel „Dolce Latte“ im Mund. Zusammen mit der nach Karamell schmeckenden Waffel frohlockten die Geschmacksknospen auf seiner Zunge geradezu. Wie liebte er es doch, sich nach einem langen Arbeitstag im Laden dann abends auf dem Nachhauseweg bei *Riccardos Eisdiele*, seinem Lieblingsitaliener am Stadtplatz, noch ein Eis zu holen! Nicht dass er Riccardo besonders gut leiden konnte – nein, vielmehr lag es an den Eissorten, die dieser mit viel Liebe und Fachwissen zubereiten konnte und die immer wieder ein kleines Vergehen an der Figur wert waren.

Genussvoll schlenderte er mit seiner Leckerei dahin, bog vom Stadtplatz in die Bräugasse ab, an deren Ende seine Wohnung lag. Die Dämmerung hatte längst schon eingesetzt und die herbstliche Feuchtigkeit breitete sich in der engen, von hohen, alten Mauern umgebenen Gasse aus. Vereinzelt hatte der Wind bereits Laub in die schmale Straße geweht und damit den beginnenden Spätherbst angekündigt. Bald, schon sehr bald würde er diese Kulisse hier mit ihren sich wiederholenden Jahreszeiten – den nasskalten Herbsttagen, dem eisigen und frostigen Winter, der oft ungemütlichen Frühjahrszeit und den manchmal kühlen Sommermonaten – mit der des ewigen Sommers tauschen! Alles hinter sich lassen! Das Leben genießen, vor allem aber die Sonne, Sonne, Sonne … und den weißen Strand, der wie ein weicher Teppich den Weg in das türkisblaue Meer ebnen würde. Weg von seiner ach so verstörten Schwester, und auch weg von seinem Schmarotzerneffen –

das würde ihm in der neuen Umgebung guttun. Er wollte sein Leben, besser gesagt seinen letzten Lebensabschnitt voll genießen und sein mühsam Erspartes nicht seinen Erben, sondern sich selbst und Yolanda gönnen. Yolanda. Die dunkelhäutige Schönheit aus der Dominikanischen Republik, die er beim Internetdating kennengelernt hatte. Sie war eine sehr hübsche, romantische und zudem intelligente Frau, mit der er für den Rest seines Lebens zusammensein wollte. In den letzten sechs Monaten hatte er mit ihr eine richtige Fernbeziehung aufgebaut. Dieser kamen die glücklichen Umstände zugute, dass Yolandas Mutter Deutsche war und dass Yolanda auf einer Privatschule in Santa Domingo ihr Deutsch noch hatte verbessern können. Sie hatte ihm auch beteuert, dass sie mit ihm ihr Leben verbringen wollte und ihn innig liebte. Außerdem hatte sie bereits ein hübsches Grundstück direkt am Meer ausfindig gemacht, das er mit ihrer Unterstützung gern erwerben wollte, um darauf ein schnuckeliges und gemütliches kleines Häuschen zu bauen. Wie er das finanzieren würde, stand bereits fest. Alles war in die Wege geleitet. Nur noch ein paar Verwaltungsangelegenheiten und ein paar Gespräche mit Schuldnern und Banken – und schon würde er seinen Traum leben können!

Tief in diesen Gedanken an sein in nicht allzu weiter Ferne liegendes neues Leben versunken, störte etwas diesen Frieden, der gerade begonnen hatte, sich in seinem Herzen auszubreiten. Aus dem Augenwinkel nahm er einen Schatten wahr, der, als er sich in dessen Richtung wandte, wieder verschwand. Er blieb kurz stehen und drehte sich halb um, damit er seinen Kopf besser zur Seite drehen konnte, denn sein Genick war nicht mehr ganz so beweglich. Obwohl nichts und niemand zu sehen war, stieg ein ungutes Gefühl in ihm hoch. Er hielt kurz inne, um zu lauschen, ob es zu dem vermeintlichen Schatten auch ein Geräusch gab. Aber nichts war zu hören und er setzte seinen Weg fort – nun weit weg von den angenehmen Gedanken und den Blick gespannt nach vorne gerichtet. Kaum war er ein paar Schritte weitergegangen, vernahm er ein kurzes Klacken auf dem Kopfsteinpflaster. Er wandte sich um und sah gerade noch einen grauen Stoffmantel in dem Hauseingang verschwinden, an dem er gerade vorbeigegangen war. Er überlegte kurz, was er tun sollte, denn das mulmige Gefühl ließ ihn nicht los, und entschied sich dann, mit schnellerem Tempo nach Hause zu gehen. Doch kaum hatte er sich wieder in Bewegung gesetzt, hörte er das Klacken auf dem Kopfsteinpflaster erneut, nur diesmal viel klarer und in unmittelbarer Nähe! Instinktiv wollte er seine Schritte beschleunigen, um die Geräusche und auch die Angst, die von ihm Besitz ergriffen hatte, hinter sich zu lassen, aber ein weiteres, diesmal gedämpftes Geräusch, das jetzt von oben kam, ließ ihn erneut innehalten. Er wartete. Nichts geschah. Da! Ein plötzlicher, kurzer Ruck, ein dumpfer Schmerz, der seinen Kopf schier zum Bersten brachte, ließ seine Knie einknicken und ihn stumm zu Boden sinken. Er fühlte das kalte, feuchte Pflaster an seiner Wange – und spürte etwas Warmes, das aus seiner Schläfe kommen musste, an seiner anderen Wange hinunterlaufen. Erstaunt beobachtete er, wie das warme, rote Nass langsam die Fugen des Kopfsteinpflasters füllte. Er wurde müde und schloss die Augen. Die Sonne … die ewige Sonne … der weiße Strand … das Meer … das Haus … Ja, ja, da wollte er hin! Müdigkeit.

Diese Müdigkeit. Sie umschloss ihn wie eine gewaltige Woge und wiegte ihn sanft in den ewigen Schlaf …

1. Moni Beck

„Jetzt reißt's euch doch amoi zam und stellt's euer Radio auf Zimmerlautstärke! Ich hab's satt, mich jedes Mal mit dem Wastl und der Emmi anzulegen, nur weil ihr euch einfach nicht an unsere vereinbarten Regeln haltet! Und jetzt basta!" Mit etwas zu viel Schwung stellte Moni das Mobilteil der Telefonanlage in die Station zurück, so dass es aus dem Ladeteil wieder herausfederte und dann auf dem Boden landete. Zu allem Überfluss sprang dabei auch noch der Deckel des Batteriefachs auf und die beiden Energiezellen flogen unter die Ladentheke der Buchhandlung, in der sie angestellt war. Mit ein paar Handgriffen hatte sie die Batterien wieder eingesammelt und das Mobilteil wieder in die Ladestation zurückgestellt. Monis Wangen hatten sich leicht gerötet, nicht aus Wut über das Missgeschick, sondern weil es schon fast regelmäßig Ärger mit den Vermietern, dem Reichgruber Wastl und seiner Frau, der Emmi, gab. Es war für die alleinerziehende Moni schon schlimm genug, ohne finanzielle Hilfe für den Lebensunterhalt der kleinen Familie sorgen zu müssen. Es kamen auch noch all die Alltagssorgen hinzu, die sich mit dem Heranwachsen ihrer beiden Sprösslinge, der zehnjährigen Lisa und des zwei Jahre älteren Tom, so ergaben: die Schule, der Sportverein, die stetig steigenden materiellen Wünsche … und Erziehungsprobleme. So wie in letzter Zeit. Was das Zusammenleben mit den Vermietern in dem kleinen Zweifamilienhaus in Mössling, einem Stadtteil der wunderschönen Innstadt Mühldorf, durch ständige Konflikte trübte. Moni bewohnte mit ihren beiden Nachkömmlingen die Dreizimmerwohnung im ersten Stock. Die Besitzer, Emmi und

Wastl Reichgruber, ein älteres, kinderloses Ehepaar, wohnten im Erdgeschoss. Immer häufiger gab es Ärger mit ihnen. Die beiden Kinder gerieten immer wieder in die Kritik der Vermieter: Ob es die nicht ordnungsgemäß abgestellten Fahrräder waren, die manchmal mangelnde Bereitschaft, ein bayrisches „Grüß Gott“ zu entgegnen, oder – wie im gerade erwähnten Fall – das Ehepaar mit deutscher Rapmusik etwas zu laut zu beschallen. Wenn dann am frühen Nachmittag das Telefon im Laden klingelte und auf dem Display die Nummer des Anrufers unterdrückt wurde, ahnte sie schon, dass es die Reichgrubers waren und wieder etwas vorgefallen sein musste. In der Regel rief dann die Emmi an und beschwerte sich.

Bis vor etwa einem Jahr war die Welt im trauten Heim noch ganz in Ordnung gewesen. Man hatte ein gutes, fast schon freundschaftliches Verhältnis mit den Reichgrubers gepflegt. Im Sommer saß man am Wochenende oftmals auf der Terrasse beim Grillen oder einfach bei einem Gläschen Wein zusammen und plauderte über die Welt, insbesondere über die Nachbarschaft, die Stadtpolitik und alles, worüber man schön lästern konnte. Doch das zunehmend schlechte Benehmen der Kinder hatte die Reichgrubers vermehrt dazu veranlasst, sich über die Kinder zu beschweren und sich in die Kindererziehung einzumischen. Dadurch war Monis Verhältnis zu den Reichgrubers abgekühlt. Ja, und seitdem war das mit dem Terrassensitzen auch Vergangenheit.

Den Rest des Tages konnte Moni dann etwas entspannter verbringen. Der Buchladen am Stadtplatz von Mühldorf hatte für Moni eine doch beachtliche Bedeutung. Neben der nüchternen Tatsache, dass sie hier ihr tägliches Brot verdienen musste, bedeutete er für sie gewissermaßen auch eine Ablenkung von den Alltagssorgen – und auch ein bisschen Freude: Sofern die Zeit und ihre beiden Rabauken es zuließen, nahm sie an nasskalten Herbstabenden bei einer heißen Tasse Tee gerne ein Buch, am liebsten einen Krimi, zur Hand. Und da konnte sie auf die aktuellen Neuerscheinungen aus dem Buchladen zurückgreifen. Meist mit dem fundierten Wissen von Herrn Hoymeyer, ihrem Chef. Zudem war ihre Tätigkeit in der Buchhandlung *Wilhelm Hoymeyer* eine gute Möglichkeit, ihr großes Kommunikationsbedürfnis zu stillen. Als geborene Mühldorferin kannte sie in diesem beschaulichen Ort fast jede und jeden. Da konnte es schon passieren, dass jemand aus ihrem Bekanntenkreis in die Buchhandlung kam, nur um ihr etwas „ganz Wichtiges" zu erzählen, und dabei überhaupt kein Interesse an den Büchern und Zeitschriften zeigte. Aber auch ansonsten kannte sie fast jede und jeden, die bzw. der den Buchladen betrat. Über manche freute sie sich mehr – und über andere weniger. Und dann gab es da noch Werner, ihren „Schui-Spezl". Mit ihm hatte sie schon die Schulbank gedrückt und so manche Streiche ausgeheckt, die sie ihren Kindern wohlüberlegt verschwieg. Werner war so etwas wie ihr älterer Bruder, den sie nie gehabt hatte und der ihr mit viel Rat, aber auch mit genauso viel Tat zur Seite stand. Er verstand sich auch prächtig mit ihren Kindern. Und so kam es, dass Werner abends oft mit ihnen viel Zeit verbrachte, während sie zu ihren Dates gehen konnte. Rein erzieherisch brachte Werner als Babysitter nicht unbedingt eine Glanzleistung, denn außer Spielen am Computer und Kissenschlachten unternahm er mit den Kindern an solchen Abenden nichts. Da sie selbst nicht gerade einen Putzfimmel hatte und auch sonst ein wenig Unordnung für sie kein großes Problem darstellte, hatte sie zu später Stunde dann oft weder Muße noch Zeit, den „Saustall“, wie sie die Unordnung in der Wohnung dann gerne nannte, zu beseitigen. Nicht zuletzt deswegen kamen solche Dates nicht allzu häufig vor.

Werner Huber war Polizeiobermeister bei der örtlichen Polizeidienststelle im Ort und – genau wie sie – bekannt wie ein bunter Hund. Dass Werner von Beruf Polizist war, war ein weiterer Grund, warum Moni mit ihm so gerne „abhing“. Oft saßen sie am Sonntagabend zusammen beim *Tatort* vor dem Fernseher und rätselten um die Wette, wer der Täter war.

Moni interessierte sich sehr für Werners Tätigkeit, da sie – über ihre weibliche Neugier hinaus – ein großes Faible für Kriminalfälle besaß. Und wenn er tagsüber Zeit hatte, bei ihr vorbeischaute und über die neuesten Straftaten in Mühldorf berichtete, so hörte sie ihm immer aufmerksam zu und hatte oft einen Rat zur Hand, wer denn was, warum und wie getan haben könnte. Leider waren die Vorkommnisse in Mühldorf nicht annähernd so spannend wie die Krimis, die sie so gerne las.

Heute kam Werner kurz vor sechs Uhr in den Laden, mit einem Eis in der Hand, das er bei *Riccardo* im Vorbeigehen noch geholt hatte. Mit seinen Einsfünfundachtzig, seinem vollen, dunkelblonden Haar und einem leichten Bauchansatz war er ein „gstandenes Mannsbild“, wie man in Bayern so sagt.

„Hey, oida Schui-Spezl, hast wieder nicht an mich gedacht. Schlabberst da dein Eis – und ich?“, beschwerte sich Moni.

„Ich will ja nicht, dass du mit deiner Linie in Konflikt kommst, sonst musst wieder drei Extrarunden im Fitnesszirkel machen!“ Werner war um keine Antwort verlegen. Leider hatte er damit bei Moni eine sensible Stelle getroffen, und eine weitere Diskussion darüber erübrigte sich. Wie bei den meisten Frauen waren auch bei Moni die ersten Anzeichen einer kleinen Bauchwölbung der Auslöser für Fitness- und Abnehmorgien gewesen. Seit drei Monaten quälte sich die 1,64 m große Frau im *Fit-o-Fit* ab, dem örtlichen Fitnesscenter, um ihr Gewicht zu reduzieren. So gerne wollte sie wieder die fünfundfünfzig Kilogramm haben, die sie noch mit Anfang zwanzig, also vor etwa zwölf Jahren, gehabt hatte.

„Was macht die Polizeiarbeit so?“, versuchte Moni von dem heiklen Thema abzulenken und drehte ihre roten Locken um den Finger.

„Na ja, momentan ist’s ruhig. Aber im Herbst werden so manche trübsinnig. Wer weiß, was dann noch alles passiert!“, antwortete Werner. Dann nahm er seinen ganzen Mut zusammen und druckste herum: „Du Moni … wos moanst … sollten wir ned amoi wieder abends an Krimi oder wos Ähnliches oschaun? I hätt’ so richtig Lust drauf!“

„Du, des könnt’ ma scho machn, aber da reden wir a andermal drüber“, erwiderte Moni, und ohne dabei unhöflich zu wirken, zeigte sie dabei auf die Uhr, um Werner zu signalisieren, dass es Zeit war zu gehen und sie den Laden gerne pünktlich abschließen wollte.

2. Erwin Haderthanner

Nachdem Werner den Buchladen verlassen hatte, ging Moni die Kassenumsätze durch, verglich den Geldbestand mit dem Kassenkonto und legte – zufrieden darüber, dass alles genau stimmte – die Geldscheine in eine Geldtasche, die sie dann beim Heimgehen in den Bankbriefkasten werfen wollte.

Nachdem sie in den Regalen und auf den Buchpräsentationstischen noch ein wenig Ordnung gemacht hatte, zog sie ihre Jacke an und verließ den Laden durch den Haupteingang. Als sie ins Freie trat, spürte sie den kühlen Herbstwind, der das erste gelb-braune Laub in den Arkadengängen des Mühldorfer Stadtplatzes tänzeln ließ. Mit schnellen Schritten zielte sie in Richtung Bank, die auf ihrem Nachhauseweg lag. Vor der Geschäftsstelle zog sie die Geldtasche aus ihrer bauchigen Handtasche und warf sie in den eigens dafür angebrachten Schlitz ein. Die Gedanken an die nächste Station ließen ihre Mundwinkel leicht nach oben wandern. Denn drei Häuser weiter in der zu einem Stadtplatz ausgebauten Straße, die im Mittelalter nach italienischem Baustil – nämlich Haus an Haus mit dazwischenliegenden engen Gassen – gebaut worden war, befand sich die Eisdiele *Da Riccardo*. Obwohl Moni Werners Anspielung auf ihre Figur noch nicht ganz verdrängt hatte, lief sie schnurstracks auf die Theke des Straßenverkaufs zu. Mit einem „Ciao Bella!“ wurde sie von Riccardo Belloni, dem Besitzer und Betreiber der Eisdiele, begrüßt. „Ciao Bello!“, erwiderte sie mit korrekter italienischer Grammatik, die sie noch vom Volkshochschulkurs im letzten Herbst in Erinnerung hatte, die Begrüßung.

„Was hätten die hibsche Donna denn gerne?“, umschmeichelte Riccardo Moni, so wie er es gerne mit allen Kundinnen machte.

„Zwei Kugeln, Nocciola und Bacchio, und bitte in der Waffel!“

„Come stai, principessa?“, wollte Riccardo wissen.

„Ganz gut, danke!“

„Ja, hallo Moni, wie geht’s dir denn?“, hörte sie dann von hinten die sonore Stimme von Bert Haigermoser, dem Wirt des *Getreidekellers.* Er betrieb unmittelbar unter dem Bekleidungsgeschäft vom Erwin Haderthanner seine – wie er sie gerne nannte – kultiviert bayrische Gastwirtschaft.

„Ja guad, und dir?“

„Ja, geht so!“, brummelte er zurück.

„Was is los?“, fragte Moni neugierig und drehte sich zum Haigermoser um.

„A geh, mit dem Haderthanner hab’ i wieder Ärger. Jetzt möcht’ der scho wieder die Pacht erhöhen, wo i doch letzt’s Jahr no kräftig in die Bestuhlung investiert hab’. Richtig grantig macht mich der, der soll ma bloß unter die Augen kommen, aber dann ...!“, blaffte Haigermoser heraus, und zwar so laut, dass sich die anstehende Straßenkundschaft irritiert zu ihm umwandte.

„A geh, lass’ di doch ned so ärgern! Red’ halt mit ihm, vielleicht lasst sich da no was machen!“, versuchte Moni ihn zu beschwichtigen.

Mit einer abwinkenden Geste beendete Bert Haigermoser jedoch das Gespräch und ging in Richtung Stadttor davon.

„Servus, Bert!“, rief ihm die Moni noch hinterher, was dieser noch mit dem Anheben der rechten Hand quittierte.

Moni nahm ihre fertige Eiswaffel, legte zwei Euro vierzig in die eigens dafür vorgesehene Porzellanschale und verabschiedete sich von Riccardo und einigen Leuten, die in der Schlange vor der Eisdiele standen.

Die nächsten fünf Häuser schlenderte sie gemütlich dahin, damit sie ihr Eis besser genießen konnte. Obwohl sie die Warenpräsentationen in den Schaufenstern der Geschäfte mittlerweile zur Genüge kannte, blieb sie doch vor dem einen oder anderen stehen, um sie sich nochmal genauer anzusehen. Erst als sie das letzte Stück der Eiswaffel verzehrt hatte, ging sie wieder mit schnellen Schritten Richtung Parkplatz außerhalb des Stadtplatzes von Mühldorf. Der neue Bürgermeister hatte nämlich vor zwei Jahren erlassen, dass die Angestellten der Geschäfte ihre Fahrzeuge außerhalb des Stadtplatzes auf den extra dafür ausgewiesenen Parkplätzen stellen müssen. „Damit die Kunden während des Einkaufens ausreichend Parkplätze am Stadtplatz haben“, war seine Begründung.

Um zum Parkplatz zu gelangen, musste sie kurz vor dem Stadttor in die Bräugasse, eine kleine, finstere Gasse, abbiegen und diese bis zum Ende durchgehen, um dann über ein paar Treppenstufen zum Stadtwall – eine Ringstraße um den Stadtplatz herum – zu gelangen. Von dort waren es noch etwa zweihundert Meter zum Auto. Gerne ging sie durch diese Gasse nicht. Das lag zum einen vielleicht daran, dass sie eng und von hohen Wänden umschlossen war. Zum anderen, weil dadurch auch im Sommer kaum Sonnenlicht hineinfiel und sie vor allem in der Dämmerung, so wie jetzt, immer einen Hauch von Bedrohung verspürte. Heute fühlte sie sich beim Beschreiten der Gasse – sie wusste nicht warum – ganz besonders unbehaglich. Sie wollte sich ablenken und überlegte, was sie den Kindern heute Abend zum Essen noch schnell zubereiten könnte. Entschlossen marschierte sie auf der rechten Seite der Bräugasse entlang. Ein Vibrieren in ihrer Tasche, gepaart mit einem hellen Klingelton, riss sie aus ihren Gedanken. Abrupt blieb sie stehen und wühlte in der Tasche nach ihrem Handy. Bevor sie aber diese Errungenschaft der modernen Kommunikation ertasten konnte, erstarb der Klingelton wieder. Erst nach weiteren Bemühungen fanden ihre schmalen Hände in den Tiefen ihrer Tasche den Verursacher der Störung. Sie blickte auf das Display und drückte sogleich die Ruftaste, um den Anruf zu erwidern. „Ja, Mama hier, was gibt's?"

„Wann kommst du, ich hab so viel Hunger", tönte die zarte Stimme von Lisa, ihrer kleinen Tochter, aus dem Lautsprecher.

„Ich bin gerade auf dem Weg zum Auto, bin gleich da!", versuchte Moni ihr quengeliges Kind zu trösten. Nach einer kurzen Verabschiedung ließ Moni im Bewusstsein, dass ein weiterer Anruf dieselbe Suchprozedur zur Folge haben würde, ihr Handy in den oberen Bereich ihrer Tasche gleiten und setzte ihren Gang wieder fort. Allerdings nur ein paar Schritte …

Sie erstarrte vor Schreck und hielt einige Sekunden inne. Und dann schrie sie. Es war ein lauter und durchdringender Schrei, der jäh die Stille der Gasse durchbrach. Sie konnte ihre Beine immer noch nicht bewegen, so sehr lähmte sie das, was sie sah: Vor ihr auf dem Kopfsteinpflaster lag ein lebloser Körper, der Kleidung nach ein Mann. Und ringsherum nichts als stille Dämmerung. Weit und breit war kein anderer Mensch in Sicht. Eigenartig und grotesk verkrümmt lag er da, mit dem Gesicht zur anderen Seite, aus den Ohren und einer Kopfwunde lief Blut. Unmittelbar neben dem Hinterkopf lagen die Scherben eines zerborstenen Blumentopfs, die blühende Balkonpflanze stand noch in ihrem Erdklumpen – so, als ob sie triumphieren wollte – auf der Schulter des Mannes. Rechts daneben lag eine Eiswaffel. Die dunkle Eiscreme war bereits geschmolzen und hatte sich mit dem hellroten Blut auf dem Kopfsteinpflaster vermischt.

Nachdem sich Moni endlich aus der Schockstarre gelöst hatte, beugte sie sich zu dem Mann hinab. Ihre erste Reaktion war, dass sie die Halsschlagader ertastete, so wie sie es im Erste-Hilfe-Kurs gelernt hatte. Sie konnte keinen Puls spüren. Nach erstem Ermessen war dieser Mann tot.

Da ihr Aufschrei ringsum gehört worden war, kamen jetzt nach und nach Passanten herbei und die Anwohner traten aus den Eingängen. Manche waren hinter ihren Fenstern geblieben und beobachteten von dort aus das Szenarium. Allen war der Schrecken ins Gesicht geschrieben, als sie den leblosen Körper betrachteten.

Mit einer letzten Spur von Hoffnung, dass doch noch ein Rest von Leben in dem Mann sei, wechselte Moni auf die andere Seite – und erschrak zutiefst, als sie das Gesicht von Erwin Haderthanner, einem ortsansässigen Geschäftsmann, erkannte. „Das … das ist ja der … Haderthanner!“, stammelte sie vor sich hin und bemerkte nicht, dass sich die Schaulustigen und Neugierigen näher an das Geschehen herangeschoben hatten.

„Was? Da Haderthanner? Was is da passiert, dass der so daliegt?“, fragte eine kleine, gebeugte, ältere Frau, die sich auf ihren Stock stützte.

„Is der tot?“, kam es von einer Anwohnerin, die Moni als Erika Grahammer, eine stadtbekannte Mühldorfer „Quadratratschn“, erkannte.

Moni dachte kurz nach und griff dann in ihre Tasche, um erneut die Suche nach ihrem Handy aufzunehmen, wobei sie mehr zu sich selbst als zu den Umstehenden murmelte: „Der Notruf muss sofort verständigt werden.“ Dieses Mal wurde sie schneller fündig und tippte mit fliegendem Daumen die 112 in ihr Gerät.

„Rettungsleitstelle Traunstein, was kann ich für Sie tun?“, meldete sich eine Stimme.

„Hier ist Moni Beck aus Mühldorf. Ich bin gerade in der Bräugasse in Mühldorf und da liegt ein Toter mit einer Kopfverletzung!“, sprach sie ganz aufgeregt in das Telefon. Nach den üblichen Fragen, die Moni alle zufriedenstellend beantworten konnte, legte sie auf, ließ das Handy wieder in ihre Tasche gleiten und sagte zu den Umstehenden: „Die Polizei ist unterwegs.“ Dann griff sie noch einmal eilig in ihre Tasche, um das Handy erneut herauszunehmen. Nervös suchten ihre Finger das eben noch benutzte Gerät und fanden es schließlich in einer Seitentasche, in die es offenbar versehentlich hineingeglitten war. Sie nahm es heraus und wählte eine Nummer aus ihrer Favoritenliste. Schon nach dem zweiten Piepen meldete sich der Angerufene.

„Ja, Moni, du, ich bin grad bei der Aufnahme eines Verkehrsunfalls. Kann ich dich später zurückrufen?“, hörte sie Werner sagen.

„Es is aber wichtig! Da Haderthammer is tot!!! Der liegt hier vor mir in da Bräugasse!“ Moni war ganz aufgeregt.

„Waaas? Was ... hast du damit zu tun?“

„Nix, aber ich hab’ ihn gfunden.“

„Du, Moni, wir sprechen später. Den Notruf hast du doch scho verständigt, oder?“, vergewisserte sich Werner und bekam dies auch umgehend von Moni bestätigt, bevor er auflegte.

Wenig später kündigte der durchdringende Ton des herannahenden Martinshorns das Eintreffen der Polizei und der Rettungskräfte an. Autotüren wurden geöffnet und zugeschlagen, allen voran eilte Klaus Keilhofer durch die Gasse, der Dienststellenleiter der hiesigen Polizei. Keilhofer fiel nicht nur wegen seiner sehr lauten Stimme auf, sondern auch wegen seiner stattlichen Figur; der ausgedehnte und pralle Bauch, den er fast stolz vor sich hertrug, war nicht zu übersehen. Moni hatte mit Werner schon einmal zur späten Stunde und auch unter Alkoholeinfluss gemutmaßt, wie viele Schweinshaxen und wie viele Mass Bier wohl zu dieser stattlichen Bauchausstülpung beigetragen hatten.

„Bittschön, jetzt gehen Sie doch auf die Seite, lassn's uns durch!“, polterte er schon von Weitem, und das nicht nur, um sich Platz zum Durchgehen, sondern hauptsächlich, um sich Aufmerksamkeit zu verschaffen. So gut kannte die Moni den Keilhofer schon, und zwar nicht nur durch ihre Beobachtung, sondern auch aus den Erzählungen von Werner.

In Keilhofers Windschatten eilte auch der Notarzt heran, überholte ihn und beugte sich unverzüglich über den leblos daliegenden Haderthanner. Ein paar Handgriffe später stellte auch er mit einem bedauernden Kopfschütteln fest, dass der Haderthanner sein Leben vollständig ausgehaucht hatte.

„So, Herr Doktor, dann lassn's amal mich heran. Dankeschön, Ihre Arbeit ist dann wohl beendet“, versuchte nun der Polizeichef die Oberhand über die Lage wiederzuerlangen. „Das hier ist erst mal dann doch Polizeiarbeit.“

Der Arzt erhob sich wieder und verließ den Platz in Richtung Notarztwagen.

„So … Wer hat den Toten gefunden?“, fragte Keilhofer mit suchendem Blick auf die nun durch die Einsatzleute angewachsene Schar.

„Ich war das“, kam es fast schüchtern von Moni.

„Aha. Die Frau Beck.Unsere Kriminalerin.“ Keilhofer erntete vereinzeltes, kleinlautes Gelächter. „Darf ich Sie bitten, mit dem Kollegen zum Polizeiauto zu gehen, damit er ihre Zeugenaussage aufnehmen kann?“ Das klang fast schon wieder versöhnlich.

Monis Interesse für Krimis und Kriminalfälle war auch dem Keilhofer bekannt und hatte in der Vergangenheit schon des Öfteren seine Einsatzleitung und Wege gekreuzt. Wer will denn schon, dass sich ein Fachfremder in die Angelegenheiten der Polizei einmischt?

Moni zog gehorsam mit einem Polizeibeamten ab, damit dieser ihre Aussage aufnehmen konnte.

„Was haben wir denn da, einen Blumentopf!“, stellte Keilhofer fest.

Nun schob sich Erika Grahammer durch die Menge nach vorne und ging direkt auf die noch immer am Boden liegende Leiche zu. „Hach! Des is ja *mein* Blumentopf! Und der is nun in Scherben!“, rief sie entrüstet. Und mit Blick auf die heil gebliebene Topfpflanze fügte sie sogleich erleichtert hinzu: „Gott sei Dank! Die Gerbera is noch ganz geblieben!“, rief die stadtbekannte Dame erfreut aus, nicht ohne das Missfallen der umstehenden Anwohner und Passanten zu ernten.

„Ja Grahammerin, bist denn du deppert? Da liegt ein Toter und dich interessiert nur dein blödes Gemüse!“, entrüstete sich Keilhofer. Gerade als sich die Grahammerin bücken wollte, um die unbeschädigte Gerbera an sich zu nehmen, zog sie der Keilhofer wieder zurück. „Jetzt schaust, dass'd wegkommst! Und die Pflanze bleibt da! Wir sind ja noch in den laufenden Ermittlungen. Und dei Kraut is ein Beweismaterial. Und stell' di gleich beim Polizeiauto an, damit wir auch dei Aussage festhalten können. Schließlich is dein Krautbehälter vielleicht schuld am Tod vom Haderthanner. Zefix no amal!“

„Mei Gerbera is an *gar* nichts schuld“, verteidigte sich die Grahammerin, nun doch etwas kleinlaut. Beleidigt zog sie ab und bewegte sich in Richtung Polizeiauto, in dem immer noch die Moni ihre Aussage machte.

„Wer hat noch was gesehen?“, fragte nun der Keilhofer nochmals in die Runde und schaute dabei eindringlich in jedes einzelne Gesicht der ratlos herumstehenden Menschen. Inzwischen hatten die übrigen Mitarbeiter den Leichenfundort mit einem rot-weiß gestreiften Band abgesichert und begonnen, die vielen herumliegenden Topfscherben mit kleinen weißen Zetteln einzeln zu markieren. Keilhofer, voll in seinem Element, inspizierte eingehend die Umgebung. Sein Blick wanderte von der Gasse nach oben zu der Stelle, von wo der Topf heruntergefallen sein könnte. Dann schrie er, den Kopf Richtung Polizeiwagen gewandt, bei dem die Grahammerin stand, so laut, dass es bis zum Stadtplatz zu hören war: „Grahammerin, können wir nachher zu dir auf den Balkon … oder Durchgang oder was des a immer is, raufgehen? I möcht' mir des anschauen, wo und warum der Topf da runtergfallen is.“ Er blickte erneut nach oben und sah noch, wie eine ältere Frau ihren Kopf ruckartig zurückzog, nachdem sie sich offenbar ertappt gefühlt hatte.

„Hey, Sie da, hallo! Sie da oben, schauen Sie doch nochmals heraus! Wer sind Sie?“, rief er. Leider ohne Erfolg. Der Kopf und die dazugehörige Dame blieben verschwunden. „Das werden wir schon rausbekommen, wer da oben noch wohnt. Brucker, geh’, find doch mal heraus, wer in dem Haus alles wohnt!“, befahl er seinem Mitarbeiter, dem Eberhard Brucker. Werner bezeichnete den Brucker immer als braven Soldaten, weil er dem Keilhofer immer dienstbeflissen und fast schon untertänig diente – und dieser das schamlos ausnutzte.

„Wohnt da ned an Haderthanner sei Schwester?“, warf der Brucker kurz ein.

Keilhofer überlegte kurz und meinte dann: „Das kann sein, aber du wirst das schon herausfinden. Jetzt gehst du erst mal nauf und ich schau, dass ich die Leiche abtransportiert bekomme.“ Wenn Keilhofer „ich“ sagte, dann meinte er einen seiner Mitarbeiter, und prompt reichte er die Aufgabe an den am nächsten stehenden Beamten weiter.

Moni war inzwischen mit der Aussage fertig und unterschrieb gerade noch das Protokoll, als das Handy in der Tasche sich wieder bemerkbar machte. Rasch griff sie hinein, und als ob sie es mittlerweile geübt hätte, bekam sie das Gehäuse gleich beim ersten Versuch aus der Tasche. Allerdings zusätzlich auch noch ein gebrauchtes Taschentuch und einen Tampon, der dann auch direkt vor dem Polizeibeamten auf den Boden fiel.

„Sch…!“, wollte sie herausplatzen, aber im letzten Augenblick beherrschte sie sich und nahm, statt ihre Utensilien wieder einzusammeln, das Telefongespräch an, ohne vorher auf das Display zu geschaut zu haben.

„Moni, i bin jetzt fertig und komm gleich vorbei. Wo bist du denn?“, hörte sie Werner, wie immer, ohne Gruß. Aber das war bei Werner immer so. Bevor man sich am Telefon ordentlich melden konnte, plauderte er auch schon los. Manchmal ohne Punkt und Komma.

„I bin grad fertig mit meiner Aussage und fahr dann … Oh mein Gott, Werner, ich muss jetzt auflegen und heim zu Lisa und Tom! Pfiadi, wir sprechen uns später!“ Moni legte auf, hob die beiden am Boden liegenden „Schätze“ aus ihrer Tasche auf, verstaute sie dort wieder und rannte los. Das Handy ließ sie in der Hand, in der Absicht, auf dem Weg zum Parkplatz noch schnell bei den Kindern anzurufen. Als sie jetzt kurz auf das Display blickte, sah sie acht Anrufe von der Festnetznummer von zu Hause. Gleich nach dem ersten Durchläuten hob Lisa mit einer ganz verweinten Stimme ab. „Maahaami, wo bist du?“

Moni schluckte kurz und erklärte der Kleinen, warum sie immer noch unterwegs war. Dabei vermied sie, von einem Toten zu sprechen, erzählte ihr aber, zu einem Unfall hinzugekommen zu sein, was ja grundsätzlich nicht gelogen war. Sofort bombardierte Lisa ihre Mutter mit vielen Fragen, die Moni mit dem Hinweis abwiegelte, dass sie sich jetzt schnell auf den Weg machen und ihr später alles erzählen würde.

Zu Hause stand die Emmi bereits vor der Haustür und baute sich, die Arme vorne überkreuzt, vor Moni auf. „Du kannst doch ned die Kinder so lange allein lassen. Bis zu mir runter hab’ i die Kleine heulen gehört. Also du weißt schon, das mit der Aufsichtspflicht und so … Wenn da mal ned einer das Jugendamt ins Spiel bringt. Mich geht's ja nix an, aber …"

„Wenn's dich nix angeht, dann halt dich da raus", rutschte es Moni unversehens heraus. Dann schob sie die Emmi zur Seite, sperrte die Wohnungstür auf und zog sie hinter sich gleich wieder zu. Mit einem weinerlichen Hallo und einer dicken Umarmung wurde sie von Lisa innigst begrüßt. Lisa, die stahlgraue Augen wie ihre Mutter hatte, schluchzte herzzerreißend. Tom dagegen begnügte sich mit einem kurzen Blick aus seinem Jugendzimmer in den Gang, um sich zu vergewissern, dass die Mutter jetzt da war. Auf ihre Begrüßung „Hallo Tom!" reagierte er gelassen mit einem angedeuteten Handschlag. Cool, wie ein angehender Teenager eben so sein musste.

Nach dem Abendessen führte sie noch mit Werner das versprochene Telefonat und schilderte ihm dabei alle Details, die ihr noch einfielen. Da sie allerdings nach all den Geschehnissen sehr, sehr müde war, bat sie Werner, die Analyse der Ereignisse auf den nächsten Tag zu verschieben. „Am besten", so schlug sie vor, „um halb zwölf im Laden." Um diese Uhrzeit war es meistens am ruhigsten. Dann brachte sie noch schnell die Lisa ins Bett. Tom hatte seine Zimmertür bereits zugezogen, was so viel wie „Bleib mir vom Hof" bedeutete. Und das wollte sie heute auch nicht weiter diskutieren.

3. Wilhelm Hoymeyer

Am nächsten Tag fuhr Moni die beiden Kinder nach dem Frühstück zur Schule und sperrte dann pünktlich um acht den Laden auf. Was sie aber sehr verwunderte, war, dass der Chef selbst im Laden stand und die Tageszeitungen, die geliefert worden waren, bereits auf der Ladentheke aufgestapelt hatte. Mit einem hellen Anzug, roter Krawatte und Glatze mit graumeliertem Haarkranz ähnelte er dem bayrischen Volksschauspieler Walter Sedlmayr sehr. Mit einem „Guten Morgen, Frau Beck“ begrüßte er sie, sodass man das Süßholz schon von Weitem raspeln hören konnte.

„Ja, Herr Hoymeyer, was hat Sie schon so früh aus dem Bett getrieben?“, entgegnete ihm Moni mit einem Unterton, der auf den Vorfall vom Vortag anspielte.

„Ja, wissen’s, so ein Gschäft braucht auch manchmal die führende Hand, die nach dem Rechten schaut“, konterte er im Schnellschuss, um im nächsten Moment schon zu bereuen, was ihm da entglitten war, und in der Erwartung, eine entsprechende Reaktion bei Moni auszulösen.

„Aha, was läuft denn in so einem Geschäft nicht so rechtens, weil ihre führende Hand notwendig ist?“, kam es sofort zurück. Moni zog dabei eine beleidigte Grimasse, die mehr belustigend als ernstzunehmen war.

„Ach, jetzt kommen’s, Frau Beck, so war des doch ned gmeint. Es is nur, dass ich mich bei unseren Kunden auch mal wieder sehen lassen möchte. Sie wissen doch, des belebt das Geschäft. Und manchmal erfährt man eben so das eine oder das andere!“, rechtfertigte er seine forsche Äußerung von vorhin. Um dann noch versöhnlich zu ergänzen:

„Soll ich Ihnen auch einen Kaffee machen? Ich hab heut nämlich no keinen getrunken.“

„Gerne doch, Herr Hoymeyer“, nahm sie mit einem vielsagenden Lächeln sein Angebot an, um zu zeigen, dass sie nicht mehr verärgert war.

Hoymeyer verschwand daraufhin in den hinteren Räumen und machte sich sofort daran, den versprochenen Kaffee aus dem Vollautomaten zu lassen.

Kaum hatte er den Raum verlassen, öffnete sich die Ladentür und der erste Besucher, besser gesagt die erste Besucherin betrat den Buchladen. Eine Kundin konnte Moni sie beileibe nicht nennen, denn die wenigen Male war sie nur deswegen in der Buchhandlung aufgetaucht, um sich zu beschweren, weil die Tageszeitung nicht zugestellt bzw. aus ihrem Briefkasten entwendet worden war. Und das war nun schon länger nicht mehr der Fall gewesen.

„Guten Morgen, Frau Grahammer, wollen’s das Mühldorfer Tagblatt haben?“, versuchte Moni sogleich, ihr vorzukommen.

„Nein, Fräulein Beck, da steht ja auch no nix drin von dem Unfall gestern.“ Die Grahammerin war immer noch in der sehr überkommenen Ansicht, dass unverheiratete weibliche Wesen eben als „Fräuleins“ zu betiteln sind, und sie würde das in ihrem Leben sicherlich nicht mehr ablegen.

Moni erinnerte sich kurz, wie sich die Grahammerin gestern mit dem Keilhofer angelegt hatte; dabei schlüpfte ihr ein kurzes Lächeln über die Lippen. „Womit kann i denn sonst dienen?“, versuchte Moni das Gespräch wieder auf eine geschäftliche Ebene zu bringen.

„Ach, ich bin von gestern noch so verwirrt und hab’ überhaupt ned gut gschlafen. Ich wollte nur mal so fragen, was Sie so gesehen haben.“ Mit fragendem Blick taxierte sie dabei die Moni.

„Nix hab’ i gesehen, nur den Haderthanner daliegen, tot, mausetot!“

„Haben’s ned vielleicht was bemerkt, was ghört?“, bohrte die Grahammerin weiter.

„Was soll i schon ghört haben, i war geschockt und hab’ sofort einen Notruf abgsetzt. Aber was geht Sie das Ganze eigentlich an? Sind Sie jetzt Ermittlerin? Oder was sollen diese Fragen? Wenn’s nix kaufen wollen, dann entschuldigen Sie bitte, ich hab’ schließlich noch was andres zu tun!“, beendete Moni etwas zu barsch das Gespräch und wollte sich gerade dem Öffnen der in Folie eingeschweißten Tageszeitungen widmen, als Hoymeyer mit dem frisch aufbrühten Kaffee zur Ladentheke kam und die Grahammerin einladend anlächelte. Er stellte den Kaffee direkt vor Moni ab und wandte sich nun an Frau Grahammer. „Ja, Frau Grahammer, scho lang nimmer gesehen. Wie geht es Ihnen denn so? I hab’ scho ghört, dass’s gestern in ihrer Gasse hoch her gangen is. Da sind wohl auch Ihre gepflegten Blümchen in Mitleidenschaft gezogen worden, wie man so hört!“, begann er das Gespräch mit einer Anspielung auf Frau Grahammers Auftritt am Vortag, der sich bei den Stadtplatzbewohnern sehr schnell herumgesprochen hatte.

„Ja, meine Gerbera hat’s erwischt“, erwiderte sie, immer noch die Priorität der Geschehnisse auf den Verlust ihres Blumentopfes und nicht auf den Tod eines ihr bekannten Menschen setzend, auch wenn dieser nicht unbedingt ganz oben auf ihrer Freundesliste rangierte.

„Wie kann ich Ihnen helfen, Frau Grahammer?“ Hoymeyer versuchte geschäftlich zu wirken.

„Ja … nein … Ach nix … Ich war nur auf dem Weg und da wollte ich mal vorbeischauen und sehen, wie's dem Fräulein Beck geht, sie hat ja alles mitbekommen!"

„Ach ja, was haben's also gesehen und ghört, Fräulein Beck?" Hoymeyer nahm die Frage auf, um nicht nur die Neugier der Grahammerin zu befriedigen, sondern auch seine eigene – was auch der eigentliche Grund seines heutigen frühen Erscheinens gewesen war.

„Was soll denn das, bin ich jetzt in einem Kreuzverhör?" Genervt drehte sich Moni demonstrativ um und widmete sich nun ganz dem Auspacken der Zeitschriften.

„Ach, seien's doch ned gleich eingschnappt! Schließlich sind Sie der einzige Augenzeuge des Unfalls!"

„Nix bin i, i hab' nur den Haderthanner gfunden", konterte Moni ohne sich umzudrehen, womit sie andeutete, dass das Gespräch für sie nun endgültig beendet war, und widmete sich wieder ganz ihrer Arbeit.

Der Hoymeyer wandte sich resigniert der Grahammerin zu, um ihr mit einem leichten Kopfschütteln zu vermitteln, dass es keinen Sinn mehr machte, weitere Fragen zu stellen. Anschließend sprach er mit ihr noch über das Herbstwetter und die sich ankündigende kalte Jahreszeit. Unverrichteter Dinge, auch ein wenig eingeschnappt und mit einem kargen, an die Moni gerichteten „Wiedersehn" rauschte sie aus dem Buchladen.

Moni bemerkte, wie der Hoymeyer sich nun von der Seite anschlich, direkt neben ihr stehenblieb und sie beim Auspacken beobachtete. Sie sah auf und fragte schnippisch: „Was gibt's?"

„Nix, es ist nur … Sie haben ja gestern a ganze Menge erlebt und gesehen, nicht wahr?"

„Und? Fangen Sie jetzt auch no an, mich auszufragen? Was is bloß los heute? Lassen's mich doch einfach meine Arbeit machen!" Ärgerlich drehte sie sich weg und gab ihm zu verstehen, dass sie das Gesprächsthema nicht mehr aufnehmen wollte.

Enttäuscht zog Hoymeyer ab und verschwand in den Nebenraum, aus dem er vorher den Kaffee geholt hatte. Kurz danach erschien er mit Mantel, Hut und Lederhandschuhen, um kurz kundzutun, dass er zum Frühstücken in den *Getreidekeller* gehen werde, in sein und auch Monis Stammlokal, das sich am Stadtplatz genau gegenüber befand, unter dem Bekleidungsgeschäft vom Haderthanner. Mit einem kurzen, wortlos angedeuteten Gruß verließ er den Buchladen.

Moni atmete erleichtert auf. Endlich war sie allein. Nachdem sie alle Zeitungen in den dafür vorgesehenen Ständern aufgereiht hatte, kehrte sie wieder zur Ladentheke zurück und bemerkte erst jetzt die noch unberührte Kaffeetasse, von der sie nun genüsslich einen kräftigen Schluck nahm.

Die herbeigesehnte Einsamkeit dauerte an diesem frühen Vormittag nicht lange, denn alle zehn bis fünfzehn Minuten kamen die üblichen Käufer, um sich anhand der Tageszeitungen über die neuesten Nachrichten und Kommentare zu informieren. Kleineren Anspielungen auf die gestrigen Ereignisse wich sie entweder gekonnt aus oder überspielte sie mit Geschäftigkeit. Auch wenn der Kaffee mittlerweile schon kalt geworden war, nippte sie dennoch immer wieder mit kleinen Schlückchen daran. Als sie gerade wieder einmal die Tasse abstellte, öffnete sich die Ladentür schon wieder. Aber dieses Mal war sie über den

Besuch sehr erfreut. Denn da stand Werner, pünktlich wie verabredet – was war auch anderes zu erwarten? Mit einem freundlichen „Hallo“ und einer kurzen Umarmung begrüßte sie ihren Freund.

„Moni, wie geht es dir denn heute? Schon alles verdaut?“

„Na ja, es geht so, das von gestern, ja, das kann ich schon wegstecken. Aber die neugierige Brut hier, die nervt mich total. Und …“

„Halt, jetzt komm erst mal zur Ruhe! Wer ist denn neugierig und wer ist die Brut?“, wollte Werner wissen.

„Ach, erst der Hoymeyer,“ berichtete Moni, „der schon ganz in der Früh hier herumlungert, was er sonst normalerweise nie tut, dann die Grahammerin, die unversehens hier hereinmarschiert und mi ausfragt wie die Kriminalpolizei, und dann de Kunden, die auch noch versuchen, aus mir Informationen für ihren Tagesratsch zu bekommen. A bisserl viel Aufhebens für einen Unfall, meinst nicht auch?“

„Gut, wenn man's genau nimmt, war's ned unbedingt ein Unfall …“, meinte Werner ganz ruhig.

Einen kurzen Moment lang war Moni sprachlos, und als sie das Gehörte verarbeitet hatte, sprudelte es aus ihr heraus: „*Was* sagst du da? Kein Unfall? Was war es dann sonst?“

„Ja, du weißt, aus ermittlungstaktischen Gründen dürfen darüber keine weiteren Informationen und Details weitergegeben werden.“

Wenn auch Moni bis zu diesem Zeitpunkt noch ein wenig müde von den gestrigen Strapazen gewesen war, so war sie jetzt augenblicklich hellwach. „Du meinst, es war Absicht, dass ihm der Blumentopf auf den Kopf gefallen is?“

Werner drehte den Kopf zur Seite und dachte nach. Da fuhr Moni ungeduldig fort: „Komm schon … Werner, lass' mich doch ned so betteln! War's gar Mord?"

„Moni, bitte, ned so laut, das kann mich den Job kosten!", versuchte Werner Moni zu beruhigen. „Wir wissen noch nix Genaues. Aber gestern sind die Ermittlungsbeamten noch zu der Stelle hinaufgegangen, in den zweiten Stock, dort, wo ein offener Durchgang zwischen den oberen beiden Wohnungen in Form einer Balustrade ausgebaut is. Dort oben waren in einem Holztrog mehrere Blumentöpfe nebeneinander aufgereiht. Da gibt's keine Anzeichen von irgendeinem Schaden am Holztrog oder sonst irgendwas, so dass der Blumentopf zufällig aus dem Trog hätte fallen können. Außerdem lag der Haderthanner ned unmittelbar darunter, wo die Topfpflanze gstanden hat." Werner stand nun ganz blass vor Moni, wie ein keiner Schulbub, der etwas ausgefressen hat.

„Des is ja der Hammer!", platzte Moni heraus, fast schon ein wenig zu laut, und sofort hielt sie sich zurück, denn gerade kam der Hoymeyer wieder von seinem Frühstück zurück.

„Was ist der Hammer?", klinkte er sich sofort in das Gespräch ein. Er ahnte, dass Monis letzter Satz etwas mit dem Unfall vom Haderthanner zu tun haben musste.

„Nix, Herr Hoymeyer. Der Werner, also der Herr Huber, hat mir grad erzählt, dass der Haderthanner dem Haigermoser die Pacht erhöhen wollte", versuchte sich Moni herauszureden, und zwar mit einer Information, die ebenso sicher war wie Hoymeyers permanente Neugier. Werner schaute ziemlich verdutzt drein und bewunderte wieder einmal Monis Schlagfertigkeit.

„Und was soll da so *der Hammer* sein, Frau Beck? Des versteh ich ned!“, wollte Hoymeyer wissen. „Und was hat die Polizei damit zu tun? Is leicht was mit dem Unfall vom Haderthanner ned sauber?“

Werners Wangen wurden jetzt knallrot und er konnte sein Unbehagen nicht mehr verheimlichen. „Naa, alles in Ordnung!“, meinte er beschwichtigend und machte Anstalten, den Laden zu verlassen, um der unangenehmen Situation zu entkommen. „Moni, bis heut Abend! Dann kann ich dir noch den ausgeliehenen Krimi zurückbringen“, rief er Moni noch zu und ging zur Tür.

„Und tun's ja gut auf uns aufpassen, Herr Polizeiobermeister! Ned, dass uns a no auf Blumentopf auf'n Kopf fällt“, rief ihm Hoymeyer noch nach, um deutlich zu machen, dass er sehr wohl verstanden hatte, dass es sich bei dem Gesprächsfetzen, den er noch mitbekommen hatte, nicht um die Pachterhöhung vom Haigermoser gehandelt hatte. Und um dem noch eins draufzusetzen, rief er ihm noch hinterher: „Und tun's mir ned meine Frau Beck vom Arbeiten abhalten, weil des is aa da Hammer!“

Nachdem Werner den Laden verlassen hatte, war es für einen Augenblick mucksmäuschenstill. Moni strich sich eine ihrer rotgelockten Haarsträhnen hinter das Ohr, nestelte an den Zeitschriften herum und versuchte, die Bücher in den Regalen noch symmetrischer zu platzieren.

Herr Hoymeyer beobachtete sie dabei genau und räumte dann, um sich auch nützlich zu machen, die soeben vor der Eingangstür abgestellten Bücherkartons ins Lager.

Nachdem sie eine Weile schweigend ihrer Beschäftigung nachgegangen waren, gab er sich dann doch einen Ruck und ging auf Moni zu. „Seien's mir ned böse. Ich hab' des doch ned so gmeint!", begann er versöhnlich auf sie einzureden.

Moni überhörte Hoymeyers Äußerung geflissentlich.

„Also schön, es tut mir leid!", entschuldigte er sich und kam noch näher auf Moni zu.

Als ob sie ihn damit aufhalten könnte, warf sie ihm entgegen: „Und warum sagen's dann sowas?" Sie hatte sich sehr darüber geärgert, dass er Werner lächerlich gemacht hatte. Doch um das Thema endlich zu beenden, meinte sie versöhnlich: „Is schon gut" und konzentrierte sich wieder auf ihre Arbeit.

Pünktlich zur Mittagszeit – Hoymeyer war entgegen seinen sonstigen Gepflogenheiten bis zu diesem Zeitpunkt immer noch im Laden – verließ sie ihren Arbeitsplatz und ließ ihn mit seinen Kartons, die er immer noch nicht vollends ausgepackt hatte, allein.

Leichter Nieselregen benetzte das Kopfsteinpflaster, als sie den Mühldorfer Stadtplatz überquerte. Auf beiden Seiten gab es ausgewiesene Parkbuchten, die von den „Zettelschwalben", wie man die Politessen hier nannte, eifrig überwacht wurden. Durch den gesamten Stadtplatz zog sich eine Einbahnstraße, die vom Stadteingang bis zum Mühldorfer Tor, der Ausfahrt aus dem Stadtplatz, reichte. Kaum hatte sie die schützende Überdachung der Arkaden verlassen, als sie am Fahrbahnrand Werner neben seinem Polizeiwagen stehen sah. Er hob die Hand, was sie mit einem kurzen Zuwinken erwiderte, und ging direkt auf ihn zu.

„Moni, kann i di mitnehmen? Dann kann i dir nämlich noch a paar Sachen erzählen", bot er ihr an und öffnete gleichzeitig die Beifahrertür.

Moni rannte um das Auto herum und nahm die Einladung dankend an. „Du musst mich dann aber wieder hierher zurückfahren, denn mei Auto steht unten am Parkplatz!“, wies sie Werner an.

„Klaro, selbstverständlich!“, antwortete er zufrieden und fuhr los.

„Du, Werner, des mit dem Hoymeyer … des tut mir leid“, entschuldigte sich Moni für ihren Chef.

„Alles gut, ich bin halt ned so schlagfertig wie du. Wo fahren wir hin?“

„Zu mir nach Hause, die Kids kommen von da Schui und haben sicher hungrige Mäuler; und für di is sicherlich auch eine Portion dabei!“, erwiderte Moni. „Jetzt erzähl mir doch bitte genau, was ihr herausgfunden habt über den Unfall … oder Mord oder was immer des auch sein mag!“ Monis Neugier hatte jetzt wieder die Oberhand gewonnen und sie würde nicht eher Ruhe geben, bis sie das letzte Stück Information aus Werner herausgequetscht hatte.

Werner wusste das, also ergab er sich seufzend seinem Schicksal. „Also, der Keilhofer hat heute den Bericht zum Tode vom Haderthanner verfasst und schweren Herzens zu Protokoll gegeben, dass eine unfallbedingte Todesfolge auszuschließen ist. Der Topf war in dem Trog sogar mit einer kleinen Kette gesichert gewesen, die offenbar gewaltsam herausgerissen worden war. Jemand hat den Topf absichtlich und zielgerichtet auf den Haderthanner geworfen.“

Mittlerweile waren sie vor Monis Wohnung angekommen.

“Des is ja wirklich der Hammer!“, rief Moni beim Aussteigen staunend aus und bemerkte, dass die kleine Lisa aus dem Haus gekommen war, um sie umarmend in Empfang zu nehmen. „Mami, was ist der Hammer?“ Fragend schaute die kleine Lisa in das Gesicht ihrer Mutter, in der Hoffnung, darin lesen zu können, was die Mami damit gemeint haben könnte.

Werner huschte nur ein kleines Lächeln übers Gesicht und er kniff die Lisa dabei leicht in den Oberarm. „*Du* bist der Hammer, nämlich ein hammerhübsches Mädchen, das einmal viele Prinzen als Verehrer haben wird“, umschmeichelte Werner Monis Tochter, wohl wissend, dass er damit bei ihr einen Stein im Brett haben würde.

„Ich will aber keinen Prinzen!“, sagte Lisa trotzig.

„Wen willst denn sonst?“

„Keine Prinzen, die reiten immer nur auf langweiligen Pferden. Ich will einen Mann mit einem Porsche!“

Und das ließ Werner so stehen.

4. Benno Haderthanner

Nachdem Moni alle hungrigen Mäuler gestopft und das Geschirr provisorisch auf die Spüle gestellt hatte, in der geringen Hoffnung, die beiden Kids würden sich am Nachmittag um den Abwasch kümmern, fuhr sie mit Werner wieder zum Stadtplatz zurück. Sie dachte ein paar Minuten nach und nahm das Gespräch über den Todesfall Haderthanner wieder auf. „Nur mal so dahingesprochen", begann sie Werner weiter auszufragen, „wer hätte denn ein Interesse, den Haderthanner umzubringen?"

„Ja, des versuchen wir auch rauszubekommen", stieg Werner in den Dialog ein. „Da Haderthanner war ja ned unbedingt der Liebling der Nation, und ich kenn keine Frau, die ihn gern als Schwiegersohn ghabt hätt. Angelegt hat er sich ja a fast mit jedem."

„Werner, wenn wir mal systematisch zusammenstellen, wer denn für so einen Mord infrage kommt, dann könnten wir ja …"

„Nix könnten wir, des is Polizeiarbeit, und du hältst dich da raus", unterbrach er Monis Versuch, ihn für eine gemeinsame Ermittlung zu gewinnen. „Denn wenn des a Mord is, dann haben wir's mit einem ganz anderen Kaliber zu tun! Des is kein harmloser Fahrraddieb", begründete Werner klar seine Meinung.

Am Stadtplatz parkte Werner das Polizeiauto direkt vor dem Buchladen. Das Nieseln war mittlerweile in einen kühlen Herbstregen übergegangen. Moni blieb bewusst noch im Auto sitzen, und auch nach einem kurzen Blick von Werner, der ihr damit andeutete, dass sie nun angekommen sind, machte Moni keine Anstalten, das Auto verlassen zu wollen. „Wohnt ned an Haderthanner sei Schwester auch in der Bräugasse?“, versuchte sie Werner wieder ins Gespräch zurückzuholen.

„Ja, die Gertraud Millstetter, der ihr Mann is erst vor ein paar Jahren verstorben“, beantwortete Werner Monis Frage.

„Und was is mit dem Benno, seinem nichtsnutzigen Neffen? Den hab' i scho lang nicht mehr in Mühldorf gesehen …“

„Der is übrigens in Mühldorf, und zwar schon seit gestern!“

„Woher weißt du des?“, fragte Moni blitzschnell und sah dabei Werner an.

Benno Haderthanner war der Sohn des älteren Bruders von Haderthanner, der ebenfalls bereits das Zeitliche gesegnet hatte. Benno hatte nie so richtig seine Beine auf den Boden bekommen. Schon von Kind auf war er von seinen Eltern verhätschelt worden und jedes Problem war von ihnen aus dem Weg geräumt worden. Auch sonst war alles unternommen worden, was die Unselbständigkeit eines heranwachsenden Menschen fördert. Nach dem gerade noch so bestandenen Abitur hatte er mehrere Studiengänge nach ein bis zwei Semestern wieder abgebrochen. Durch den relativ frühen Tod seiner schon etwas älteren und vermögenden Eltern war er dann zu viel Geld gekommen, das er mit beiden Händen in die „Volkswirtschaft“, vor allem in die Gastwirtschaft investierte. Das Einzige, bei dem er Erfolg hatte, war das Flirten. Aufgrund seiner mangelnden Beziehungsfähigkeit hatte er aber schon viele Frauenherzen gebrochen. So auch Monis. Bis vor mehr als zehn Jahren hatte sie mit ihm eine Beziehung gehabt, aus der Tom und Lisa hervorgegangen waren. Kurz nach Lisas Geburt hatte er sich aus dem Staub gemacht und war weder seinen Unterhaltsverpflichtungen noch seinem Sorgerecht nachgekommen. Angeblich hatte er mehrere Jahre in Brasilien gelebt, wo er ihres Wissens auch eine Latino-Schönheit geschwängert hatte. Gerüchten zufolge war seine Erbschaft nun mehr als aufgebraucht, und eine Freundin von Moni, deren Tante mit der Schwester des verstorbenen Haderthanner befreundet war, hatte sogar erzählt, dass er hoch verschuldet sei. Seit seinem Verschwinden und damit dem Aus ihrer Beziehung war der Kontakt zu Benno abrupt abgebrochen. Die beiden Kids kannten und wussten von ihrem Vater so gut wie gar nichts. Das hatte Moni bislang geschickt zu vermeiden gewusst.

„Der Keilhofer hat den Brucker heute Morgen gleich zu Haderthanners Schwester geschickt und prompt war da auch der Benno“, beantwortete Werner Monis Frage. „Übrigens, die Frau, die Keilhofer gestern kurz aus dem Fenster blicken sah, war auch die Millstetter. Komischerweise wohnt die genau auf dem gleichen Stockwerk, gegenüber von der Grahammerin, und hat also auch Zugriff auf den Kasten mit den Blumentöpfen der Grahammerin“, ergänzte Werner seine Ausführungen.

„Also könnt’ auch sie den Blumentopf auf Haderthanners Schädel gschmissen haben!“, warf Moni ein.

„Aber was hätte die für ein Motiv?“

Das wusste Moni auch nicht. „Dass der ausgerechnet jetzt auftaucht, als sein Onkel stirbt, ist schon komisch“, überlegte sie laut und brachte das Thema wieder auf Benno.

„Allerdings!“, pflichtete ihr Werner bei. „Der riecht wohl das Geld, auch wenn er ned damit umgehen kann; denn mit dem Ableben von seinem Onkel erbt der einen großen Batzen. Da ist das Wohn- und Geschäftshaus mit dem Bekleidungsladen, unten der *Getreidekeller* – von Lebensversicherungen und Bankguthaben ganz zu schweigen. Zudem gehört ihm fast scho an Hoymeyer sei Buchladen“, zählte Werner auf.

„Wieso der Buchladen? Was hat der Haderthanner damit zu tun?“

„Ja, man sagt, der Haderthanner hat dem Hoymeyer einen Kredit gegen eine Grundschuld auf seinen Buchladen gegeben. Und dass der Hoymeyer ned ganz so gut bei Kasse is, hast du doch auch schon das eine oder andere Mal bemerkt!“

„Stimmt!“, bestätigte Moni. „Also hätte der auch ein mögliches Motiv!“ Sie überlegte kurz und wollte wissen: „Du Werner, woher weißt du denn so viel über den Haderthanner?“

„Ja mei. Ermittlungen, Fakten, Fakten, Fakten …“, erklärte Werner stolz und konnte dabei ein selbstgefälliges Grinsen nicht verbergen. „Aber Moni, sei bitte ned so voreilig und überlass’ der Polizei das Schlüsseziehen.“

Aber Moni missachtete Werners Belehrung. „Also haben wir eine ganze Reihe von Personen, die ein Interesse daran gehabt haben könnten, dass der Haderthanner das Zeitliche segnet! Und der Benno, der skrupellose Schmarotzer, gleich an erster Stelle!“, schimpfte sie. „Weißt du was, Werner, gehen wir doch heut’ Abend in den *Getreidekeller* und trinken a Glaserl miteinander, vielleicht fällt uns ja da noch was ein, oder wir sehen da was Interessantes! Holst mi ab? Aiso dann servus!“ Moni packte ihre ausgebeulte Handtasche, stieg aus dem Auto und ging in den Buchladen.

„Hallo, was machen’s denn da?“, rief Werner einer „Zettelschwalbe“ mit langen grauen Haaren entrüstet zu, während er die Seitenscheibe herunterkurbelte. Die Politesse heftete gerade einen Strafzettel, fein säuberlich in einer Plastiktasche verpackt, an die Windschutzscheibe des Polizeiautos.

„Sie parken nun scho mehr als zehn Minuten hier – und des kostet, wenn sie kein Parkticket gelöst haben!“, erwiderte sie mit einer kräftigen, krähenartigen Stimme.

„Aber sehn Sie ned, dass des a Polizeiauto is?“

„Und wenn’s a Feuerwehrauto wär, könnten’s mi ned davon abhalten!“

„Ja zefix, so a …“, Werner konnte sich gerade noch einen Kraftausdruck verkneifen, der ihn in noch größere Schwierigkeiten gebracht hätte. Also öffnete er die Autotür, stellte das linke Bein auf die Straße und nahm mit einer Hand den schon etwas durchnässten Zettel von der Windschutzscheibe. Doch plötzlich glitt er aus und prallte mit seinem Hintern auf den Boden. Was er aber in der Eile nicht bemerkte, war, dass er mit seinem Hintern in einem frischen, unmittelbar aus dem Dickdarm eines Dalmatiners stammenden Stoffwechselprodukt gelandet war. Also setzte er sich mit seiner nun mit Hundekot bereicherten Hose wieder in sein Polizeiauto und bemerkte auch die sich rasch ausbreitende Duftnote im Inneren des Fahrzeugs nicht, da er sich tags zuvor bei der Aufnahme des Verkehrsunfalles in der herbstlichen Kühle einen leichten Schnupfen geholt hatte. So „aufgerüstet“ fuhr Werner in die Polizeidienststelle, um, wie ihm vorher telefonisch aufgetragen worden war, eine Zeugenbefragung zum Ableben des Erwin Haderthanner durchzuführen. Die Kollegen trauten sich immer noch nicht, von Mord zu sprechen, da die Pressekonferenz erst für den nächsten Tag zur Mittagszeit angesagt war und der „Alte“ – wie die Kollegen den Keilhofer manchmal nannten – ausrasten würde, wenn ihm einer seiner Untergebenen mit der Bekanntgabe von Informationen zuvorkommen würde.

Als Werner in den Eingangsbereich der Dienststelle kam, deutete ihm sein Kollege Heinz Damoser mit einer Handbewegung gleich an, dass im Vernehmungszimmer schon alles bereit war. Werner wollte noch schnell seine Jacke um den Schreibtischstuhl hängen und musste dabei an seinem gegenübersitzenden Kollegen Eberhard Brucker vorbei. Der verzog die Nase und meinte nur: „Aber Huber, warst du im Saustall?“

„Naa, nur bei der Moni zum Mittagessen“, erwiderte Werner und fügte hinzu: „Saustall? Ah geh! A so geht's doch bei der Moni auch wieder ned zu!“

Auf dem Weg zum Vernehmungszimmer kam ihm Keilhofer entgegen. „Ah, Herr Huber, gut, dass ich Sie noch treff'. Schaun's doch bitte …“, er unterbrach sich kurz und zog etwas missbilligend die Nase hoch, “bei der Zeugenvernehmung, dass Sie ned unseren aktuellen Erkenntnisstand preisgeben.“ Dabei musterte er den Werner von oben bis unten und ermahnte ihn: „Und achten's a bisserl auf ihr Äußeres und Hygiene und so …“ Dann schritt er kopfschüttelnd zügig weiter.

Werner blieb stehen und sah seinem Chef verdutzt nach. An die kichernden Kollegen gewandt meinte er: „Was hat der denn für ein Problem?“

„Der ned, aber vielleicht du!“, platzte Brucker heraus und konnte sich nun das Lachen nicht mehr verbeißen, und alle anderen lachten lauthals mit. Werner schüttelte nur verständnislos den Kopf und betrat das Vernehmungszimmer.

5. Gertraud Millstetter

Die Gerti Millstetter, eine eher zurückgezogen lebende, schon etwas betagte, aber stolze Frau hatte es in ihrem Leben – obwohl sie nie unter finanziellen Entbehrungen gelitten hatte – doch nicht ganz leicht gehabt: in der Nachkriegszeit aufgewachsen, früh mit einem Unternehmersohn verheiratet worden, lange Zeit kinderlos geblieben und dann mit vierzig endlich Mutter eines süßen, kleinen Adoptivbabys geworden. Kurz nachdem das Babyglück sich eingestellt hatte, wurde ihr Mann krank und hoffte von Operation zu Operation und von Therapie zu Therapie auf etwas Linderung – wenn auch nicht auf vollständige Heilung. Die Krankheit verschlimmerte sich jedoch, und die letzten Jahre vor seinem viel zu frühen Tod pflegte sie ihn aufopferungsvoll.

Das Adoptivkind hingegen wuchs auf sich allein gestellt, jedoch finanziell abgesichert und in einer von den Eltern großzügig ausgestatteten Umgebung auf. Es fehlte ihm an nichts, und wenn Reinhard, so nannten sie ihr Kind, mal nicht mit eigenen Mitteln das erreicht hatte, was er wollte, so halfen die Eltern mit entsprechenden Finanzspritzen nach. Ob es um die Aufnahme in bestimmte Kreise ging, das Abitur und danach den Elite-Studienplatz – um alles kümmerten sich seine finanzkräftigen Adoptiveltern. So unterstützt gab es für Reinhard keinen Anreiz, mit Arbeit und Fleiß etwas zu erreichen. Eines aber konnte er sich trotz es übermäßigen Geldflusses nicht kaufen: einen Freundeskreis. Er versuchte deshalb, mit Mutproben und ähnlichen Aktionen Freunde zu gewinnen. So kam es, dass er eines Tages mit einer Gruppe von jungen Studenten

„abhing“ und zu später Stunde dann beweisen wollte, dass er mutig genug war, um von einer hohen Brücke ins tiefe Wasser zu springen. Leider war der Fluss nicht annähernd so tief, um einen Sprung von zwölf Metern Höhe zu überleben. Und so musste Gerti Millstetter auch noch den Verlust eines weiteren geliebten Menschen ihrer Familie beklagen. Was ihr aber Halt gab, war ihr Glaube, den sie fortan noch intensiver pflegte, wahrscheinlich um Trost zu finden. Als aktive Kirchgeherin war die großgewachsene, hagere Frau natürlich auch im Kirchengemeinderat engagiert und vertrat emsig die Interessen ihrer erzkatholischen Glaubensgemeinschaft. Ihre noch verbliebene Restfamilie – auch den älteren Bruder hatte sie erst vor wenigen Jahren begraben müssen – hatte nur noch aus dessen Sohn Benno und ihrem jüngeren Bruder Erwin Haderthanner bestanden, der nun auch nicht mehr unter den Lebenden weilte. Erwin war in ihrer Kindheit so etwas wie eine kleine Zecke gewesen: zu nichts nutze, jedoch energiesaugend und nervenaufreibend. Und das hatte sich in späteren Jahren auch nicht geändert. Auch deswegen war der Kontakt in der letzten Zeit, obwohl sie nur einige Häuser weit auseinander wohnten, eher karg, um nicht zu sagen eingeschlafen. Und dennoch verspürte sie große Trauer um ihren verstorbenen Bruder Erwin. Mit Benno hatte sie so gut wie keinen Kontakt, denn sowohl sein Auftreten als auch sein opulenter, nahezu exzessiver Lebensstil waren weder mit ihrer religiösen Gesinnung noch mit ihrer konservativen Wertewelt in Einklang zu bringen.

Jetzt war sie zur Polizei geladen worden, um ihre Aussage zum Unfall ihres Bruders Erwin zu machen. Herr Huber betrat den Raum. „Grüß Gott, Frau Millstetter. Zunächst darf ich Ihnen mein herzliches Beileid zum Ableben ihres Bruders aussprechen“, begann Werner die Befragung.

Daraufhin nahm Frau Millstetter ein Taschentuch aus ihrer schwarzen Handtasche, um sich kräftig darin auszuschneuzen, und flüsterte seufzend ein kurzes, leises „Danke“.

„Ja, das ist ja gestern alles sehr schnell gegangen. Raus aus dem Geschäft, sich noch ein Eis geholt, um dann – zackbum – von einem Blumentopf erschlagen zu werden.“

Frau Millstetter sah den Werner mit großen Augen an. Werner räusperte sich kurz, nicht wegen seines Schnupfens, sondern weil er bemerkt hatte, dass seine etwas schroffe Einleitung zum Vernehmungsgespräch nicht sehr gelungen war.

Aber Frau Millstetter rümpfte die Nase etwas, verzog dann verdrießlich das Gesicht und bat Werner: „Könnten Sie bitte das Fenster ein wenig öffnen? Die Luft hier drinnen ist plötzlich so … streng.“

Werner sah verdutzt drein, erhob sich aber, um – trotz der kalten Außentemperatur – das Fenster zu öffnen. Dabei sah er aus dem Augenwinkel, dass Frau Millstetter mit weit aufgerissenen Augen auf seinen Hintern starrte. Na ja, dachte sich Werner zunächst, die hat vielleicht schon lange keinen Knackarsch mehr gesehen. Aber warum zeigte sie das nicht etwas dezenter? Werner errötete, drehte sich ganz schnell um, und setzte sich dann rasch wieder auf den Stuhl.

„Ich möchte ja nicht indiskret sein“, meinte Frau Millstetter, „aber im Drogeriemarkt gibt’s das, was reifere Frauen zu einem gewissen Zeitpunkt benötigen, auch für … *Männer*.“

Werner stieg es nun richtig heiß auf und seine Wangen glühten ob der sehr direkten und äußerst unpassenden Anspielung, aber noch mehr aus Wut. Will mich die alte Schachtel dreist anmachen, indem sie mir Verhütungsmittel empfiehlt, schoss es ihm durch den Kopf. Werner platzte nun der Kragen und er sprang auf. „Jetzt ist's aber genug! Bleiben Sie bitte bei der Sache und versuchen Sie Ihre Spielchen anderswo!"

„Was haben Sie denn plötzlich? Ich wollt' Sie ja nur darauf …"

„I weiß, was Sie wollen. Des miassn's jetzt nicht auch noch aussprechen!", unterbrach sie Werner lauthals.

„Ich weiß überhaupt nicht, was Sie meinen!", entgegnete Frau Millstetter empört.

„Nicht? Die stinkt doch schon zum Himmel, Ihre derbe Anmache!"

Nun sprang auch Frau Millstetter auf und warf ihm zornig und noch lauter als Werner soeben entgegen: „Jetzt reicht's mir aber! Wenn hier was stinkt, dann sind *Sie* es mit ihrer verschissenen Hose!" Dann schnappte sie sich brüskiert ihre Handtasche und schritt eilig zur Tür. Kurz bevor sie sie öffnete, drehte sie sich um und rief entrüstet: „Ich werde mich bei Herrn Keilhofer über Sie beschweren!" Dann verließ sie das Vernehmungszimmer – und Werner blieb unschlüssig und verwirrt zurück. Während er so dastand und überlegte, bemerkte er, dass sich etwas in seinem Schritt äußerst unangenehm anfühlte, und fasste mit seiner linken Hand an seinen Hintern. Als er sie wieder zurückzog und auf seine Handfläche sah, erstarrte er! Er sah eine braune, leicht bröckelige Masse und im nächsten Augenblick entdeckte er Ähnliches auf dem Stuhl, auf dem er gerade noch gesessen hatte. Sofort begriff er, um was es sich da handelte, und war peinlichst berührt. Wie von der Tarantel gestochen rannte er aus dem Zimmer, um direkt den Weg zur Toilette zu nehmen. Wie vorher auch schon begegnete ihm der Keilhofer. Aber dieses Mal kam es nicht zu einer Konversation, sondern zu einem Zusammenstoß, bei dem Werner sein Gleichgewicht verlor, sich gerade noch bei seinem Gegenüber festhalten konnte und seine Handabdrücke auf dem weißen Hemd seines Chefs unübersehbare Spuren hinterließen. Die weiteren Diskussionen und Beschimpfungen eskalierten dann schließlich, sodass Werner zwecks Hygienemaßnahmen nach Hause geschickt wurde. Und dabei hatte er nicht einmal die Möglichkeit gehabt, herauszufinden, wie und wo er zu den ungewollten Ausscheidungsprodukten gekommen war. Aber zumindest konnte er die Tatsache, dass die Sauerei nicht von ihm selbst stammte, doch noch glaubhaft vermitteln. Trotzdem war es für den Rest des Tages der Gesprächsschwerpunkt unter den Kollegen in der Dienststelle, und Werner würde sich zukünftig das eine oder andere Mal einen Hinweis darauf gefallen lassen müssen.

Erst als er ins Polizeiauto steigen wollte, bemerkte er, dass sich auch auf dem Fahrersitz Exkremente befanden, was ihm dann doch eine leise Ahnung bescherte, von wo die ekelige Angelegenheit wohl stammen könnte ...

6. Bert Haigermoser

Als sich Werner zu Hause geduscht, umgezogen und sich von seinem unfreiwilligen Fauxpas erholt hatte, rief er Moni an, um mit ihr eine Uhrzeit für den Abend im *Getreidekeller* festzulegen, denn daran hatte er heute Mittag nicht mehr gedacht. Dabei ließ er die Episode mit seiner Hose ganz bewusst aus.

Moni fuhr an diesem Tag nach der Arbeit nach Hause zu ihren beiden Kids. Wieder einmal wurde sie von der Vermieterin regelrecht abgepasst und musste sich von ihr anhören, wie schlimm ihre Kinder heute Nachmittag wieder gewesen seien.

„Kannst du dir eigentlich vorstellen, wie laut es bei uns unten ist, wenn deine Kinder oben rumspringen, turnen oder was auch immer die da tun?“

„Mei, des sind halt Kinder! Die kann man ned immer einsperren und ruhig halten“, entgegnete Moni barsch.

„Ja, aber wenn du da wärst, würdest du das auch als Lärm empfinden, glaub’ mir des!“, bekam sie als Antwort.

Moni, die es leid war, etwas darauf zu erwidern, drehte sich um und schloss die Wohnungstür auf. Sofort stürmte Lisa auf sie zu und umarmte sie herzlich.

„Wo is denn der Tom?“, fragte Moni und sah sich in der Wohnung nach ihrem Sohn um.

„Tom ist zum Harry gegangen, die wollten Computer spielen“, erklärte Lisa.

„Aha, warum fragt mich dann dein Bruder nicht, bevor er die Wohnung verlässt?“, fragte Moni unsinnigerweise ihre Tochter. „Und du? Bist wohl wieder hier herumgehopst!“, stellte Moni fest, als sie die Kissen und Decken auf dem Fußboden verteilt liegen sah.

„Ja, aber nur ein bisschen“, verteidigte sich Lisa.

„Emmi hat sich soeben wieder bei mir beschwert. Weißt du, dass das für mich schon sehr belastend ist, wenn ich mir jedes Mal ihre Beschwerden anhören muss?“, entfuhr es Moni. Vielleicht wäre es besser, wenn ich mich in der nächsten Zeit umsehe, um eine andere Wohnung für uns zu finden, dachte sie.

Nachdem sie Tom wieder nach Hause beordert hatte und mit beiden die Hausaufgaben durchgegangen war, rief sie Angelika, ihre Freundin, an. Angelika war so weit ganz okay. Wenn sie aber Probleme mit ihrem Freund hatte, musste sich Moni gefühlt unendlich viele Stunden lang anhören, was dieser alles falsch machte und dass er sie, Angelika, vernachlässigte. Da Monis Zeitbudget sehr eng bemessen war und sie sich für diese immer gleichen Querelen keine Zeit nehmen wollte, hatten sich die Gespräche und Treffen der beiden Freundinnen auf wenige reduziert. Aber seit ein paar Monaten schien es in Angelikas Beziehung wohl gut zu laufen, und so ratschten die Freundinnen, wenn die Kids im Bett waren, am Telefon nicht selten bis Mitternacht.

Was Moni an Angelika schätzte, waren ihre Loyalität und ihre Zuverlässigkeit. Wenn Moni Angelika zum Beispiel als Babysitterin brauchte, dann war sie da. Es gäbe da zwar auch noch Monis Eltern, die in Altmühldorf wohnten. Aber der Weg von dort nach Mössling war dann doch ein bisschen weit, und sowohl die Mama als auch der Papa waren nicht besonders davon angetan, in der Dunkelheit mit dem Auto zu fahren. Außerdem müsste sie ihnen dann jedes Mal erklären, mit wem sie warum unterwegs war. Also bat sie lieber Angelika, auf die Kids aufzupassen. Da sie aber jedes Mal ein schlechtes Gewissen hatte, wenn sie Angelikas Hilfe in Anspruch nahm, versuchte sie diese Hilfe auf wirklich wenige Fälle zu beschränken. Heute war es für Moni wichtig, mit Werner in den *Getreidekeller* zu gehen, da sie die neuesten Entwicklungen im Fall Haderthanner interessierten und sie auch sonst erfahren wollte, wie die Mühldorfer mit dem Todesfall so umgingen. Der *Getreidekeller* war dafür der geeignete Ort.

Kurz vor acht stand Werner geschniegelt – mit neuem Hemd und frisch rasiert – vor der Wohnungstür. Angelika, gut gelaunt, da momentan immer noch ohne Beziehungsprobleme, war schon frühzeitig gekommen, so dass Moni bereits ausgehfertig war und sich mit einem Gute-Nacht-Küsschen für Lisa und einem Tschüss für Tom von den Kindern verabschiedete.

Im *Getreidekeller* fanden sie direkt an der Theke schnell einen Platz. Gottfried, der Schankkellner, brachte ihnen sofort ein frisches Pils.

„Also, was gibt's Neues im Fall Haderthanner?“, begann Moni ungeduldig die Diskussion.

„Ja mei, du weißt ja eh schon alles.“

„Habt's de Millstetter scho verhört? De hat doch oben gstanden, als ich den Hadertanner gfunden hab.“

„Ja, die werden wir uns schon noch vornehmen“, erwiderte Werner kleinlaut und erinnerte sich schmerzlich an die peinliche Situation von heute Nachmittag.

„Lass' uns mal zusammenfassen: Wer hatte ein Motiv, den Haderthanner um die Ecke zu bringen?“, fuhr Moni fort. „Da is für mich an oberster Stelle da Benno, der braucht am notwendigsten Geld! Und dann …"

„Ja wen haben wir denn da? Die Moni und den Werner! Wie heißt es so schön: Die Schöne und das …", fiel Bert Haigermoser Moni ins Wort.

Sofort unterbrach ihn Werner: „Wenn'st ned glei schaust, dass du weiterkommst, dann …!"

„Was dann, du Schupo?"

„Jetzt mal halt, ihr beiden Hitzköpf', was sollen diese Pubertätsspiele?", warf Moni ein, um den aufkeimenden Streit zu schlichten.

„Hihi, Pubertät! Davon kann dieser Hilfspolizist in Windeln doch nur träumen!", stänkerte Haigermoser unbeirrt weiter.

„Jetzt reicht's aber! Bert, was is denn mit dir los? Willst jetzt in deinem eigenen Lokal an Streit heraufbeschwören?", appellierte Moni erneut an Haigermosers Vernunft.

Haigermoser drehte sich daraufhin mit einem verächtlichen Abwinken um und verschwand ins Nebenzimmer.

„Was is denn in den gefahren?" Werner schüttelte ungläubig den Kopf. Dass der Bert ein Auge auf Moni geworfen hatte, war ihm schon ein paar Mal aufgefallen. Aber dass er heute so übermäßig grantig war, verwunderte Werner schon. Vielleicht trug er ihm immer noch nach, dass er vor ein paar Jahren seinen Range Rover hatte abschleppen lassen, nachdem dieser wiederholt im absoluten Halteverbot und noch dazu in der Feuereinfahrt geparkt hatte. Seitdem feindete ihn der Bert immer wieder an.

„Hast du mir ned gestern im Buchladen, als uns der Hoymeyer beim Ratschen erwischt hat, gsagt, dass der Haderthanner die Pacht für den *Getreidekeller* erhöht hat?", wollte Werner den Faden wieder aufnehmen. „Woher hast denn die Information?“

„Er selber, da Bert, hat mir des gsagt“, antwortete Moni wahrheitsgemäß.

„Wann hat er des gsagt?“

„Ja gestern, vor da Eisdiele, kurz bevor ich den Haderthanner tot aufgfunden hab.“

„Aha“, erwiderte Werner nachdenklich. „Dann wäre des ja auch ein mögliches Motiv, oder?“

„Noch ein Pils?“, fragte Gottfried mit einem Blick auf die inzwischen leeren Gläser auf dem Tresen.

„Für mich ein alkoholfreies Weißbier“, entgegnete Werner.

„Und für mich ein stilles Wasser“, ergänzte Moni. „Du Gottfried, was hat denn der Bert heute? Der is ja richtig aggressiv!“

„Ich glaub’, der hat heut’ schon ein paar Glaserl zu viel“, meinte Gottfried trocken. Ab und zu kam es bei Bert schon vor, dass er zu tief ins Glas schaute; deshalb war das für Gottfried nichts Besonderes. Als er ihnen die beiden Getränke brachte, blieb er am Tresen stehen. „Was habt ihr beiden Turteltauben denn so Wichtiges zu bereden?“, scherzte er, mehr gelangweilt als neugierig, einfach um ein bisschen Konversation zu betreiben.

Moni kam dies gerade recht, sie wollte ein paar Informationen über Haigermoser bekommen. „Hatte er’s denn schwer in der letzten Zeit?“

„Ja, ich weiß ned so genau, aber seit gestern is er recht zurückgezogen, sagt kaum was und is schnell gereizt. Letzte Woch’ hat da Haderthanner ihm angekündigt, dass er die Pacht zum Monatsende erhöhen wird. Aber des wissen ja eh scho alle, weil da Bert ned versäumt hat, des jedem und jeder unter die Nase zu reiben“, antwortete Gottfried.

„Ja, mir hat er des vorgestern auch erzählt, mit einer Laune, die ich selten bei ihm gsehen hab’“, stimmte ihm Moni zu.

Nach einer ausführlichen Unterhaltung, die sich auf die Mühldorfer „Prominenz“ und ihre Eigenheiten bezog, rempelte Moni Werner von der Seite an, um ihm zu signalisieren, dass sie nach Hause wollte. Als Werner Gottfried dann bat, ihm die Rechnung auszustellen, kam Wilhelm Hoymeyer, Monis Chef, ins Lokal. Er sah sich kurz um, ohne Moni und Werner zu bemerken, und verschwand unversehens ins Hinterzimmer, wohin auch Bert Haigermoser sich nach dem Wortgefecht zurückgezogen hatte.

Werner zahlte und ging mit Moni nach draußen. Im Auto fing Moni sofort wieder an: „Was macht denn der Hoymeyer so spät noch im *Getreidekeller*? Und dann geht er gleich schnurstracks ins Nebenzimmer, als ob er dort eine Verabredung hätte. Sehr verdächtig!“

„Jetzt lass’ aber mal die Kirche im Dorf. Der Hoymeyer kann doch hingehen, wohin er will, und ist doch deswegen ned gleich verdächtig! Er wird halt zum Kartenspielen verabredet sein oder sonst was“, widersprach Werner verärgert und fast schon ein wenig genervt.

Daraufhin richtete Moni ihren Blick leicht beleidigt auf die Windschutzscheibe und behielt diese Position bis zum Erreichen ihrer Wohnung bei.

„Also danke und eine gute Nacht“, verabschiedete sie sich karg und öffnete die Wagentür.

„Also, sei doch ned gleich beleidigt. Du siehst mit deinem Kriminaler-Faible in jedem schon einen Verdächtigen.

Wo wir doch no ned mal den genauen Tathergang kennen und noch ned alle Beteiligten befragt haben. Lass' uns Polizisten de Arbeit machen, des is unser Job, und da haben wir auch Erfahrung!", versuchte Werner sie zu beschwichtigen. Er stieg aus, ging um das Auto herum, hielt Moni wie ein Gentleman die Beifahrertür auf und begleitete sie zur Haustür.

„Is schon gut!", erwiderte Moni zum Abschied und verschwand in ihrer Wohnung.

Nachdem Werner eingestiegen war und die Autotür geschlossen hatte, spürte er unter seinem linken Schuh eine Unebenheit. Wegen seines Schnupfens konnte er den Gestank nicht wirklich riechen, aber ein kurzer Blick nach unten gab ihm auch schon die Antwort. „Sch…!", entfuhr es ihm. Offensichtlich war er vorher beim Aussteigen schon wieder in einen Hundehaufen getreten! Als er wieder ausstieg, erblickte er sofort das Corpus Delikti: ein Hundehaufen mit seinem Schuhabdruck darauf! Da kam ihm die Idee, auf Emmi Reichgrubers gepflegten Rasen seine Schuhsohlen zu säubern. Der Emmi entging dies natürlich nicht und so gab sie aus dem geöffneten Fenster ihrer Empörung lautstark darüber Ausdruck.

Werner winkte nur gleichgültig ab und ging wieder zu seinem Auto zurück. Frau Reichgruber gab sich aber damit nicht zufrieden, und bevor er seinen Wagen erreichte, stand sie schon in der Haustür, um sich ihrem Ärger erneut Luft zu machen: „Wo soll das denn noch hinführen, wenn sich nicht einmal die Polizei an die Ordnung hält?"

Werner war nicht in der Laune, auf diese Diskussion einzugehen, startete den Motor und fuhr nach Hause. Dort versuchte er noch, per Telefon Moni zu erreichen – erfolglos. Ob sie beleidigt war oder schon eingeschlafen oder beides, wusste er nicht und musste sich wohl oder übel damit zufriedengeben.

7. Gertraud Millstetter

Am nächsten Tag, einem Samstag, kam Werner zeitig in die Dienststelle, um sich einerseits auf die nochmals angesagte Vernehmung von Gerti Millstetter vorzubereiten, und andererseits um zu demonstrieren, dass er nun geduscht, mit gereinigter Uniform und mit frisch gewaschenem Hemd den hygienischen Vorgaben genügte.

„Ah, der Herr Huber! Haben wir heute alles im Griff?" Der Keilhofer musterte ihn mit kritischem Blick. „Sie wissen, dass heute nochmal die Millstetter kommt? Und dann machen's noch den Benno Haderthanner ausfindig und befragen auch den. Meines Wissens ist er im *Altstadthotel* abgestiegen. Und", blaffte er Werner an, „benehmen Sie sich gefälligst bei Frau Millstetter. Ich möchte mich nicht nochmals für Sie entschuldigen müssen." Keilhofer drehte sich um und zog sich in sein Büro zurück.

Viertel vor neun kam dann die Gerti Millstetter erneut in die Dienststelle. Sie ließ es sich sehr wohl anmerken, dass sie an diesem Tag eine besonders zuvorkommende Behandlung erwartete.

Werner begrüßte sie betont freundlich, entschuldigte sich auch für den Fauxpas vom Tag vorher und lieferte ihr auch die dazugehörige Erklärung. Sichtlich distanziert und mit erhaben hochgezogenen Augenbrauen nahm sie Werners Entschuldigung an.

„Also", eröffnete Werner die Vernehmung, „was haben Sie Donnerstagabend in der Bräugasse gesehen?"

„Ja aber des wissen's doch schon! Dass der Erwin da so am Boden lag."

„Und sonst? Vorher oder nachher?“, bohrte Werner weiter.

„Also, vorher hab ich nur gsehn, wie er so daherkam, vom Stadtplatz her. Und da war jemand hinter ihm, der aber dann schnell in unserem Hausgang verschwunden is“, gab die Millstetterin an.

„Und wer war dieser Jemand? Haben Sie den gekannt?“

„Ich hab’ den doch nur von oben g’sehn. Außerdem hat er an Mantel anghabt und an Hut aufghabt.“

„Können Sie sich an die Farbe erinnern? War es ein kurzer oder langer Mantel?“ Werner notierte fleißig alle Beobachtungen, die die Millstetterin von sich gab.

„Ich weiß nicht … ich glaub’, der Mantel war grau, dunkelgrau, der Hut auch dunkel, vielleicht schwarz oder so …“

„Und was ist dann passiert?“ Werner wollte den Ablauf haargenau rekonstruieren.

„Dann bin ich wieder rein in die Wohnung, weil es kurz vor sieben war und da *Dahoam is dahoam* kommt“, erklärte die Millstetterin.

„Wer kommt da?“

„*Dahoam is dahoam*, so a Serie im Vorabendprogramm“, belehrte die Millstetterin den Werner.

„Aso … ja … und dann sind’s nochmals naus?“

„Naa, zuerst ned. Aber dann hat was gscheppert, wie wenn Porzellan zerbricht. Dann bin ich nochmals auf den Balkon. Dann lag da der Erwin da.“

„Ja, und was haben’s dann g’macht? Die Polizei angrufen?“

„Ich weiß des nimma so genau. Ich war recht durcheinander, weil ich ned gwusst hab’, was da passiert is. Dann is alles so schnell ganga. Da war dann de Polizei da und an Haufen Leute.“ Die Millstetterin fing an zu zittern und Tränen schossen ihr über die Wangen. „Ich hab’ ja den Erwin nie bsonders gemocht, aber des … des hätt’ ich ihm auch ned gwünscht. Und jetzt … jetzt is nur no da Benno da.“ Sichtlich berührt barg die Millstetterin ihr Gesicht in den Händen und schluchzte leise vor sich hin.

„Und was war dann mit dem Jemand, der vorher im Hausgang verschwunden is? Is der wieder nauskemma?“, fuhr Werner mit der Vernehmung fort.

„Ich weiß es ned. Das ging dann alles so schnell und ich hab’ dann nachher erst begriffen, dass da Erwin tot is.“ Das Schluchzen der Millstetterin ging in ein bitteres Weinen über und Werner wusste nicht, wie er in dieser Situation reagieren sollte. Wäre doch die Moni da, die kann mit so-was richtig umgehen, dachte er bei sich. „Jetzt gehen’s heim und beruhigen Sie sich. Wenn’s noch was gibt, melden wir uns bei Ihnen!“, war alles, was er noch sagen konnte, und schon erhob sich die Millstetterin und verließ den Raum und die Polizeidienststelle.

8. Benno Haderthanner

Als Nächstes musste er den Neffen vom Haderthanner ausfindig machen. Ein Telefonat mit der Rezeption des *Altstadthotels* bestätigte, dass ein Benno Haderthanner seit Donnerstag Gast auf Zimmer 5 war und sich im Augenblick in seinem Zimmer aufhielt.

Die Polizeimütze übergestülpt und die Uniformjacke unter dem Arm geklemmt ging Werner nun zum Auto und fuhr zum *Altstadthotel.* Als er das Auto geparkt hatte und ausstieg, war es ihm so, als ob er die Moni gerade aus dem Hotel gehen sähe. Aber wahrscheinlich hatte er sich getäuscht. Was täte sie auch hier? Wo sie doch an ihrem Verflossenen kein gutes Haar ließ? Ja, wahrscheinlich hatte er sich getäuscht!

Im *Altstadthotel* ließ er Benno Haderthanner per Telefon in die Hotellobby kommen, um ihn zu befragen. Benno Haderthanner ließ sich Zeit und erschien erst nach längerem Warten. Cowboy-Stiefel, Nietenhose und Glitzer-Jackett passten prima zu dem Bild, das ihm bisher über das Erscheinungsbild von Haderthanners Neffen zu Ohren gekommen war.

„Was gibt es denn so Wichtiges, dass mich die Polizei in meinem Hotel besucht?“, fing Benno gleich an.

„Gerne können wir die Unterhaltung auch auf der Dienststelle fortsetzen, wenn Ihnen die Örtlichkeit ned passt“, konterte Werner.

Daraufhin ließ sich Haderthanner lässig in die Ledercouch neben Werner fallen und schlug seine Beine mit den Cowboystiefeln provokativ auf dem zwischen Werner und der Ledercouch stehenden Beistelltisch übereinander. „Also, was habe ich verbrochen?“, versuchte er weiter, das Nervenkostüm von Werner zu reizen.

Der aber blieb ganz gelassen und entgegnete in bestem Hochdeutsch: „Bisher haben wir noch nichts in Erfahrung bringen können, was Sie mit einer Straftat in Berührung bringt. Aber deswegen bin ich nicht hier!“ Dabei betonte er das „bisher“ so, dass er Haderthanner damit ein wenig verunsicherte.

„Sondern?“

„Es geht um Ihren Onkel – besser gesagt darum, ob Sie etwas darüber sagen können, wer ein Interesse an seinem Tod haben könnte.“

„Ich dachte, das war ein Unfall?“, schob Haderthanner ein und veränderte abrupt seine Sitzposition, indem er seine Füße wieder auf den Boden setzte und sich aufrichtete.

„Wir ermitteln noch in allen Richtungen und schließen vorab eine Straftat noch nicht aus“, entgegnete Werner.

Sichtlich irritiert richtete Benno seinen Blick fragend auf Werner. „Und … was habe ich damit zu tun?“, meinte er schon etwas kleinlauter.

„Vorerst noch nichts, wie ich schon g'sagt hab'. Deshalb nochmals meine Frage: Gibt´s jemanden, der ein Interesse dran haben könnt´, dass ihr Onkel tot is?“ Werner fiel wieder in den Dialekt.

Haderthanner überlegte eine Weile, holte tief Luft und sagte dann: „Wenn ich so nachdenke … Ich weiß, dass Onkel Erwin schon immer sehr hinter dem Geld her war. Er wollte immer möglichst viel herausholen. Vielleicht hat er da jemanden angepisst?“

„Gibt es für den Jemand einen Namen?“, erwiderte Werner, der nun doch einen Notizblock herausnahm, um dem Haderthanner zu signalisieren, dass er bereit war zu protokollieren.

„Ja mei, er hat halt ein paar Immobilien, die er verpachtet oder vermietet hat. Was weiß ich, wo er überall die Finger drin hatte. Aber wenn er in Geldsachen was durchsetzen wollte, war er, wie ich schon gesagt habe, nicht zimperlich!“

Werner kritzelte nun ein paar Stichpunkte auf seinen Notizblock, um den offiziellen Charakter dieser Befragung zu unterstreichen. „Wo waren Sie am Donnerstag zwischen 18:00 Uhr und 19:00 Uhr?“, fuhr Werner nun in seiner Befragung fort.

„Ich … Wieso? Spielt das eine Rolle?“, erwiderte Haderthanner sichtlich pikiert.

„Das bitte überlassn’s uns, Herr Haderthanner. Also, wo warn’s zu dieser Zeit?“

„Hier im Hotel, und … dann bin ich noch etwas spazierengegangen.“

„Kann das wer bezeugen?“

„Also der Herr an der Rezeption hat mich sicherlich rausgehen gesehen. Ansonsten war ich allein spazieren.“

„Wo sind’s da hingegangen?“

„Ja, über den Stadtplatz bin ich spaziert, wo soll man denn in diesem Kaff sonst schon hingehen?“, blaffte Haderthanner.

„Von hier bis zu der Stelle, wo Ihr Onkel zu Tode gekommen ist, sind es nur etwa fünfhundert Meter.“

„Was wollen Sie damit sagen? Werde ich jetzt etwa verdächtigt?“ Verunsichert schaute Haderthanner nach links und rechts, um sich zu vergewissern, dass niemand die Unterhaltung mitbekam. Dann stand er abrupt auf und entgegnete mit erhobener Stimme: „Mir reicht es jetzt, wenn das hier so weitergehen soll, dann sprechen Sie am besten mit meinem Anwalt!“ Er wandte sich um und verschwand in Richtung Treppenaufgang neben der Rezeption.

„Halten Sie sich bitte zur Verfügung“, rief Werner ihm noch nach. Er seufzte kurz, schüttelte den Kopf, nahm Notizblock und Stift, verstaute beides in der Jackentasche und ging wieder in Richtung Ausgang. Als er ins Auto steigen wollte, sah er gerade noch Moni in der Bräugasse verschwinden. Also war sie es vorher doch gewesen, die aus dem Hotel gekommen war. Aber was um Herrgotts willen wollte die Moni im *Altstadthotel*? Hatte sie gar ihren verhassten Verflossenen sprechen wollen?

Werner nahm sein Handy in die Hand und wollte sie anrufen, entschied sich aber dann doch, ins Auto zu steigen, um zur Dienststelle zu fahren.

9. Moni Beck

Moni hatte an diesem Tag, also diesem Samstagmorgen, erst einmal so gar nichts auf die Reihe bekommen. Sie war früh aufgestanden, um für Tom und Lisa noch ein paar Sachen zusammenzupacken, weil sie von Oma und Opa zum Herbstferienbeginn nach Rust in den Europapark eingeladen worden waren. Die beiden Kinder hatten sich schon mächtig auf den Ausflug gefreut. Und als dann Opa Franz vor der Tür stand, gab es zum Abschied nur ein kurzes Tschüss – und schon waren sie auf der Rückbank von Opas Golf verschwunden. Danach konnte sich Moni allerdings für keine weiteren Arbeiten im Haushalt begeistern. Eigentlich hatte sie mit den Kindern dieses Wochenende etwas unternehmen wollen, aber gegen das Angebot von Oma und Opa war sie nicht angekommen. Sie hatte sich aber für die Zeit ab Dienstag ein paar Tage Urlaub genommen, um sich dann mit Tom und Lisa hier in Mühldorf eine schöne Zeit zu machen: Kletterpark und Hallenbad, da wollte sie mit den beiden nächste Woche hingehen.

Aber jetzt kreisten ihre Gedanken ausschließlich um den Todesfall Haderthanner und die jüngsten Begebenheiten. Auf Werner war sie ein wenig sauer, weil der sie komplett von diesem Fall fernhalten wollte.

Dass Benno ausgerechnet jetzt in der Stadt war, empfand sie eher als Zufall. Was hätte der schon mit dem Tod seines Onkels zu tun haben sollen? Benno hatte sicherlich keinen guten Charakter, das hatte er schon so oft bewiesen, und er profitierte durch den Tod seines Onkels enorm, aber deswegen einen Mord zu begehen – das traute sie ihm doch nicht zu.

Moni holte sich Schal und Mantel, nahm den Autoschlüssel aus der Kommode, ging hinaus und setzte sich ans Steuer ihres mehr als zehn Jahre alten Seat Ibiza, um in die Mühldorfer Altstadt zu fahren. Dort parkte sie ihr Auto in einer Nebenstraße und ging schnurstracks auf das *Altstadthotel* zu. An der Rezeption erkundigte sie sich vorsichtig, ob sie einen Benno Haderthanner sprechen könne. Als der Portier nickte und den Telefonhörer in die Hand nahm, hatte sie Gewissheit – mehr wollte sie nicht. Schnell wiegelte Moni ihre Bitte mit dem Vorwand ab, ihr sei gerade noch etwas eingefallen, das müsse sie dringend besorgen und sie käme später nochmals vorbei.

Gerade in dem Moment, als sie aus dem Hotel ging, sah sie Werners Polizeiwagen vorfahren. Sie beschleunigte ihre Schritte und bog in die nächste Gasse ein. Dort wartete sie kurz, bis Werner im Hoteleingang verschwunden war. Hoffentlich hatte er sie nicht erkannt!

Benno war also in der Stadt. Das stand nun fest. Sie wollte es unbedingt vermeiden, ihm unter die Augen zu kommen. Da Werner jetzt offenbar mit ihm sprechen wollte, konnte sie die gewünschten Informationen ausschließlich von ihm bekommen; damit war sie wieder abhängig vom ihm.

Mehr konnte sie im Moment nicht tun. Also entschied sie sich, erst einmal auf einen Cappuccino in Riccardos Eisdiele zu gehen. Vielleicht erfuhr sie ja dort etwas Interessantes.

Auf dem Weg dorthin traf sie die Gerti Millstetter. „Hallo Gerti“, begrüßte sie die offensichtlich trauernde Frau.

„Hallo Moni!“

Nachdem Moni Frau Millstetter kondoliert und sich nach ihrem Befinden erkundigt hatte, tauschten sie ein paar Nettigkeiten aus. Moni stellte ein paar Fragen zu den jüngsten Ereignissen.

„Ach, ich hab' heute schon bei der Polizei alles gesagt." Sie wollte Moni davon überzeugen, dass es nichts Aufregendes zu erzählen gab.

„Weißt, Gerti, ich war ja so geschockt am Donnerstag, dass ich überhaupt nichts mehr mitbekommen hab, wer alles am Platz unten g'standen is. War da der Benno auch dabei?"

„Naa, ned dass ich wüsste. Der ist erst nachher, als die Polizei wieder weg war, bei mir vorbeigekommen und wollte wissen, ob ich den Schlüssel zu Erwins Wohnung hab. Ich hab ihn beschimpft und rausgeschmissen. So was Pietätloses wie den hab' ich noch nie gesehen!"

„So ein Lump, das sieht ihm ähnlich!", pflichtete ihr Moni bei.

Die Millstetterin nickte. „Also, Moni, schön, dich gesehen zu haben. Komm' doch einmal nach der Arbeit bei mir auf einen Kaffee vorbei, dann können wir a bissal reden", bot sie Moni an und zog weiter.

Moni überlegte noch kurz und ging dann weiter Richtung *Da Riccardo*. Nachdem das Wetter so wie in den vergangenen Tagen diesig und nass war, beschleunigte sie ihre Schritte, um schneller in die „Kommunikationszentrale" am Stadtplatz von Mühldorf zu gelangen. Dort wurde sie von Riccardo wie immer persönlich und überschwänglich begrüßt: „Ciao Bella! Come stai?"

Mit einem „Va bene, grazie!" beantwortete sie lächelnd die Frage, um einerseits ihre Italienischkenntnisse zu demonstrieren, und auch, um Riccardos Freundlichkeit zu erwidern.

„Oh, ich habe schon gehört, dass die Donna gefunden hat unsere Signore Haderthanner. Er hat noch geholt eine gelato kurz vorher. Gelato della morte!“ Traurig schüttelte er den Kopf und bekreuzigte sich.

Moni blickte sich suchend um und wurde an einem der hinteren Tische fündig. Dort saß die Grahammerin und schlürfte einen Kaffee. Wenn jemand etwas Neues in der Stadt wusste, dann garantiert die Grahammerin. Obwohl ihr einfiel, dass diese vielleicht nicht so gut auf sie zu sprechen war, weil sie sie ja tags zuvor im Buchladen so brüsk abgewiesen hatte, marschierte sie zielgerichtet auf den Tisch zu und fragte: „Darf ich mich zu Ihnen setzen?“ Ohne eine Antwort abzuwarten, setzte sie sich auf den freien Platz gegenüber der Grahammerin.

„Jetzt sitzen‘s ja eh scho“, meinte die Angesprochene unwirsch und schlürfte weiterhin ihren Kaffee.

Moni bestellte sich den ersehnten Cappuccino, sah eine Weile stumm vor sich hin und überlegte, wie sie das Gespräch beginnen sollte. „Ich war gestern aa ganz schee durch den Wind, tut mir leid, wenn ich a bissal schroff war!“

Die Grahammerin brummelte so etwas wie „Is’ scho guad!“ und nippte nochmals an ihrer Tasse.

„Frau Grahammer, was machen denn ihre Pflanzen?“, fragte Moni und hoffte, mit diesem Thema die Grahammerin aus ihrer Reserve locken zu können.

„Ja, wissen‘s, bei dem Wetter is scho fast vorbei mit dem Blühen. A paar kleinere Pflanzen sind noch grün, aber lang dauert’s nimma, dann miassn alle in die Wohnung.“

Ein kurzes Schweigen folgte, das Moni nutzte, um ihre trockenen Lippen mit dem heißen Cappuccino zu benetzen. Sie verbrannte sich und zuckte zusammen. „Ja, des is scho a aufregende Gschicht', des mit dem Haderthanner!", fuhr sie fort, um endlich auf das Thema, auf das sie hinauswollte, zu lenken.

„Ja, da haben's recht!"

„Wie san Sie eigentlich dazugekommen? Ich weiß nur noch, dass plötzlich an Haufen Leute herumgstanden san, und dann waren Sie auch da und haben Ihren Blumentopf gsehen", versuchte Moni die Unterhaltung am Laufen zu halten.

„Ja, i bin grad vom Stadtplatz in de Bräugasse herkommen, dann is da grad vor mir der Haigermoser bei mir in den Hausgang reinganga. I wollt' ihm noch hinterher, hab aber dann festgestellt, dass i meinen Haustürschlüssel nicht mehr gfundn hab, und bin nochmals zurück zum Suchen. Dann, als i wieder in da Bräugassn war, haben Sie Ihren Schrei losglassn und i bin zu Ihnen glaufn, um zu schaun, was da los is, und …"

„Ah, da Haigermoser, san Sie sich da sicher?", unterbrach Moni.

„Ja klar! Meinen's, i bin scho dusselig? I werd' doch wohl wissen, wie der Haigermoser ausschaut!", entrüstete sich die Grahammerin und hob ihre Kaffeetasse hoch, um den letzten Rest ihres Kaffees auszuschlürfen. Mit einem Fingerschnippen bedeutete sie Riccardo, dass sie zahlen möchte. Dieser nickte und kam sofort an ihren Tisch. „Il conto per la Donna?", umgarnte er die Grahammerin.

„Lass mich mit deinem Ausländisch in Ruh! Was kriegst denn?", würgte ihn die Grahammerin ab.

Beleidigt nannte Riccardo den Betrag, die Grahammerin legte das Geld – auf den Cent genau – auf den Tisch, erhob sich wortlos und verließ das Lokal.

„Ist wohl schlecht gelaunt, die Donna? Leber mit Laus gelaufen, oder?“

„Laus über die Leber gelaufen, heißt des!“, korrigierte Moni mit einem Lächeln, zahlte ebenfalls, allerdings mit einem entsprechenden Trinkgeldaufschlag, und verließ das Lokal.

Moni ging wie ferngesteuert auf die Bräugasse zu, denn sie versuchte den Augenblick, als sie den Haderthanner gefunden hatte, zu rekonstruieren. Gerade, als sie in die Gasse einbiegen wollte, sah sie Werner aus dem *Altstadthotel* herausgehen. Schnellen Schrittes versuchte sie Werners Blicken zu entkommen.

In der Bräugasse befiel sie wieder dieses Unbehagen, das sie nicht so richtig beschreiben konnte. Das kurze Stück zum Tatort legte sie sehr schnell zurück und betrachtete dann andächtig die Stelle, wo Haderthanner gelegen hatte. Die Bilder, die ihr dabei durch den Kopf gingen, trugen nicht gerade dazu bei, ihr Unbehagen zu schmälern. Irgendjemand hatte ein paar Rosen an der Stelle platziert, wo in etwa Haderthanners Kopf gelegen hatte. Moni drehte sich um und blickte auf die Nische, die den Hauseingang der Grahammerin umgab. Von hier aus, wo sie gerade stand, sah sie lediglich bis zum Vorsprung, aber nicht bis zur Haustür. Moni überlegte. Das bedeutete, dass dort jemand stehen und vom Tatort aus nicht gesehen werden konnte. Sie ging ein Stück zurück, bis sie auf Höhe des Hauseinganges war. Sie sah die Haustür und schritt auf sie zu. Ein leichter Druck genügte – und die Tür schnappte auf. Bevor sie in den Hauseingang trat, sah sie sich kurz um, ob sie beobachtet wurde. Modrige, feuchte Luft – wie sie in alten Häusern oft anzutreffen war – schlug ihr entgegen, als sie hineinging. Der Teil, in dem sie nun stand, war etwas dunkel, und erst nach ein paar Schritten in Richtung Treppenaufgang wurde der Lichthof, der von oben Tageslicht in den Hauseingang ließ, erkennbar. Moni ging weiter. Plötzlich vernahm sie hinter sich Geräusche! Die mussten von der Eingangstür kommen! Instinktiv huschte sie zur Seite in eine Nische und hielt still. Die Eingangstür knarzte und quietschte, als sie geöffnet wurde, und fiel mit einem ähnlichen Geräusch wieder ins Schloss. Moni erkannte von ihrem Versteck aus die Grahammerin. Von der wollte sie jetzt wirklich nicht entdeckt werden, und so zog sie sich noch weiter in die Nische zurück, bis nach einer Zeitspanne, die die Grahammerin brauchte, um die zwei Stockwerke höher zu ihrer Wohnung zu gelangen, das Geräusch des Türschlosses beim Auf- und Zuschließen darauf hinwies, dass die ältere Frau in ihrer Wohnung verschwunden war. Erst dann kam Moni wieder aus ihrer Nische hervor und stieg vorsichtig die Treppe hinauf. Im zweiten Stockwerk, in dem die Grahammerin, aber auch die Millstetterin wohnten, verließ sie das Treppenaus und ging einen langgezogenen Arkadengang entlang, der sich in einer großen Loggia zur Bräugasse hin öffnete. Dort, am Ende des Ganges, blieb sie stehen und entdeckte eine Reihe edler Planzentöpfe, die in einer hölzernen Brüstung mit einer Kette gesichert waren. Diese Blumentöpfe hatten einen Durchmesser von gut zwanzig Zentimetern – mit Erde gefüllt konnten sie zu tödlichen Geschossen werden, wenn sie auf den Kopf eines Menschen fielen. Ein Platz war frei, offenbar hatte da der

Topf gestanden, der dem Haderthanner das Leben ausgehaucht hatte. Moni blickte über die Brüstung auf die Bräugasse hinunter und erkannte dort, wo der Haderthanner gelegen hatte, das Rosenbündel. In der Tat, der Blumentopf musste schon von Hand bewegt worden sein, denn der Topf war vorher befestigt gewesen und die lichte Entfernung von der Brüstung bis zur Aufschlagstelle betrug mindestens einen Meter fünfzig. Das hatte gereicht, dass der Täter sehr genau zielen und mit etwas Glück auch treffen konnte.

Unten kamen nun ein paar Einkaufsbummler vorbei, die den Weg über den meist überfüllten Stadtplatz nutzten, um zu ihren geparkten Autos am Stadtwall zu gelangen. So wie Moni es unter der Woche auch tat. Gerade in dem Moment, als sie auf die Gasse schaute, hörte sie von der Tür am anderen Ende des Ganges ein Geräusch: jemand hantierte mit einem Schlüsselbund! Schnell huschte Moni zur Treppe, sprang die Stufen hinunter und gelangte bis zur Hauseingangstür. Schnell zog sie diese auf, steckte kurz den Kopf hinaus, um sich zu vergewissern, dass die Luft rein war, und trat dann in die Bräugasse hinaus. Nach ein paar Metern blieb sie stehen, um nochmals kurz zur Brüstung im zweiten Stock hinaufzusehen. Vom Tatort aus konnte man kaum mehr sehen, als die Arkadenwölbung an der Decke. Wenn da also am Donnerstag jemand gestanden hatte, dann war der völlig unbemerkt geblieben.

Moni marschierte wieder zum Stadtplatz zurück – und musste sich gleich über einen Strafzettel an ihrem Auto ärgern. Sie hatte kein Parkticket gelöst. Rasch nahm sie den Zettel und klemmte ihn beim Nachbarauto unter den Scheibenwischer. Dort war aber schon einer. Also nahm sie diesen, zerknüllte ihn und warf ihn in den nächsten Abfallbehälter. So hatte sie sich schon einige Euro an Ordnungsgebühren gespart.

Moni stieg ein und nahm Kurs nach Hause, nach Mössling. Unterwegs legte sie noch einen kurzen Stopp beim Discounter ein, um ein Fertiggericht zum Mittagessen mitzuehmen.

10. Bert Haigermoser

Werner kam am frühen Nachmittag nach einem – wenn man die beiden Vernehmungen ausschließt – mehr oder weniger spektakulären Arbeitstag nach Hause. Die Sache mit der Moni gestern bedrückte ihn schon ein wenig, zumal sie sich bei ihm bis jetzt noch nicht gemeldet hatte.

Nachdem er sich eine schnelle Mahlzeit zubereitet hatte und mit dem Essen und dem Abwasch fertig war, setzte er sich aufs Sofa und las die Fernsehzeitschrift. Moni hatte sich immer noch nicht bei ihm gemeldet. Da sie seinen Dienstplan kannte, rief sie ihn meist nach der Arbeit an, um mit ihm über das, was sie den Tag über so erlebt hatte, was es für Techtelmechtel gab oder was die beiden Kids wieder angestellt hatten, zu plaudern. Dieser Anruf war heute bislang ausgeblieben. Den Grund dafür kannte er ja. Werner war aber auch immer noch verstimmt darüber, dass die Moni heute offenbar herumgeschnüffelt hatte. Sei`s drum. Er griff zum Telefonhörer und wählte Monis Nummer.

„Monika Beck“, meldete sie sich, was ihn schon wieder ärgerte, denn sie kannte seine Nummer, die sie außerdem auch noch eingespeichert hatte.

„Hier Werner Huber, spreche ich mit Frau Beck persönlich?“, entgegnete er förmlich, so dass sie sich ein Lachen nicht verkneifen konnte, das dann auch auf Werner überging. Damit war das Eis gebrochen und Moni schlug vor, dass Werner doch vorbeischauen könne, weil es ein paar Neuigkeiten gäbe, die er unbedingt erfahren solle.

„Du wirst doch nicht auf eigene Faust Ermittlungen durchgeführt haben?“, fragte er sie abschließend, da hatte sie aber schon aufgelegt.

Also bearbeitete Werner mit dem Kamm noch ein paar widerspenstige Haare, drückte ein paar kurze Sprüher aus dem Deodorant – und schon war er auf dem Weg zur Moni. Diese hatte schon vorsorglich einen frischen Kaffee aufgebrüht und die letzten Überreste aus der Keksdose auf einem Teller übersichtlich aufgereiht. Der Kaffeeduft stimmte Werner dann auch schon wieder versöhnlich, so dass er seine Frage von vorhin nicht wieder aufgreifen wollte. Dafür erzählte ihm Moni, welche Informationen sie am Vormittag gesammelt hatte. Dabei ließ sie nichts aus, nur die Tatsache, dass sie sich im Hotel nach Benno Haderthanner erkundigt hatte. Das aber konnte sich Werner selbst zusammenreimen und auch er erwähnte seine Beobachtung nicht.

„Also, wenn die Grahammerin den Haigermoser im Hausgang verschwinden hat sehen, dann hätt' der doch die Möglichkeit ghabt, in den zweiten Stock zu laufen und dem Haderthanner den Blumentopf auf den Kopf zu werfen!“, stellte Moni fest.

„Des is allerdings eine mögliche Variante“, sagte Werner mehr zu sich als zu Moni.

„Was heißt da ‘mögliche Variante’? Welche andere Variante kennst du denn?“, platzte es aus Moni heraus.

„Erst einmal Fakten sammeln und dann Schlüsse ziehen, so haben wir das bei der Polizei gelernt!“, erklärte Werner.

„Du und deine Polizeischule! Hier geht es um klare Indizien, Beweise, des is Fakt!“, entgegnete Moni hitzig.

„Bis ned definitiv gesichert is, dass der Haigermoser das war, der in dem Hauseingang verschwunden is, is des nur eine Mutmaßung!“, belehrte sie Werner. Und um die Diskussion nicht zur Eskalation zu bringen, nippte er genüsslich an seinem Kaffee und lobte den guten Geschmack und die vorzüglichen Kekse. „Was jetzt notwendig is, is eine Vernehmung der Grahammerin. Im ersten Vernehmungsprotokoll, das die Grahammerin am Tatort gmacht hat, hat sie vom Haigermoser nix gsagt."

„Also, nix wie auf zur Grahammerin!", rief Moni und machte bereits Anstalten, Mantel und Schal von der Garderobe zu holen.

„Halt, halt!", warf Werner sofort ein. „Wenn jemand die Grahammerin befragt, dann bin des ich alleine, okay? Außerdem hast du ja heute schon mit ihr gredet, und so eine förmliche Befragung kann nur von der Polizei und ohne Beisein eines Zivilisten gmacht werden!" Damit hatte Werner recht und Moni musste, wenn auch mit etwas Protest, klein beigeben.

Werner schnappte sich seine Jacke und ging hinaus zum Auto, gefolgt von Moni, denn sie hatte sich nicht abwimmeln lassen.

„Aber du bleibst im Auto und lässt die Ermittlungsarbeit mich tun, verstanden?", stellte Werner klar.

Dieses Mal parkte Werner sein Fahrzeug gleich am Stadtwall, um einerseits einer langwierigen Parkplatzsuche am Stadtplatz zu entgehen, aber andererseits auch, um zu vermeiden, dass gleich ganz Mühldorf die beiden zusammen beim Ermitteln sah. Moni blieb, wenn auch unter Protest, vorerst im Wagen, während Werner zur Bräugasse ging und am Hauseingang der Grahammerin auf den Klingelknopf mit ihrem Namen drückte. Ein kurzes Summen deutete darauf hin, dass sie da war. Er wurde eingelassen und ging die zwei Etagen hoch. Die Grahammerin öffnete ihre Wohungstür, Werner begrüßte sie und bat förmlich um ein kurzes Gespräch, da er noch einige Aussagen überprüfen wolle.

„Aber ich hab' doch am Donnerstag Ihrem Kollegen schon alles gsagt, was ich weiß!“, versuchte sie sofort, sich dem Gespräch zu entziehen.

„Ja, des stimmt, aber vielleicht sind in der Aufregung einige Sachen einfach vergessen worden. Oder als unwichtig ned erwähnt worden.“

Nach kurzem Überlegen lenkte die Grahammerin ein und ließ Werner in die Wohnung.

Die Kücheneinrichtung bei der Grahammerin amüsierte ihn, denn sie erinnerte ihn an die seiner Oma: Ein altes Küchenbuffet mit verschnörkelten Verzierungen und Messingschlössern und ein Sofa mit fortgeschrittenen Abnutzungsspuren – jedoch mit einer Stoffdecke sorgfältig abgedeckt, um weiteren Verschleiß zu verhindern. Er setzte sich auf den Küchenstuhl, den die Grahammerin zurechtgerückt hatte, und sie nahm auf dem Sofa Platz. Werner – in Zivil – zog einen Notizblock, den er immer dabei hatte, aus seiner Jackentasche. Einen Kugelschreiber musste er sich aber dann doch von der Grahammerin borgen. „Also, Frau Grahammer“, begann Werner, „gehn wir nochmals den Donnerstagabend durch. Sie kamen vom Stadtplatz und sind von dort aus in die Bräugasse gegangen. Richtig?“

Die Grahammerin nickte kurz zur Bestätigung.

„Und dann, was haben Sie dann gsehn?“

„Ja, dann bin ich zum Tatort … naa … vorher hab' ich den Haigermoser in meinen Hauseingang verschwinden sehen!“, korrigierte sich die Grahammerin, weil sie sich ja an das Gespräch von vorhin mit der Moni erinnerte. „Stimmt, des hab' ich in der Aufregung am Donnerstag ganz vergessn, Ihrem Kollegen zu sagen. Ich bin dann aber nochmals umgekehrt, weil ich meinen Hausschlüssel gsucht hab, der dann doch in da Taschn war."

„Und was hat der Haigermoser dort gmacht?"

„Des weiß ich auch nicht, ich hab' ihn dann auch nicht mehr gesehen, denn als ich wieder in der Bräugasse war, da hat die Beck Moni einen solchen Schrei losglassn, dass ich so erschrocken bin und gleich zu der Stelle glaufn bin, wo die Frau Beck war."

„Und dann?"

„Ja, dann hab' ich gesehn, dass mein Blumentopf mit der schönen Gerbera am Boden zerdeppert dalag … und daneben da Haderthanner."

Werner, ein wenig irritiert über die Reihenfolge der Prioritäten, welche die Grahammerin bei ihrem Bericht vorbrachte, notierte die Aussage fein säuberlich, um dann noch nach weiteren Details zu fragen, die der Grahammerin auch nach der Ankunft der Polizei aufgefallen sein könnten. Aber da kam nichts mehr, was dem Werner bei seinen Ermittlungen hätte weiterhelfen können.

Moni wartete im Auto und rutschte nervös auf dem Beifahrersitz umher. Der Haigermoser war am Donnerstag an der Eisdiele sehr gereizt gewesen und hatte sogar eine Drohung ausgesprochen, erinnerte sich Moni. Sie konnte es einfach nicht mehr aushalten, tatenlos herumzusitzen, öffnete die Beifahrertür, stieg aus und ließ sie langsam wieder ins Schloss fallen. Das Handy stellte sie vorsorglich aus, damit sie für Werner nicht erreichbar war. Dann trippelte sie die Treppenstufen zur Bräugasse hoch, ging mit schnellen Schritten durch sie hindurch und bog am Ende in den

Stadtplatz ein. Auf der gegenüber der Eisdiele gelegenen Straßenseite huschte sie die Arkaden entlang, bis sie in etwa auf Höhe des Buchladens war, der sich genau vis à vis des Stadtplatzes befand. Hier war der *Getreidekeller*, der am Vorabend der Austragungsort der kleinen Reibereien zwischen Werner und Haigermoser gewesen war. Sie zog leicht an dem Türknopf und die Tür ließ sich sogleich nach außen öffnen. Dann schritt sie die Treppe zum Lokal hinunter und fand sich in einer nahezu leeren Gaststube wieder. Lediglich am Bartresen saß der Bichler Sepp, ein Frührentner und „Mädchen für alles“, wenn etwas für ihn heraussprang, mit einem halbleeren Glas Pils und sah gelangweilt vor sich hin.

„Servus Sepp“, begrüßte ihn Moni und setzte sich neben ihn auf einen Barhocker.

Bichler erwiderte den Gruß nur mit einem kurzen Anheben der rechten Hand.

Nach einer Weile versuchte Moni, mit Bichler ins Gespräch zu kommen. „Schon a schlimme Sach’, des mit dem Haderthanner“, begann sie.

„Ja mei …“ Der Bichler starrte weiter stumpfsinnig vor sich hin.

Moni sah sich um, die Gaststube war am späten Nachmittag noch leer. Lediglich aus dem Nebenraum vernahm sie Geräusche. Jetzt kündigten Schritte hinter dieser Tür an, dass gleich jemand herauskommen würde. Die Tür ging tatsächlich auf und Bert Haigermoser schlenderte in die Gaststube, direkt hinter den Tresen, und blieb genau gegenüber von Moni stehen. „Ja Moni, was führt denn dich so früh in meine Gaststube? Was darf ich dir anbieten?“, fragte er freundlich.

„Hallo Bert, geht es dir wieder besser?“, wollte Moni wissen, ohne auf seine Fragen einzugehen.

„Wieso besser? Das versteh ich jetzt nicht.“

„Ja, am Donnerstag beim *Riccardo* warst ja ned bsonders gut drauf! Ehrlich gsagt, warst du da ziemlich aufgebracht und ich hab’ mir da scho Sorgen gmacht.“

„Ah geh, des is doch scho längst wieder vergessn.“ Haigermoser maß dem keine Bedeutung mehr bei und machte eine wegwerfende Geste.

„Na ja, des hat da ned so geklungen! Aber dein Problem scheint ja jetzt gelöst zu sein!“, meinte Moni, um ihm vielleicht doch noch ein paar Äußerungen abluchsen zu können, und betrachtete ihn dabei sehr eindringlich.

Aber Haigermoser ging nicht darauf ein. „Du Sepp …“, er wandte sich nun dem Bichler zu, und als dieser aufsah, fuhr Haigermoser fort: „Kannst du mir no schnell vom Wildpointner ein paar Schweinshaxn holen, ich hab’ ihn grad angrufen. Er weiß Bescheid. Taschen sind hint’ im Zimmer.“

Der Bichler stand auf, leerte sein Glas und verschwand im Nebenzimmer.

„Was meinst du jetzt mit ‘Mein Problem sei gelöst’?“, kam Haigermoser auf Monis Kommentar zurück und sah sie herausfordernd an.

„Ja, du hast doch gsagt, dass der Haderthanner zum Monatsende die Pacht erhöhen will, und du hast auch gsagt, der soll dir bloß unter die Augen kommen … Und des hat der halbe Stadtplatz ghört.“ Moni hielt seinem Blick stand.

„Des kannst doch ned so sagen, da war ich ein wenig aufgebracht, und a bissal was getrunken hatt’ ich auch schon“, verteidigte er sich, und um vom Thema abzulenken, fragte er weiter: „Was magst jetzt trinken, oder willst mir weiterhin Vorhaltungen machen?“ Etwas nervös nahm Haigermoser ein Pilsglas zur Hand, um es zapfbereit an die Schankanlage zu halten.

„A Wasser hätt' ich gerne!“, erwiderte Moni mit einem kurzen Augenaufschlag und beobachtete mit Genugtuung, wie Haigermoser das leere Pilsglas sichtlich genervt wieder zurückstellte und stattdessen ein Wasserglas nahm, das er mit Sprudelwasser füllte und anschließend ein bisschen zu forsch vor Moni auf den Tresen stellte.

„Danke.“

Monis prüfende Augen ruhten auf dem Wirt, der, nur um etwas zu tun, etwas angespannt Weizengläser polierte.

„Warst du am Donnerstagabend ned auch am Tatort?“, fuhr sie fort, um den Haigermoser weiter zu verunsichern.

Ihr eindringlicher Blick verfehlte seine Wirkung nicht und Haigermoser erwiderte, noch ein bisschen nervöser als zuvor: „Wieso, wie kommst du darauf?“

„Weil … du eventuell dort gsehen worden bist!“

„Is des jetzt a Verhör, oder was?! Bist jetzt der Hilfssheriff von deinem Spezi, dem Huber? Aber ned mit mir, da kannst dir einen anderen suchen!“, blaffte Haigermoser, warf zornig das Geschirrtuch hin und verschwand eilig im Nebenzimmer.

Nachdem Werner die Befragung der Grahammerin beendet hatte, ging er wieder zum Auto zurück. Schon auf der Treppe hinunter zum Stadtwall erkannte er, dass der Beifahrersitz leer war. Fluchend holte er sein Handy aus der Hosentasche und wählte Monis Nummer – und hörte nur den Anrufbeantworter. Ein weiterer unkatholischer „Gruß“

entwich seinen Lippen, welcher von einer älteren Passantin, die ihm entgegenkam, mit einem missbilligenden Kopfschütteln zur Kenntnis genommen wurde.

„So ein unverbesserliches Weibsbild“, murmelte er wütend, worauf die Passantin drohend die Hand erhob. „*Sie* doch ned, tut mir leid … es is nur …“, versuchte er, das Missverständnis aus der Welt zu schaffen, aber die Dame war schon weitergegangen.

Er seufzte, drehte sich um und ging die Treppe wieder hoch. Mit der düsteren Vorahnung, wohin es Moni verschlagen haben könnte, führte sein Weg nun zurück zur Bräugasse. Vor dem *Getreidespeicher* öffnete er die Eingangstür, lief die Treppe zur Gaststube hinab und bekam gerade noch Haigermosers wütenden Abgang mit. Sein vom schnellen Gehen eh schon schneller Puls bekam jetzt noch ein paar Takte dazu, so sehr ärgerte er sich nun über Moni. Als er in der Gaststube ankam, drehte sie sich erschrocken zu ihm um. Sie fühlte sich ertappt und stammelte: „Werner … ich weiß, du … bist jetzt …“

Weiter kam sie nicht, da Werner sofort lospolterte: „Ja bist denn du noch bei Sinnen?!? Anstatt auf mich im Auto zu warten, wie wir des vereinbart ham, vermasselst du mir jetzt die ganzen Ermittlungen! I glaub's ned!“ Werner drehte sich wütend um, verließ – ohne auf sie zu warten – schimpfend und fluchend den *Getreidekeller,* marschierte Richtung Auto und fuhr ohne Moni davon.

Moni musste sich durchtelefonieren und wurde bei Angelika fündig, die sie bereitwillig vom Stadtplatz abholte und nach Hause fuhr. Dass Werner sie einfach hatte sitzen lassen, verschwieg sie ihrer Freundin. Stattdessen erzählte sie ihr, dass sie und Werner offenbar aneinander vorbeigeredet hätten – was auf die eine oder andere Weise auch nicht gelogen war.

11. Sepp Bichler

Moni war schlecht gelaunt und verbrachte den ganzen Sonntagnachmittag damit, aufzuräumen, Wäsche zu waschen und staubzusaugen. Lauter Tätigkeiten, die sie von ihrem schlechten Gewissen ablenken sollten, das sie – zu Recht – wegen ihres illoyalen Verhaltens Werner gegenüber plagte. Gegen Abend kam dann aber doch ein wenig Entspannung in Monis Gefühlsleben, und die Lust, am Fall Haderthanner weiterzuforschen, wurde etwas wiederbelebt. Obwohl es den ganzen Tag geregnet hatte, wollte sie dennoch die warme Stube verlassen, um ihre Neugierde zu befriedigen, aber auch, um die höchst spannende Sache Haderthanner weiterzuverfolgen. Sie nahm ihre gewohnten Utensilien und ging hinaus zu ihrem Auto. Erst nach ein paar Startversuchen sprang es an und heulte übermäßig auf, was sofort die Emmi ans Fenster beorderte. Wahrscheinlich, so dachte Moni, regte sie sich gerade wieder bei ihrem Wastl über Monis Fahrkünste auf.

Monis Ziel war die Eisdiele *Da Riccardo* am Mühldorfer Stadtplatz.

„Oh Bella, wunderhibsches Freilein, wie geht es dir?“, wurde sie von Riccardo – diesmal auf Deutsch – umschmeichelt, als sie eintrat.

„Oh, danke dir, sehr gut! Und selbst?“

„Va bene!“ Riccardo lächelte breit.

Moni sah sich im nahezu voll besetzten Lokal um und erspähte im hinteren Drittel den Sepp Bichler, die Zeitung lesend, an einem Zweiertisch sitzen. Das passte! Sie ging zu ihm an den Tisch und blieb stehen, um ihn zu fragen, ob sie sich dazusetzen dürfe.

Bichler blickte kurz hoch und nickte mit einem mürrischen Gesichtsausdruck.

Sepp Bichler war vor ein paar Jahren, keiner wusste von woher, nach Mühldorf gezogen. Sein Dialekt war leicht fränkisch gefärbt, ging aber bei den kulanten Mühldorfern doch als Bayrisch durch. Damals war er seinen eigenen Aussagen zufolge schon Frührentner. Mittlerweile musste er um die Sechzig sein und er hielt sich – seine Rente war nicht so üppig, wie er erzählte – mit kleinen Gefälligkeiten über Wasser. Mal ein Botendienst hier, mal eine Besorgung da, und ab und zu passte er auch mal auf einen Hund auf. Das tat er für einige Ladenbesitzer hier am Stadtplatz, wie zum Beispiel für den Haigermoser, und für einige andere ebenso. Gesprächig war der Bichler überhaupt nicht. Fragen nach seiner Vergangenheit wich er stets aus und vermied auch sonst so gut es ging, sich auf Unterhaltungen einzulassen. Lediglich in größerer Gesellschaft lachte er gerne mit oder gab mal den einen oder anderen vollständigen Satz von sich. Alles in allem war er ein sehr verschwiegener Zeitgenosse, der in Mühldorf zwar geduldet, aber nicht unbedingt geliebt wurde.

Moni bestellte sich einen Cappuccino, den Riccardo mit seiner gewohnt charmanten Art servierte.

„Und, was gibt's Neues auf der Welt? Steht über den Mord am Haderthanner schon was in der Zeitung?", versuchte sie, Bichler in ein Gespräch zu verwickeln.

Der gab nur ein paar undefinierbare Laute von sich und meinte dazu: „Es passiern so viele Verbrechen auf der Welt, warum ned aa hier in Mühldorf?" Nach ein paar Minuten, in denen er sich eifrig seiner Lektüre gewidmet hatte, stand er auf und ging zur Toilette.

Moni nutzte das, um einen Blick auf den Lokalteil des *Mühldorfer Tagblatts* zu werfen. Mit geschultem Blick überflog sie die einschlägigen Seiten, ohne aber fündig zu werden. Schnell legte sie die Zeitung wieder zurück, stieß aber dabei etwas ungeschickt die Kaffeetasse vom Bichler um und der Inhalt ergoss sich auf die Zeitung. Blitzschnell faltete sie die Zeitung zusammen und wollte mit ihr die braune Flüssigkeit auffangen, bevor sie auf den Boden tropfte – was ihr auch gelang. Aber jetzt lief die braune Brühe in einem Rinnsal von der Zeitung direkt auf die Sitzfläche des Stuhls, auf dem eben noch der Bichler gesessen hatte.

„Was machst denn mit meinem Kaffee?“, brummte ihr von hinten der Bichler in den Nacken.

Moni war vor Schreck wie gelähmt, so dass sie weiterhin die Zeitung hielt – und so rann auch der restliche Kaffee auf die Sitzfläche.

Moni, deren Gesichtsfarbe nahezu übergangslos in ein Tiefrot wechselte, drehte sich langsam zum Bichler um und stotterte nur ein „Tut … tut mir leid!“. Als sie aufstand, bemerkte sie, dass auch ihr Pulli und ihre Hose nicht von Bichlers Kaffee verschont geblieben waren.

Der aufmerksame Riccardo kam mit Lappen und Mülleimer herangeeilt und wischte den verschütteten Kaffee vom Stuhl und Tisch auf. Die durchnässte Zeitung legte er vorsichtig in den Abfalleimer. „Nix großes Malheur, Donna Monika!“, beruhigte er die immer noch peinlich berührte Moni.

„Was heißt da nix Malheur? Mei Kaffee is weg, und damit drei Euro zwanzig! So sieht’s aus!“, protestierte der plötzlich nicht mehr wortkarge Bichler.

„Ach, ich bringen dir einen neuen auf Kosten des Hauses, Signore Bichler!“

Doch der Bichler winkte nur verächtlich ab, nahm seine Jacke und zog ab.

Moni trank ihren Cappuccino noch aus und verließ, nachdem sie Riccardo vier Euro auf die Theke gelegt hatte, unverrichteter Dinge die Eisdiele.

Werner war am Sonntagmorgen früh aufgestanden und nach einem kurzen Frühstück, das lediglich aus Kaffee und einem Joghurt bestanden hatte, zum verabredeten Stammtisch gefahren. Monis eigenmächtige Ermittlungen lagen ihm immer noch schwer im Magen und er schüttelte nur kurz den Kopf, als er an die Situation im *Getreidekeller* denken musste. Von daher war es gut, an diesem Tag ein wenig Ablenkung zu haben. Der Sonntagsstammtisch war sein Heiligtum, das er mit seinen Freunden regelmäßig hegte und pflegte.

Der Hias, der Martl und der Stefan saßen im Berner-Wirt – offiziell im *Gasthaus zum Berner*, ihrem Stammtischlokal in Altmühldorf – schon am Tisch. Bevor sich Werner zu ihnen setzte, rief er dem Wirt zu: „Drei Weißwürscht und drei Brezn!“, was dieser mit einem kurzen Nicken bestätigte. „Und a hoibe Weißbier!“, ergänzte Werner seine Bestellung.

Die vier Freunde hatten jedes Mal viel zu bereden, und so kam es ab und zu vor, dass aus dem Frühschoppen ein Dämmerschoppen wurde, was die Frauen der drei Freunde nicht so toll fanden. Werner dagegen hatte diesbezüglich überhaupt kein Problem, denn eine Frau in seinem Leben, zumindest eine, die ihm den Sonntagsstammtisch hätte versauen können, gab es nicht. Obwohl seine Mutter, die im gleichen Haus unter ihm auf Parterre wohnte, schon mal ab und zu einen entsprechenden Kommentar abgab, wenn er spät und noch dazu alkoholisiert nach Hause kam.

An diesem Sonntag war es auf jeden Fall wieder lustig. Es gab viel zu berichten, zu lachen und zu lästern. Ein leeres Bierglas wurde vom Berner sofort durch ein volles ersetzt; und so verbrachten die vier Freunde den verregneten Sonntag in Spaß und Harmonie.

Am frühen Nachmittag, als die Anzahl der ausgetauschten Biergläser noch übersichtlich war, kam das Gespräch auch auf den Todesfall Haderthanner. Werner musste erfahren, dass da üble Verschwörungstheorien in den Köpfen der Mühldorfer entstanden waren. So sollte zum Beispiel der Haderthanner Mitglied einer Sekte gewesen sein, und weil er hatte austreten wollen, sei er getötet worden.

„Dabei is doch no gar ned klar, dass der Haderthanner getötet wurde. Ein Unfall is immer no ned ganz ausgeschlossen", stellte Werner gegenüber seinen Freunden fest, wohl wissend, dass schon am nächsten Tag auf der Pressekonferenz vom Keilhofer verkündet werden würde, dass Haderthanner tatsächlich durch Fremdeinwirkung zu Tode gekommen war. Bis zu diesem Termin gab es eine Pressesperre, und jeder auf der Dienststelle wurde vom Keilhofer persönlich dazu verdonnert, bis dahin kein Wort nach außen dringen zu lassen. Und da war mit dem Keilhofer nicht zu spaßen!

„Du Werner, is's wahr, dass da Ha...thanner so kurz vor seim Dod no sein Tes...ment geändert ham soll?", kam es neugierig und sprachlich nicht mehr sehr verständlich vom Hias.

„Wie kommst denn darauf?“, wollte Werner wissen.

„Ja, die Millstetter hod meiner Tante Walli gsagt, dass der Haderthanner beim Notar Krinner war, um a neues Tes…ment aufzusetzen.“ Hias bemühte sich sehr um eine korrekte Aussprache.

„Und hat’s aa gsagt, was da drin stehn soll?“ Werner war auf einmal ganz Ohr für das, was da von seinem Freund an Information rüberkam.

„Wie sollt’ denn i des wissen? Darüber ham de Millstetter und mei Tante ned gredet. De Tante Walli hat nur gmeint, dass die Millstetter darüber gar ned erfreut war.“

Werner dachte noch eine Weile darüber nach, aber was es damit genau auf sich hatte, wollte er erst am nächsten Tag klären. Schließlich war heute Sonntag, und das war ein Tag, den er mit seinen Freunden verbringen und genießen wollte.

Die Vierergruppe hatte dann auch noch ganz schön was zu lachen und der Gesprächsstoff über die „Mühldorfer Society“ ging überhaupt nicht aus. So wanderten noch einige Biergläser von der Spüle über den Schanktisch an den Stammtisch, und es war schon fast dunkel, als die ziemlich beschwipste Gesellschaft beschloss, ein Gemeinschaftstaxi zu nehmen, um nach Hause zu kommen.

Der Hias bot überhaupt keinen guten Anblick. Er war bleich wie ein Gespenst und hatte während der etwas holprigen Taxifahrt gut damit zu tun, seinen Mageninhalt im Magen zu belassen.

Werner dagegen stellte sich mit einem mulmigen Gefühl vor, wie er am nächsten Tag frühmorgens seine Mutter überzeugen musste, ihn zum Berner-Wirt zu fahren, um sein Auto abzuholen. Aber sei's drum, es war trotzdem wieder ein gelungener Sonntag!

12. Benno Haderthanner

Nach einem kärglichen Katerfrühstück bat Werner seine Mutter, ihn zum Berner-Wirt zu fahren. Es spielte sich dann genau so ab, wie Werner es am Vortag bei der Abfahrt vom Berner-Wirt geahnt hatte.

„So, hamma wieder einmal zu viel genippt?“ Seine Mutter begutachtete ihn missbilligend. „Dass du am Sonntag nur saufn musst, des versteh’ ich überhaupt ned. Andere Männer in deim Alter ham a Frau und Kinder und verbringen den Sonntag mit der Familie. Aber nein, mein Herr Sohn muss mit seinen Saufkumpanen rumhängen und dabei sei Leber ruiniern!“

„Ja, woher soll i denn jetzt a Frau oder a Familie herkriegn? Und meine Freunde hab’ i ja scho!“, antwortete Werner kleinlaut.

„Ja, die Moni, die wär’ doch was für dich! De kennst scho so lang! Kinder hat’s a scho, do musst dich nicht mehr anstrengen, ned wahr?“ Herausfordernd schaute sie Werner ins Gesicht.

„Naa, de agrod ned!“

Mit ein paar weiteren schlagkräftigen Argumenten beklagte Werners Mutter, wie schon so oft, die Lebenssituation ihres Sohnes, gab dann aber schließlich doch nach und fuhr Werner zu seinem Auto.

Werner sputete sich dann sogleich, um noch pünktlich zur Arbeit zu kommen. Aus seiner Sicht noch rechtzeitig kam er dort an. Aber da wartete schon der Keilhofer mit der kompletten Mannschaft auf ihn, um die anstehende Pressekonferenz vorzubereiten und um die neuesten Fakten zusammenzutragen.

„So, guten Morgen, da Huber is jetzt a scho wach!“, begrüßte ihn sein Chef, so dass Werners eh schon leicht getrübte Stimmung nun ganz in den Keller fiel. Er setzte sich auf den noch freigebliebenen Stuhl.

„Um es nochmals für den Herrn Huber zu wiederholen: Wir sind gerade dabei, die aktuellen Ermittlungsergebnisse zusammenzutragen. Und, um es auf den Punkt zu bringen, wir haben – *nix*!“, kam es gereizt von Keilhofer. Und er setzte, an Werner gewandt, nach: „*Nix* haben wir, verstehst Huber? Gar nix!“ Keilhofer fuchtelte nervös mit seiner flachen Hand herum und fixierte dabei Werner. Diesen traf dieser indirekte Vorwurf wie ein Hammerschlag. Alle Gesichter wandten sich ihm zu. Er saß mit starrem Blick da und versuchte sich zu erinnern. Was war das denn gestern noch? Irgendwer hatte am Sonntagstammtisch etwas sehr Wichtiges gesagt, wirbelte es durch seinen Kopf, der sich anfühlte, als ob ein Holzhammer ihn malträtiert hätte. Aber es fiel ihm verflixt nochmal nicht ein, was es gewesen war.

„Ah, schlaf ma jetzt scho am hellichten Tag auf der Dienststelle, Huber?“, blaffte ihn Keilhofer an, und Werner erschrak so sehr, dass er von seinem Stuhl auffuhr und sich verdattert nach allen Seiten umblickte. Nachdem er die peinliche Situation erfasst hatte, stieg warme Röte in sein Gesicht und er setzte sich sofort wieder hin. Um weiteren verbalen Angriffen und Bloßstellungen auszuweichen, versuchte Werner, sich mit dem Keilhofer gutzustellen, indem er das bisher gesammelte Wissen über den Mordfall rekapitulierte: „Also, wir wissen, dass des Mord war, weil der Platz, wo der Blumentopf gstandn hat, von oben betrachtet mindestens eineinhalb Meter von der Stelle entfernt war, wo der Haderthanner gfundn worden is. Außerdem hat de Obduktion ergeben, dass die Krafteinwirkung durch den Blumentopf so enorm war, dass der Haderthanner sofort tot gwesn sein musste. Er hätt' also gar ned mehr weiter gehen können."

„Gut, also so viel zur Todesursache: Schädelbasisbruch durch Gewalteinwirkung. Was gibt's no? Was haben die Vernehmungen ergeben?", drängte Keilhofer ungeduldig.

„Also, die Millstetter hat nix gesehen, sagt sie. Sie hat aber auch gsagt, dass der Benno Haderthanner, oiso der Neffe vom toten Haderthanner, gleich nachdem der tote Haderthanner aufgfunden worden is, in ihrer Wohnung war und nach de Wohnungsschlüssel vo seim Onkel gfragt hat."

„Und, hat sie sie ihm gegeben?", unterbrach ihn Keilhofer.

„Nein, natürlich ned! Sie hat ihn rausgschmissen. Aber de Grahammerin hat ihre Aussage, die sie am Tatort abgegeben hat, noch amal ergänzt." Werner schaute abwartend in die Runde, wohl wissend, dass er jetzt einen Trumpf ausspielen konnte. Er holte tief Luft und löste die aufgebaute Spannung endlich auf: „Sie hat nämlich, als sie kurz vor dem Mord in die Bräugasse gangen is, den Haigermoser im Hausgang verschwinden gsehen. Und dann is sie nochmals zurück, weil sie ihren Haustürschlüssel ned gfundn hat … dann war er aber doch in der Taschn und dann is sie wieder in die Bräugasse. Dann is sie, als die Moni … ähm, ich mein die Frau Beck … vor Schreck über den Leichenfund so laut gschrien hat, an die Stelle gegangen, wo der Haderthanner lag. Und des andere wisst's ja!"

„Ja, dann hamma auch scho an Verdächtigen", stellte Keilhofer fest. „Wir müssen nur noch die Tatzeit, Wegezeiten vom Hauseingang zu dem Balkon rauf und so weiter genau recherchieren. Und *dann* erst den Haigermoser mit der Beobachtung konfrontieren. So lange halten wir die Information zurück, dass er gesehen worden is!"

„Is scho passiert!", gab Werner kleinlaut zu.

Keilhofer sprang nun ganz erregt auf. „Was is scho passiert? Haben Sie des dem Haigermoser schon gsagt?"

„Naa, ned so, de Frau Beck hat des von der Grahammerin erfahren und hat des dem Haigermoser brühwarm vorghalten!", klärte ihn Werner auf.

„Ja Kreizkruzifix, muss des Weibsstück überall ihre Lauscher und ihr Nasn drinham und uns de ganzn Ermittlungen versaun?", schrie Keilhofer den Werner an und seine eh schon ungesunde Gesichtsfarbe ging zu einem Dunkelrot über, auch seine Halsschlagader trat deutlich hervor.

„Des hab ich der Frau Beck auch so gsagt, aber …"

„Holen Sie mir diese stümperhafte Hobbykriminalerin in de Dienststelle, und zwar glei nach der Pressekonferenz. Der werd ich was erzählen!", empörte sich Keilhofer und baute sich drohend auf. „Und Sie, Huber, vernehmen's sofort den Haderthanner Benno und fragen's ihn, warum er den Wohnungsschlüssel so kurz nach dem Tod von seinem Onkel braucht … Und überprüfen Sie no sein Alibi!"

Gleich würde in der Vorhalle der Polizeidienststelle die Pressekonferenz losgehen, und da Werner den Benno Haderthanner vernehmen musste, entschied Keilhofer, dass heute der Brucker mit zum Termin ging. Werner war das ganz recht, da sein Kopf immer noch mit den Nachwehen des gestrigen Tages zu kämpfen hatte. Dabei quälte ihn permanent die fehlende Erinnerung an das wichtige Detail, das ihm einer seiner Freunde am Vortag mitgeteilt hatte.

Wer von den dreien könnte das gewesen sein? Sein Kopf schmerzte schon, wenn er nur versuchte, sein Gedächtnis zu aktivieren. Ganz gleich, er würde am Nachmittag einfach die drei abtelefonieren.

In der Zwischenzeit wollte er seinem Auftrag, den Haderthanner Benno nochmals zu vernehmen, nachkommen. Das tat er mit etwas Schadenfreude, denn der war ihm gestern ein wenig zu überheblich vorgekommen, und die Art, wie er ihn abgefertigt hatte, wollte er so nicht auf sich sitzen lassen. Dieses Mal sollte es aber kein Besuch im Hotel werden. Nein, er wollte ihn offiziell in der Dienststelle vernehmen. Also nahm er den Telefonhörer in die Hand und wählte die Nummer des *Altstadthotels*. An der Stimme erkannte er denselben Portier, der gestern den Haderthanner auf seinem Zimmer angerufen hatte, um ihn in die Hotellobby zu bitten. Werner gab sich als Polizist zu erkennen und fragte bei der Gelegenheit den Portier, ob der Haderthanner am Donnerstag zwischen 18:00 Uhr und 19:00 Uhr das Hotel verlassen hatte. Der Hotelangestellte überlegte kurz und bestätigte, dass Herr Haderthanner tatsächlich um 18:45 Uhr aus dem Hotel gegangen war. Er unterstrich seine Beobachtung mit der Aussage, dass ein anderer Gast ihn genau zu diesem Zeitpunkt nach der Uhrzeit gefragt habe. Werner bedankte sich bei ihm und bat ihn, ihn jetzt mit Herrn Haderthanner zu verbinden.

„Benno M. Haderthanner!“, meldete sich der Angerufene mit seiner unsympathischen Stimme.

„Hier Werner Xaver Huber von der Polizeidienststelle Mühldorf – Sondergruppe Mordfall Haderthanner!“, erwiderte Werner und seine Stimme klang dabei auch ein wenig einschüchternd.

„Aha, der Herr Schupo von gestern! Was kann ich für Sie tun?“, provozierte ihn Haderthanner.

Professionell überging Werner die Frechheit und konterte stattdessen: „Ich bitte Sie, in dreißig Minuten auf der Dienststelle zur Vernehmung zu erscheinen.“ Und um Bennos Frechheit keinen weiteren Vorschub mehr zu leisten, fügte er hinzu: „Sie können gerne Ihren Anwalt hinzuziehen, aber dann muss ich auch verfügen, dass Sie die Stadt in den nächsten achtundvierzig Stunden nicht verlassen dürfen!“, bluffte Werner, ohne die erwartete Wirkung zu verfehlen.

„Nein, um Gottes Willen, ich hab’ ja nix verbrochen. Ich unterhalte mich gerne ohne meinen Anwalt mit Ihnen“, erwiderte Haderthanner ohne weitere Allüren.

Dreißig Minuten später, pünktlich wie verabredet, stand Haderthanner in der Polizeidienststelle. Cindy Demberger, die hübsche blonde Sekretärin, führte ihn ins Vernehmungszimmer, nicht ohne ihn zu fragen, ob er einen Kaffee haben möchte. Haderthanner winkte dankend ab und setzte sich in den unbeheizten Raum.

Werner ließ ihn dort ganz bewusst ein paar Minuten sitzen, bevor er sich zu ihm gesellte. Zum einen aus ermittlungstaktischen Gründen, zum anderen aber auch, weil er ihn ein wenig für seine Großspurigkeit vom Vortag bezahlen lassen wollte.

Als Werner dann ins Vernehmungszimmer kam, fiel ihm auf, dass weder Cowboystiefel noch Glitzerjackett oder sonstige auffällige Kleidungsstücke den Haderthanner zierten. Stattdessen saß er unscheinbar und eher schüchtern als selbstbewusst auf dem Stuhl und wartete.

Werner schritt direkt auf ihn zu, begrüßte ihn kurz, ohne ihm die Hand zu reichen, und nahm auf dem Stuhl gegenüber Platz. „So, danke, dass Sie es ermöglichen konnten, zu uns auf die Dienststelle zu kommen“, begann er höflich das Gespräch und zog dabei seinen Notizblock aus der Uniformtasche, wobei ein Kugelschreiber hinterherfiel und auf dem Fußboden landete. Werner räusperte sich kurz, hob den Kugelschreiber wieder auf und deponierte ihn neben dem Notizblock auf dem Tisch. „Herr Haderthanner, wie Sie vielleicht no ned wissen, is Ihr werter Herr Onkel eines gewaltsamen Todes verstorben!“ Werner wartete einen Augenblick, um Haderthanners Reaktion zu beobachten. Dieser zuckte jedoch gleichgültig mit den Schultern und schien unbeeindruckt. „Das haben unsere Ermittlungen ergeben und wurde durch das Obduktionsergebnis bestätigt. Wir kennen ziemlich genau den Todeszeitpunkt und den Tathergang. Was uns noch fehlt, sind ein Motiv und ein Täter“, zählte Werner betont förmlich die Fakten auf.

„Und was habe ich damit zu tun?“

„Das können wir derzeit auch no ned genau sagen, es sei denn, Sie wollen eine Aussage dazu machen.“ Werner blickte Haderthanner erwartungsvoll an.

Aber dieser zuckte wieder nur kurz mit den Schultern und meinte: „Ich weiß ja auch nix dazu. Mein Onkel Erwin war halt a Geschäftsmann mit vielen Kontakten. Und wie ich gestern scho gsagt hab, kann er durch die Art, die er so draufghabt hat, scho bei dem einen oder anderen angeeckt sein!“, wiederholte Haderthanner seine Aussage vom Tag zuvor.

„Wissen Sie, mit wem er besonders enge Kontakte ghabt hat oder bei wem er angeeckt sein könnte?“

„Naa, so direkt kenn' ich keinen. Ich kenn' halt nur den Onkel, und der war ned immer leicht zu haben. Weder bei mir noch bei Tante Gerti", erklärte Haderthanner.

Werner schrieb dabei eifrig mit, um einerseits den Haderthanner zu beeindrucken, andererseits, weil sein Kopf so hämmerte, dass er ihn gar nicht richtig oben halten konnte.

„Sie wohnen nicht in Mühldorf?", fuhr Werner mit seiner Befragung fort.

„Nein, ich wohne schon seit über zehn Jahren in Berlin und komme nur gelegentlich hierher."

„Und was ist der Grund des aktuellen Besuchs hier in Mühldorf?"

„Ich wollte den Onkel Erwin besuchen."

„Und … haben Sie ihn noch gesehen, bevor … Sie wissen schon, bevor er … Ich mein', bevor er verstorben ist?"

„Nein, ich wollt' heute zu ihm gehen, hab' an jenem Tag sogar no mit ihm telefoniert."

„Ja, und?" Werner wurde langsam ungeduldig.

„Ja, er … ja, wie soll ich sagen? Er wollte sich eigentlich ned so direkt mit mir treffen …"

„So, dann ham halt Sie ihn getroffen, mit einem Blumentopf, ned wahr?" Werner fixierte sein Gegenüber eindringlich.

„So ein Schmarrn!!! Wenn Sie mich jetzt verdächtigen, dann müssen Sie mir schon Beweise vorlegen!"

„Und wo waren Sie dann so gegen 18:45 Uhr und 19:00 Uhr?"

„Da war ich spazieren. Ich bin dann über den Stadtwall zu meiner Tante gegangen, und als die Einsatzkräfte gerade dabei waren, abzuziehen, da hab' ich erfahren, dass der Onkel Erwin tot in der Gasse gelegen ist."

„Weil wir schon bei Ihrer Tante, der Gerti Millstetter, sind: Wie sehen Sie das Verhältnis zwischen ihr und Ihrem Onkel?“

„Ja, de beiden ham no nie gut miteinander gekonnt. Des muss scho zu deren Kindheit so gewesen sei. Jetzt, im Alter, sind sie sich mehr oder weniger aus dem Weg ganga.“

„Aber seinen Wohnungsschlüssel hat sie scho ghabt, oder?“

„Wie kommen’s da drauf? Ich weiß des doch ned. Ich bin ja de meiste Zeit in Berlin, da weiß ich ned, was die beiden so abmachen“, erwiderte Haderthanner sichtlich unangenehm berührt.

„Aber wegen dem Schlüssel haben’s bei Ihrer Tante scho nachgfragt, oder?“ Werner hob den Kopf, wenn auch unter Schmerzen, und blickte Haderthanner direkt in die Augen.

„Ich wüsste nicht, wann und warum ich des getan haben sollte!“, verteidigte sich Haderthanner.

„Also haben Sie *nicht* nach dem Schlüssel gfragt?“ Werners Blick ruhte weiter gebannt auf Haderthanner.

Dieser konnte dem Blick nicht standhalten und starrte dagegen auf die dahinterliegende Wand.

Werner richtete den Oberkörper so auf, dass er ein wenig bedrohlich wirkte, und fragte: „Was haben’s dann kurz nach dem Mord an Ihrem Onkel bei Ihrer Tante gmacht?“

Haderthanners Augen flackerten und Werner bemerkte seine Unsicherheit. „Da war dann alles so schnell“, erklärte Haderthanner und versuchte dabei, seine wachsende Nervosität zu überspielen, „der Onkel tot auf der Straße, die Tante ganz teilnahmslos, so als ob ihr des überhaupt nix ausmachen tät’, da wollt’ ich halt wissen, wie es weitergeht.

Drum wollt' ich bei der Tante nachfragen, ob sie mehr darüber weiß."

„... und wo der Wohnungsschlüssel is, oder?" Werner ließ nicht locker und wollte den Haderthanner in die Enge treiben.

„Ja Herrschaftszeiten! Ja, vielleicht hab' ich danach gfragt. Kann sein! Is denn des so schlimm? Darf ich des ned?" Haderthanners Nervosität wurde immer offensichtlicher.

„Des dürfen's scho, Sie dürfen uns des nur ned verheimlichen und uns anlügen!", belehrte Werner den Haderthanner, der sich fühlte, als ob er einen Kick aufs Schienbein bekommen hätte. „Ich denke, das reicht jetzt für's Erste. Halten Sie sich bitte zur Verfügung, wir werden sicherlich nochmals auf Sie zukommen!", bat ihn Werner, verabschiedete sich und verließ das Vernehmungszimmer.

Haderthanner blieb noch kurz sitzen, verließ dann ebenfalls den Raum und fuhr ins Hotel zurück.

Als Werner wieder in seinem Büro war, verspürte er so etwas wie Genugtuung, weil er den Haderthanner so gut im Griff gehabt und ihm so richtig Gas gegeben hatte. Zwar tobte sein Kopf – oder besser gesagt, dessen Inhalt – und er musste sich immer wieder an die Schläfen fassen, aber vom Gemüt her ging es ihm gut. Nur ... was war das bloß, was er am Tag zuvor von einem seiner Freunde erfahren hatte?

Er musste unbedingt Moni noch anrufen, denn die musste jetzt dann beim Keilhofer antreten. Recht geschieht es ihr!, dachte er schadenfroh. Obwohl, er wusste genau, dass sich die Moni vom Keilhofer nicht würde einschüchtern lassen.

„Ja, was gibt's? Du weißt, ich bin in der Arbeit!", vernahm er Moni.

„Du, Moni, da Keilhofer möcht', dass du sofort bei ihm erscheinst!"

„Der kann mich mal! Meinst, ich kann jetzt so einfach den Laden schließen und zum Herrn Polizeichef von Mühldorf zum Kaffeeplausch kommen? Was bildet der sich überhaupt ein?", empörte sich Moni.

„Ein Kaffeeplausch wird des sicherlich nicht werden und …" Ein gleichmäßiges Tuten wies ihn darauf hin, dass Moni aufgelegt hatte. Ein sehr temperamentvolles Weib, dachte Werner anerkennend.

Nachdem sich Werner von der Cindy ein Aspirin geholt hatte – Frauen haben eben immer so etwas dabei – ging er wieder an seinen Schreibtisch zurück und versuchte den Hias zu erreichen. Der war noch in seiner Schreinerwerkstatt und konnte sich nicht einmal daran erinnern, dass sie mit dem Taxi heimgefahren waren, geschweige denn, dass sie über den Mordfall Haderthanner gesprochen hatten. Fehlanzeige!

Beim nächsten Anruf landete er bei der Frau vom Martl. Die nutzte gleich die Gelegenheit, Werner Vorwürfe zu machen, dass er und die anderen „Saufkumpanen" den Martl so abgefüllt hatten, dass er das zu viel getrunkene Weißbier nicht in die dafür geeignete Toilettenschüssel, sondern stattdessen in die Gefriertruhe entleert hatte. Werner konnte sich ein breites Grinsen nicht verkneifen, welches Martls Frau freilich nicht sehen konnte und durfte.

Den Stefan konnte er auch nach mehreren Versuchen und unter den verschiedenen Telefonnummern, die in seinem Handy gespeichert waren, nicht erreichen. So zermarterte er sich weiterhin sein Hirn, was denn dieses seinem Gedächtnis abhanden gekommene, aber wichtige Detail sein könnte.

13. Gertraud Millstetter

Die Pressekonferenz mit den Vertretern der örtlichen Medien lief planmäßig im Erdgeschoß der Polizeidienststelle ab und Keilhofer ließ sich zum Abschluss noch ablichten, damit sein Foto in den Pressemeldungen über den Mordfall Haderthanner am nächsten Tag auch ganz gewiss erschien. Anschließend wanderte Keilhofer mit sich zufrieden in sein Büro zurück, nicht ohne vorher noch beim Werner vorbeizuschauen.

„Und? Haben's mit dem Neffen vom Haderthanner scho gsprochen?“, warf er ihm grußlos hin.

Werner gab so ziemlich alle Details der Vernehmung wieder und erwähnte dabei auch, dass der Haderthanner ein völlig anderes Bild von sich gegeben hatte als am Tag zuvor.

Keilhofer nickte nur und ging darauf nicht weiter ein. „Haben's die Beck erwischt?“, wollte er dann noch wissen.

Werner druckste ein wenig ungeschickt herum und meinte dann nur, dass die Frau Beck wahrscheinlich nicht kommen werde, da sie den Buchladen nicht so einfach zusperren könne.

Keilhofers Halsschlagader trat schon wieder hervor und signalisierte Werner den bevorstehenden Wutausbruch. „Wenn des Weibsstück ned zu mir kommt, dann komm' ich halt zu ihr. Des ändert nix an der Sach', dass ich ihr de Leviten lesen muss!“ Die letzten Worte waren so lautstark, dass auch die umliegenden Büros mitbekommen hatten, was der Keilhofer vorhatte.

Werners Schädel würde gleich platzen, wenn noch einmal eine solche Lärmquelle an sein Ohr gelangen sollte.

Und weil es gleich Mittag und ihm sowieso nicht gut im Magen war, nahm er seine Polizeimütze und seine Uniformjacke und verließ die Polizeidienststelle.

Draußen atmete er tief durch und sog die nasskalte Herbstluft in seine Lunge, wogegen diese sofort protestierte und Werner einen gewaltigen Hustenanfall bescherte. Ein heftiger Schlag auf den Rücken erlöste ihn dann von den Qualen, veränderte aber nur die Position seiner Schmerzen, nämlich von der Lunge auf seinen Rücken. Als er sich umdrehte, um herauszufinden, wer seine Beschwerden verursacht hatte, stand da der Martl. Ein wenig blass, mit Ringen unter den Augen, aber unverkennbar der Martl.

„Ja, sag' amal, du Zombi, willst du mir die Rippen brechen?", blaffte er seinen Kumpel an.

„Du schaust ja aa ned grad besser aus! War des ned wieda a gelungener Frühschoppen?", schwärmte der Martl und zwinkerte dabei mit einem Auge.

„Ja, gelungen scho. Du hast ja sogar des guade Weißbier in deiner Gefriertruhe konserviert, hat mir dei Oide vorher grad gflüstert!"

„Wo hast denn die getroffen? Darf die denn scho wieder auf die Straß'? Heut' Morgen hat's no Feuer gspuckt!", lästerte Martl, grinste aber dabei.

„Ich hab' nur kurz angrufen, weil ich wissen wollt', was wir gestern über'n Haderthanner geredet haben", erklärte Werner und hoffte, wenigstens der Martl könne sich dran erinnern.

Aber der winkte ab und beteuerte nur, dass er nach diesem Frühschoppen schon froh sei, wenigstens zu wissen, wie er nach Hause gekommen war. Also konnte der ihm auch nicht weiterhelfen.

Beide zog es dann zum Riccardo, um vielleicht mit einem starken Espresso die Lebensgeister wieder zu wecken. Dort setzten sie sich gleich vorne an den ersten Tisch neben der Tür, mit dem Hintergedanken, schnell an die frische Luft gelangen zu können, wenn der Magen rebellieren sollte. Sie bestellten jeweils einen doppelten Espresso, den Riccardo ihnen dann auf den Tisch stellte. Beide nippten kurz und waren dann damit beschäftigt, auf eventuelle ungute Signale des eigenen Körpers bedacht zu sein. So starrten sie eine Weile vor sich hin, bis Stefan zur Tür hereinkam, die beiden gleich erblickte und zu ihnen an den Tisch kam. „Ja, was is mit euch zwei los? Ihr schaut's ja wie zwei Vogerl beim Wassertrinken!“, frotzelte er die Freunde an.

„Halt's Maul und hock di her!“, kam es sofort vom Martl.

Stefan ignorierte Martls derbe Bemerkung und folgte seiner Aufforderung. Offenbar litt Stefan nach so einer Sauforgie nicht in dem Maße wie seine Freunde. Werners Frage, was er am Sonntag zum Fall Haderthanner denn Wichtiges beigetragen haben könnte, blieb immer noch unbeantwortet. Nachdem Stefan sich ebenfalls einen doppelten Espresso bestellt hatte, versuchten die Freunde den gestrigen Abend zu rekapitulieren. Sie brachten zwar nicht alle Details zusammen, aber über die lustigen Themen konnten sie immer noch – wenn auch katerbedingt etwas verhalten – lachen.

Gerade als sie gehen wollten, kam Linus Krinner, der Notar, der am Stadtplatz seine Amtsräume hatte, zur Tür herein. Die drei Freunde grüßten ihn kurz, als er am Tisch vorbeiging, und suchten in ihren Taschen das Kleingeld zusammen, um den Espresso zu bezahlen. Da sprang Werner trotz seiner Kopfschmerzen plötzlich auf und rief: „Jetzt hab' ich's! Es war das Testament!", nahm seine Mütze und seine Jacke, kramte aus seiner Tasche noch ein paar Münzen hervor, legte sie auf den Tisch und verließ ohne Gruß und weitere Beachtung seiner Freunde das Lokal.

„Dir gebn wir nächstes Mal nur no ein Alkoholfrei!", rief Martl dem Werner noch kopfschüttelnd nach.

Werner rannte mehr, als dass er ging, den Stadtplatz hinunter und bog dann in die Bräugasse ein. Erst vor dem Hauseingang der Grahammerin und der Millstetterin blieb er stehen. Er drückte den Klingelknopf und wurde prompt eingelassen. Der modrige Geruch im Hausgang verstärkte seine Kopfschmerzen und bescherte ihm zudem ein flaues Gefühl im Magen. Die zwei Stockwerke zu Fuß taten dann ihr Übriges. Als er schließlich vor der Wohnungstür der Millstetterin stand, war er kreidebleich und außer Atem.

„Um Himmels willen, was is denn mit Ihnen los?", begrüßte ihn die Millstetterin besorgt, obwohl sie ihm wegen der unverschämten Befragung vor ein paar Tagen immer noch ein wenig grollte.

„Ach nix … geht scho wieder. Ich hab' vielleicht was Schlechtes gegessn!", beruhigte er die Millstetterin, die ihn daraufhin in die Wohnung hineinließ.

„Is no was, weil Sie no amal zu mir kommen?", fing sie gleich an, bevor Werner sich auf einem Stuhl niederlassen konnte. „Ham's heut' aber scho a saubere Hosn an?"

Werner ignorierte die Anspielung, setzte sich, holte tief Luft und ließ die Umgebung auf sich wirken.

„Wollen's a Glas Wasser, damit's Ihnen wieder besser geht?", erkundigte sich die Millstetterin und wartete die

Antwort gar nicht erst ab, sondern füllte ein Glas aus der Vitrine mit Leitungswasser und stellte es dem Werner hin.

Dieser bedankte sich, nahm gleich einen kräftigen Schluck, holte seine Schreibutensilien aus seiner Uniformjacke und schaute die Millstetterin an. „Mir fehlt nur noch ein kleines Detail, weswegen ich Sie nochmals belästigen muss“, erklärte er vorsichtig seinen nicht angesagten Besuch.

Die Millstetterin, die sich ebenfalls gesetzt hatte, schob ihre auf dem Tisch aufgestützten Ellbogen weiter nach vorne und sah Werner interessiert an. „Was wollen’s denn no wissen?“

„Es is doch so: Wenn Ihr Bruder, der Erwin, ablebt, gibt es ja – und es is ja auch genügend da, was man so hört und weiß – was zu erben. Wissen Sie, ob und wie der Haderthanner des geregelt hat?“, begann Werner behutsam, nicht ohne dabei die Millstetterin genau zu beobachten.

„Was hat denn des mit den Ermittlungen der Polizei zu tun?“

„Wissen’s, Frau Millstetter, ein Erbe ist oftmals schon ein triftiger Grund für einen Mord!“

„Na ja, ich weiß nur, dass es da so ein Testament gibt, des er erst kürzlich beim Notar hat anfertigen lassen.“

„Und was da drinsteht, wissen’s ned?“

„Naa, überhaupt ned. Aber des is scho sonderbar, denn nach der gesetzlichen Erbfolge wären der Benno und ich erst einmal jeweils zur Hälfte Alleinerben. Es sei denn, der Erwin hätte des anders geregelt. Wenn er jetzt noch ein Testament gmacht hat, dann hatte er wohl noch was anderes vorghabt. Ich versteh’ des ned. Zeitlebens hat mich der Erwin nie so recht gmocht. Als Kind hat er mich dauernd geärgert. In den letzten Jahren hat er kein einziges Mal bei mir vorbeigschaut, obwohl er nur einen Katzensprung von hier wohnt. Wenn er krank war, hab' ich ihm aber den Haushalt gmacht und hab' ihn mit Tee und Medizin versorgt. Und des … des is nun der Dank!", stammelte sie unter Tränen und vergrub dabei ihr Gesicht in ihren Händen.

Werner wartete, bis sich die Millstetterin wieder beruhigt hatte, und fuhr dann fort: „Woher wissen's denn eigentlich, dass Ihr Bruder des Testament gmacht hat?"

Die Millstetterin strich sichtlich verlegen die Tischdecke glatt und deutete in die Richtung der Wohnung, wo die Grahammerin wohnte. „Ja, unser Stadtblattl da drüben, de Grahammerin, de weiß doch alles. De hat mir des gsteckt!"

„Und de weiß auch, was da drinsteht?"

„Was da drin steht, weiß de Grahammerin natürlich ned, denk' ich mir halt. Aber *dass* es eins gibt, des weiß sie ganz sicher."

„Und woher sollte die denn des wissen?"

„Ja, da Bichler hat wohl ein versiegeltes Kuvert vom Krinner abgeholt und dem Erwin ins Gschäft bracht. Und da is *Testamententwurf* draufgstandn", verriet sie dem Werner.

Dieser kritzelte die letzten Worte noch auf seinen Notizblock, steckte seine Schreibutensilien in die Jackentasche, bedankte sich bei ihr und stand auf. Mit seinen letzten Reserven verabschiedete und bedankte er sich, und als er dann ins Treppenhaus ging, wurde ihm ganz schummerig und er musste sich am Treppengeländer festhalten. Er nahm sich vor, nächsten Sonntag ein paar Bier weniger zu konsumieren.

Wieder zurück in der Dienststelle sah er den Keilhofer in seinem Büro sitzen. Werner legte Jacke und Mütze ab und setzte sich an seinen Schreibtisch.

Keilhofer wartete nicht lange und polterte gleich los: „Ham Sie jetzt einen Sonderschichtplan – oder warum kommen's jetzt erst von der Mittagspause?"

Dieser Vorwurf verstärkte – nicht unbedingt wegen des Inhaltes, sondern wegen der Lautstärke – Werners Kopfschmerzen enorm, so dass er erst einmal zusammenzuckte, bevor er sich verteidigen konnte. „Ich war noch bei der Millstetterin, weil ich bei meinen Ermittlungen erfahren habe, dass der Haderthanner, oiso der Erwin Haderthanner, vor seinem Ableben no ein Testament gmacht hat", berichtete Werner stolz.

„Was is denn da so wichtig oder interessant?", polterte Keilhofer los, lenkte aber gleich darauf ein. „Stimmt, wenn es ein Testament gibt, dann sind die Millstetterin und der Benno Haderthanner ned de Alleinerben – oder erben im Extremfall gar nix."

Werner fasste dann für seinen Chef alle wichtigen Fakten zusammen, die er bei der Unterhaltung mit der Millstetterin aufgenommen hatte, verschwieg aber, woher er die Information über die Existenz eines Testaments hatte.

„Gute Arbeit, Huber, da müssen wir weiterbohren", lobte ihn der Keilhofer, was sehr selten vorkam.

14. Moni Beck

Die Moni hatte am Montagmorgen gleich ganz früh die Angelika angerufen, um sich mit ihr einfach mal so zum Ratsch für den Abend zu verabreden. Auch wenn die Angelika manchmal schon sehr anstrengend war, wollte Moni doch die Zeit, in der die beiden Kinder mit den Großeltern unterwegs waren, nutzen, um ihre Freundin zu treffen und sich ein wenig von dem Ärger mit Werner abzulenken.

Den Werner wollte sie erst einmal meiden, weil der sicherlich noch nicht gut auf sie zu sprechen war. War ja auch blöd gelaufen, dass ausgerechnet zu dem Zeitpunkt, als sie den Haigermoser in der Zwickmühle hatte, der Werner daherkam!

Da Angelika beim Notar Krinner arbeitete, der seine Amtsräume auch am Stadtplatz hatte, passte es ganz gut, dass sie sich dort dann nach Feierabend trafen. So kam ein Treffen um 19:00 Uhr im *Getreidekeller* zustande. Moni freute sich schon sehr, einfach mal wieder von Frau zu Frau zu reden!

Gleich nach dem Telefonat machte sie sich auf in die Arbeit zu Hoymeyers Buchladen. Als sie die Tür aufsperren wollte, bemerkte sie, dass sie gar nicht abgesperrt war! Sie drückte die Klinke nach unten und öffnete langsam die Tür. Als sie eintrat, schien alles so zu sein, wie sie es am Freitagabend verlassen hatte. Am Samstag hatte der Buchladen zwar auch geöffnet, aber da war der Hoymeyer in den meisten Fällen allein im Laden und er schloss dann auch schon um 12:00 Uhr mittags zu.

Sie sah sich vorsichtig um und ging erst einmal nur so weit in den Laden, dass sie sofort wieder Richtung Ausgang fliehen konnte, wenn dies denn notwendig sein sollte. Es war mucksmäuschenstill. Sie betrachtete die Bücherregale, die Zeitungsständer, die Kassentheke – und bemerkte nichts Auffälliges. Und auch ein Blick auf die Kasse bestätigte, dass alles beim Alten war. Langsam, fast schleichend, ging sie zum hinteren Teil des Buchladens, wo sich das Lager und ein kleiner Aufenthaltsraum befanden, öffnete zuerst die Tür zum Aufenthaltsraum – und staunte nicht schlecht, als da der Hoymeyer saß, Oberkörper und Kopf lagen auf dem Tisch. Die Flasche, in dem sich zuvor hochprozentiger Schnaps befunden hatte, war fast leer und daneben stand ein noch halb gefülltes Glas. Sofort rannte sie auf ihn zu und schüttelte ihn kräftig. Hoymeyer hob kurz seinen Kopf hoch, grunzte etwas Unverständliches und ließ ihn wieder unsanft auf die Tischplatte fallen.

„Ja, Herr Hoymeyer, was is denn los mit Ihnen?“ Moni schüttelte ihn. Nun schlug er die Augen auf und versuchte seinen Oberkörper aufzurichten. Mit sichtlicher Anstrengung gelang ihm dies auch, wobei ein lautes und langgezogenes Rülpsen aus seiner Kehle röhrte. Jetzt erst streifte sein glasiger Blick Moni, was ihn dazu veranlasste, sich zusammenzureißen und sich zumindest auf dem Stuhl wieder aufzurichten.

„Was dun Sie denn … so füh im … Buchla…n!“, lallte er sie an und konnte einen weiteren lauten Rülpser gerade noch unterdrücken.

„Herr Hoymeyer, es is kurz vor neun und die ersten Kunden kommen gleich! Kommen’s, jetzt stehen’s auf, gehen’s heim und duschen’s erst mal!“ Sie wollte ihn unbedingt aus dem Laden bekommen, bevor die ersten Kunden kamen.

Hoymeyer gehorchte. Er wankte aus der Kaffeeküche und verließ torkelnd den Laden.

Moni öffnete daraufhin gleich das Fenster der Kaffeeküche, das zum Hinterhof ging, um den Alkoholgestank aus dem Raum und auch aus dem Laden hinauszulassen. Puh, dachte sie sich, was war das denn für eine Vorstellung? So hatte sie den Hoymeyer noch nie erlebt! Oder hatte der etwa ein Alkoholproblem und ihr war das die ganze Zeit über nicht aufgefallen? Moni wollte jetzt aber keinen weiteren Gedanken darüber verschwenden und machte sich daran, die Tageszeitungen hereinzutragen, die der Kurierdienst wie jeden Morgen vor dem Laden abgestellt hatte, und diese auf die Zeitungsständer zu verteilen. Kaum hatte sie die letzten Zeitungen von den Verpackungsbändern befreit und einsortiert, da kam auch schon der erste Kunde in den Laden, Bert Haigermoser.

„Guten Morgen, Bert!", begrüßte sie ihn kühl.

„Morgen, Moni", grüßte er zurück und schritt auf sie zu. „Moni, du, des am Freitagabend … des tut mir leid. Ich weiß ja auch ned, aber … ich war halt schlecht drauf und außerdem …" Dem Bert gingen die Worte aus.

„Is scho gut!", unterbrach ihn Moni und wandte sich ihrer nächsten Arbeit zu, dem Einsortieren von Gruß- und Geburtstagskarten.

Daraufhin zuckte Haigermoser kurz mit den Schultern und schüttelte missbilligend den Kopf. Dann schnappte er sich das *Mühldorfer Tagblatt* aus dem frisch gefüllten Ständer, legte eine Zwei-Euro-Münze auf die Theke, brummte noch ein „Basst scho!" in Monis Richtung und schritt zum Ausgang.

„Danke, der Herr!"

Haigermoser drehte sich um und meinte noch versöhnlich: „Kommst halt amal wieder vorbei, dann trinken wir a Glaserl miteinander."

Moni blickte auf, legte den Kopf zur Seite und spitzte ihre Lippen, was so viel wie „Ich überleg's mir noch" bedeutete. Dass sie heute sowieso schon im *Getreidekeller* verabredet war, wollte sie ihm nicht auf die Nase binden.

Den restlichen Vormittag über war es für diese Tageszeit ausnahmsweise ruhig. Von Werner kam ein kurzer Anruf, in dem er ihr förmlich mitteilte, dass der Keilhofer auf der Polizeidienststelle sofort mit ihr reden wolle. Das gefiel ihr ganz und gar nicht. Erstens, was bildete sich der Keilhofer eigentlich ein? Sie konnte doch den Buchladen nicht so mir nix, dir nix einfach zuschließen, um zu diesem Lackaffen zu gehen. Zweitens hatte der Werner offensichtlich nicht den Hintern in der Hose, dies dem Keilhofer klarzumachen. Oder es fehlte ihm ganz einfach an Einsicht und Verständnis für Monis Arbeit.

Kurz vor Mittag kam dann der Polizeidienststellenleiter persönlich zur Tür hereingeschneit. Ihr war klar, dass er keine Zeitung kaufen wollte. Eine junge Frau stand gerade am Kartenständer und suchte eine Karte für ein freudiges Ereignis und eine weitere Kundin hielt sich bei den neuesten Romanerscheinungen auf, als Keilhofer geradewegs auf Moni zuging und sich mit seinem ausladenden Körper vor ihr aufbaute. Mit einem tiefen Zug holte er Luft und polterte los: „Frau Beck, wenn Sie scho ned auf die polizeiliche Aufforderung reagieren, dann kommen wir halt zu Ihnen."

Auf die laute Stimme und die unfreundlichen Worte aufmerksam geworden, drehten sich die beiden Kundinnen neugierig um.

„Wissen Sie eigentlich, was es bedeutet, professionelle Polizeiarbeit zu leisten? Dazu gehört viel Wissen, a Portion Psychologie und auch ein Sinn, ein Gespür für die jeweilige Situa…“

„Was *Sie* offenbar ned ham, sonst täten's hier herinnen ned so an Zirkus veranstalten! Wir sind hier in einem Buchladen und ned in einem Wirtshaus!“, konterte Moni schlagfertig, so dass sich die beiden Kundinnen ein verstohlenens Grinsen nicht verkneifen konnten.

„Was ich Ihnen hiermit sagen möchte“, Keilhofer ließ sich nicht beirren, „ist, dass Sie sich ab jetzt gefälligst aus de Ermittlungen raushalten! Spielen Sie hier ned Privatdetektiv, sonst …“ Keilhofer hob bedrohlich seinen Zeigefinger.

„Sonst …?“ Moni ließ sich nicht so leicht einschüchtern.

„… sonst belange ich Sie wegen Behinderung der Staatsgewalt!“, fuhr Keilhofer in unverminderter Lautstärke fort.

„Dass ich ned lach'! Wen sollte ich schon behindern? Da müssn's scho mit anderen Geschützen auffahrn!“, gab Moni zurück. „Und außerdem, wenn Sie scho von Behinderung redn: Hier ist ein Ladengeschäft, das ich weiterführen muss, entschuldigen's, ich muss mich jetzt um meine Kunden kümmern“, sagte sie und ließ ihn einfach stehen, um sich um die junge Dame am Grußkartenständer zu kümmern.

Keilhofer lief vor Wut und Scham rot an und verließ empört und vor sich hinschimpfend den Laden.

Die beiden Kundinnen zeigten durch ein Kopfnicken, dass sie Monis Reaktion verstehen konnten.

Am späten Nachmittag, kurz vor Ladenschluss, kam dann der Hoymeyer zur Tür herein. Mehr ein Häufchen Elend als stolzer Ladenbesitzer, wie ihn Moni bislang gekannt hatte. Kreidebleich und sichtlich angeschlagen ging er nach einem wortlosen, grüßenden Nicken in die Kaffeeküche.

Moni ließ es sich nicht nehmen, ihm nach einer Weile hinterherzugehen. Als sie die Tür öffnete, befand sich Hoymeyer gerade auf allen Vieren unter dem Tisch.

„Herr Hoymeyer, was machen's denn am Boden unten?“, fragte sie ihn, mehr entsetzt als neugierig.

„Fräulein Moni, es is ned des, wonach es ausschaut! Ich such' nur ein Kuvert, ein Briefkuvert. Haben's ned sowas liegen gesehen?“

Moni schüttelte nur kurz den Kopf und wunderte sich immer noch, was der Hoymeyer in seinem desolaten Zustand da am Boden machte. „Naa, ich hab' nix gesehen. Was soll des genau für ein Kuvert sein?“

Hoymeyer, der sich inzwischen erhoben hatte und immer noch ein trauriges Bild abgab, meinte nun etwas gereizt: „Was soll des scho für ein Kuvert sein, ein ganz normales Kuvert halt! Sie werden doch wohl wissen, wie ein Kuvert aussieht!“ Hoymeyer schritt jetzt die Kaffeeküche ab und suchte nervös in allen Winkeln nach seinem Kuvert.

Moni zuckte die Achseln und verließ die Kaffeeküche wieder. So ein Alkoholabusus kann einem ganz schön die Sinne durcheinanderbringen, dachte sie bei sich.

Ein paar Minuten später kam dann auch der Hoymeyer aus der Kaffeeküche, brummte einen Abschiedsgruß, ohne Moni dabei anzusehen, und ging zum Ausgang.

„Haben Sie's gfunden?“

Doch Hoymeyer winkte nur kurz ab und verließ den Buchladen.

Moni schloss dann Punkt 18:00 Uhr die Eingangstür zu, machte den üblichen Kassensturz, räumte kurz auf, schloss das Fenster in der Kaffeeküche und ging wie gewohnt mit den Tageseinnahmen zur Bank. Dort warf sie die Geldtasche ein und wartete vor der Bank auf Angelika, die kurz darauf mit einem knallroten Kleid, Pumps und der dazu passenden Handtasche auf Moni zukam.

„Hey, Frau Weiher, fesch, fesch! Wir gehen aber in den *Getreidekeller* und ned in den Ballsaal“, feixte sie Angelika an, welche daraufhin leicht errötete. Moni hakte sich versöhnlich bei ihr ein und so überquerten die beiden den Stadtplatz, um auf dem kürzesten Weg zum *Getreidekeller* zu gelangen. „Wirklich hübsch bist, Angelika!“, meinte Moni durchaus ehrlich.

„Ja, des is deinem Werner heut’ auch scho aufgfallen, als er bei uns im Notariat war, aber des erzähl’ ich dir dann unten im *Getreidekeller*.“

Sie kamen zum Eingang und stiegen – Angelika voran – die Treppe zur gut gefüllten Gaststätte hinab. Bert Haigermoser stand selbst am Schanktisch und versorgte die Gäste mit Getränken, füllte aber auch die Gläser für die anderen Bedienungen.

Die Angelika war ein sehr „hübsches Mädchen“, wie Moni manchmal zu ihr sagte, und so fiel sie, nachdem sie als Erste eingetreten war, dem Haigermoser nicht nur wegen des roten Kleides auf. Er konnte es sich nicht verkneifen, Angelika mit einem frivolen Spruch zu begrüßen: „Ja, jetzt geht aber die Sonne auf hier unten, und heiß wird es auch noch!“ Als dann Moni hinter Angelika unten ankam, wurde sie von Haigermoser lediglich mit einem kurzen, nüchternen „Grüß dich, Moni“ begrüßt – was Moni fast ein wenig eifersüchtig machte.

Angelika hatte nahezu eine Modelfigur, ihre brünetten langen Haare, ihr dunkelbraunen Augen und ihr hübsches Gesicht, gepaart mit ihrem guten Kleidungsstil, machten sie zu einer sehr attraktiven Frau. Moni, mit ihren mittellangen, rötlichen, gelockten Haaren, ihrem leichten Speckansatz an den Oberschenkeln, am Po und am Bauch fühlte sich dagegen wie ein hässliches kleines Entlein. Lediglich mit ihren stahlblauen Augen war sie sehr zufrieden. Früher einmal hatte sie Konfektionsgröße 36, und jetzt musste sie im Modegeschäft in das Regal mit den Größen 40 greifen.

Die beiden Freundinnen verzogen sich auf einen der wenigen freien Tische am hinteren Ende der Gastwirtschaft. Nach der Bestellung ihrer Getränke und eines kleinen Imbisses tauschten sie ihre Erlebnisse des Tages aus. Moni erwähnte dabei auch Hoymeyers Auftritte in der Früh und am späten Nachmittag, ohne aber auf nähere Details einzugehen. Nur den Zustand ihres Chefs beschrieb sie eingehend.

„Der wird auch immer sonderbarer!“, kommentierte Angelika Monis Schilderungen.

„Was denkst du? Glaubst du, der Hoymeyer hat ein Alkoholproblem?“, flüsterte Moni, damit die Gäste an den benachbarten Tischen ihre Frage nicht mithören konnten.

„Ich weiß ned, man hat über den Hoymeyer nie sowas ghört. Einen Schoppen Wein ab und zu hab’ ich ihn schon trinken gesehen, aber mehr ned … Und Schnaps? Naa, des passt gar ned zu ihm.“ Auch Angelika flüsterte. „Und dass der schlecht drauf is, des hab’ ich letzte Woche überhaupt ned gmerkt. Da war er bei uns in de Amtsräume und hat irgend sowas in Verbindung mit einem Schuldschein unterschrieben, und da hat der Notar gmeint, dass des Dokument dann nach seiner Bestätigung in a Kuvert gsteckt wird und per Kurier an den Schuldscheinbegünstigten gsandt werden kann. Und da war der Hoymeyer richtig lustig. Er hat mit uns noch rumgfeixt und a paar Witze erzählt, über die er allerdings mehr lachen konnte als wir", fuhr Angelika fort.

„Was für ein Kuvert? Der Hoymeyer is heute, als er in den Buchladen kam, am Boden herumgekrabbelt … Also ned gleich, sondern nachdem er in die Kaffeeküche gewankelt ist, und hat nach einem Kuvert gsucht. Ich hab' scho gmeint, der is nicht mehr ganz dicht oder der Alkoholgenuss hat bleibende Schäden hinterlassn!", erzählte Moni und sinnierte laut vor sich hin: „Hmmm … Des is ja interessant! Wenn des des gleiche Kuvert wäre …"

„Was dann?", bohrte Angelika weiter.

„Ja, du weißt eh des mit dem Haderthanner. Jetzt, wo raus is, dass des ein Mord war, muss es ja auch einen Mörder geben!", entgegnete Moni.

„Ja, und *du* meinst, der Mörder is der Hoymeyer?", kombinierte Angelika.

„Naa, so mein ich des auch ned. Es is bloß scho sonderbar, dass der Hoymeyer heute so an Fetzn Rausch hatte und sein Verhalten für mich so no ned vorgekommen is", versuchte Moni zu erklären. „Des macht ihn zumindest verdächtig."

„Weißt du übrigens, dass der Haderthanner no kurz vor seinem Tod ein Testament gmacht hat?", räumte Angelika in sehr gedämpfter Lautstärke ein. „Aber bitte, des bleibt unter uns, sonst bekomm' ich Ärger mit meinem Chef."

„Naa, was du ned sagst! Das rückt ja die ganze Situation in ein neues Licht!“, kam es entsetzt von Moni. Als die Getränke serviert wurden, blickte sie, ganz in Gedanken versunken, mit einem starren Blick geradeaus.

„Was hast, warum bist so still?“, fragte Angelika.

„Wenn also der Haderthanner ein Testament gmacht hat, dann heißt des womöglich, dass er seine natürlichen Erben anders oder gar ned bedacht hat, was des Erbe betrifft!“, schlussfolgerte Moni.

„Ja, da hast recht.“

Als dann das Essen kam, war das Thema Haderthanner erst einmal erledigt und die beiden gingen in einen üblichen Frauenratsch über, in dem so ziemlich jeder, der in Mühldorf etwas zu sagen hatte, vokam. Als die leeren Teller abgeräumt wurden, kam dann auch der Haigermoser mit drei gefüllten Schnapsgläsern zum Tisch, stellte den beiden Frauen jeweils eins hin und setzte sich ungefragt einfach dazu. Er nahm das dritte Schnapsglaserl und hob es an. „Prost, die Damen, schön, dass ihr da seid!“

Die beiden Frauen prosteten ihm zu und leerten – wie es in Bayern so üblich ist – das Getränk in einem Zug. Nun hatten sie den Haigermoser, sehr ungebeten, an ihrem Tisch und bekamen ihn nicht mehr los. Er erzählte ihnen dieselben aktuellen Tratschgeschichten von Mühldorf, die die beiden eben eh schon ausgetauscht hatten. Um keine Spielverderber zu sein, taten sie so, als ob sie noch nicht davon gehört hätten, und täuschten ihre Überraschung vor. So gegen zehn zahlten die beiden Freundinnen ihre Rechnung und verließen das Lokal.

15. Werner Huber

Werner war am Dienstagmorgen schon sehr früh wach. Irgendetwas beschäftigte ihn, ohne dass er genau sagen konnte, was es war.

Nach einem kurzen Junggesellenfrühstück machte er sich auch schon auf den Weg – nicht ohne noch beim Metzger Wanninger vorbeizuschauen und sich mit zwei frischen Leberkässemmeln zu versorgen – und war dann einer der Ersten auf der Dienststelle. Der Brucker und der Keilhofer waren allerdings auch schon da und offensichtlich voll beschäftigt. Kaum hatte Werner es sich in seinem Sessel bequem gemacht und seine Leberkässemmel ausgepackt, da baute sich der Keilhofer vor seinem Schreibtisch auf.

„Guten Morgen, der Herr, wollen wir jetzt auf der Dienststelle etwa frühstücken?“, fragte er sarkastisch, was Werner sofort veranlasste, seine Tüte mit dem geplanten zweiten Frühstück wieder einzupacken.

„Naa, ich wollt’ nur …“, versuchte Werner noch zu entgegnen und wurde sofort von seinem Chef unterbrochen.

„Nix da, es gibt an Haufen Dinge zu besprechen und zu tun. Der Landrat hat schon nachgfragt, wie der Ermittlungsstand im Falle Haderthanner is. Und er möchte gern bis heute Nachmittag einen Lagebericht haben. Des heißt, wir müssen ihm bis dahin was liefern!“, bellte Keilhofer. Brucker, den er im Schlepptau hatte, zuckte bei den letzten Worten zusammen. „Also Huber, Sie und der Brucker gehen jetzt in die Bräugasse und stellen fest, wie lange man von der Haustür der Grahammerin bis zu der Stelle braucht, wo der Blumentopf gstanden is. Dann vernehmen’s mir noch die Millstetterin und den Haigermoser. Dann schauen's beim Notar Krinner vorbei und fragen's wegen dem Testament nach. Zur Millstetterin gehen's zu zweit, wenn's eh schon dort sind, und die beiden anderen nimmt sich jeder einzeln vor. *Verstanden?*", dröhnte Keilhofer.

Werner und Brucker nickten kurz, griffen sich ihre Mützen und Uniformjacken und machten sich auf den Weg. „Der is vielleicht heute drauf!", traute sich nun Brucker, das Verhalten seines Chefs zu kommentieren.

In der Bräugasse schickte Werner den Brucker zweimal hintereinander von der Eingangstür zum Balkon hinauf. Einmal musste er mit normaler Schrittgeschwindigkeit gehen und einmal laufen. Der letzte Versuch brachte den Brucker ganz schön außer Atem und trieb ihm trotz der morgendlichen Herbstkälte ein paar Schweißtropfen auf die Stirn. Was wiederum dem Werner so gefiel, dass er den Brucker ein drittes Mal die Treppen hinaufjagte, mit der Begründung, die Zeitmessung hätte nicht funktioniert. Brucker kam danach völlig außer Atem und mit hochrotem Kopf zurück und keuchte, nach vorne gebeugt und die Hände auf die Knie gestützt, wie eine Dampflokmotive die warme Atemluft in die Kälte.

„Wenn der Haigermoser da hochgrennt is, dann hat der eine Mordskondition, des sag' ich dir!", stellte Brucker, immer noch außer Atem, fest.

„Des waren jetzt achtundvierzig Sekunden hin und zurück. Des bedeutet, Brucker?"

Brucker zuckte ratlos mit den Schultern.

„Des bedeutet, dass es der Haigermoser durchaus gschafft haben kann, raufzurennen, den Blumenscherben auf den Haderthanner zu schmeißen und dann wieder runterzugehen. Wobei, runter hätt' er sich mehr Zeit lassen können, und abwarten, bis sich sehr viele Leute angesammelt haben, um sich dann wieder fortzustehlen", schlussfolgerte Werner. „Was sagst dazu, Brucker?"

Doch Brucker war noch zu sehr außer Atem, als dass er Werners kriminalistischen Berechnungen hätte folgen können. Werner schrieb alles detailliert in seinen Notizblock und dann gingen sie gemeinsam, wie geheißen, hoch zur Frau Millstetter. Diese öffnete ihnen bereitwillig die Tür und die beiden Männer traten ein.

„Was is denn grad so wichtig, dass Sie heut' scho wieder da sind? Bin ich denn jetzt verdächtig?", begann nun die Millstetter das Gespräch.

„Ja mei, wir ermitteln halt noch, und da müssen wir viele Informationen sammeln", konterte Brucker etwas zu schnell.

„Naa, Frau Millstetter, wir haben da nur noch ein paar abschließende Fragen, und dann sind wir auch schon wieder weg!", beschwichtigte Werner die etwas überrascht dreinblickende Millstetterin. „Sie waren zum Tatzeitpunkt, wir wissen ja jetzt auch, dass des kein Unfall war, oben in Ihrer Wohnung und haben gesehen, dass da jemand im Hausgang verschwunden ist. Und was is danach passiert?", begann nun Werner die Befragung.

„Ja, dann bin ich wieder in meine Wohnung, weil ich ‚Dahoam is dahoam' sehen wollte!"

„Und dann?"

„Ja dann … lang hat's ned gedauert, dann hab' ich einen Schrei ghört und bin wieder naus und hab nuntergschaut, und da … da is er gelegen, der Erwin." Bei den letzten Worten zitterte ihre Stimme.

„Haben's ned irgendwas im Treppenhaus gehört oder gesehen?", fuhr Werner nach einer kleinen, rücksichtsvollen Pause mit der Vernehmung fort.

Nachdenklich blickte sie ins Leere. „Naa, ned dass ich wüsst'."

„Warum sind Sie, als der Alt…, äh der Keilhofer Sie angsprochen hat, wieder in Ihrer Wohnung verschwunden, anstatt ihm zu antworten?", mischte sich jetzt Brucker in die Befragung ein.

„Ja … ich … war … einfach … so schockiert und … wusste nimmer, was ich tun sollte!", stotterte die Millstetterin und schluchzte in das Taschentuch, das sie in ihrer Schürze gefunden hatte.

„Ja, verstehe!", murmelte Werner leise. „Und wann genau kam dann der Benno zu Ihnen?"

„Des war vielleicht a halbe Stunde später, da waren dann scho fast alle wieder weg. Er war sehr pietätlos, und frech noch dazu!" Sie hatte sich offensichtlich wieder gefangen und blickte zornig auf. „Er hat sofort gfragt, ob er den Wohnungsschlüssel vom Erwin haben kann, denn da liegt no was, das ihm ghört ... So ein Schmarrn, der hält mich doch wirklich für blöd! Ich hab' ihm den Schlüssel natürlich ned gegeben. Dann wollt' er auch noch wissen, ob ich weiß, ob der Erwin ein Testament gmacht hat."

„Und?", kam es von Brucker.

„Des wissen's ja, dass der Erwin vorher no ein Testament gmacht hat, des hab' ich Ihnen ja scho gestern gsagt."

„Naa, ich will wissen, ob Sie dem Benno des gsagt ham, des mit'm Testament", stocherte Brucker weiter.

„Des geht den gar nix an, der wird des scho no rechtzeitig erfahren!", antwortete die Millstetterin.

„Also ned!“, stellte Werner fest, was sie nickend quittierte. „Frau Millstetter“, fuhr Werner fort, „was könnte es denn so Wichtiges in der Wohnung Ihres Bruders gegeben haben, das der Benno Haderthanner so gerne haben wollte?“

„Oiso, des Testament hab’ ich da *ned* gfunden!“, kam es wie aus der Pistole geschossen von der Millstetterin, was diese sofort bereute, als sie die missbilligenden Blicke der beiden Beamten erntete. Werner und Brucker vermieden es aber, darauf einzugehen, und bekamen dann auch den Wohnungsschlüssel von ihr, dessen Empfang sie mit einer Quittung bestätigten.

Die beiden Männer verabschiedeten sich von der Millstetterin und teilten sich danach die beiden weiteren Besuche auf. Werner entschied sich, zum Notar zu gehen, da der Haigermoser eh nicht gut auf ihn zu sprechen war, und außerdem sollte sich der Brucker auch einmal ein wenig anstrengen müssen. Gemeinsam gingen sie die Bräugasse bis zum Stadtplatz entlang. Werner ging dann links herum zum Notar und Brucker bog rechts ab in Richtung Stadtplatzmitte.

Das Gebäude, in dem der Notar im ersten Stock seine Amtsräume hatte, war ein denkmalgeschütztes Haus, das sich – nach altem Stil renoviert – sehr gut in die im italienischen Baustil errichtete Häuserzeile einreihte.

In den Amtsräumen empfing ihn gleich die Angelika Weiher, Monis Busenfreundin, wie er sie Moni gegenüber nannte. Werner stach sofort Angelikas perfekt sitzende Hochfrisur und ihr hautenges rotes Kleid ins Auge.

„Servus, Werner, heute dienstlich unterwegs? Was führt dich zu uns?“, begrüßte sie ihn.

„Hallo, Angelika, heute aber wieder sehr fesch!“

„Danke, du Schmeichler!“, kam es mit einem Augenzwinkern zurück.

„Ist der Notar zu sprechen?“

„Er ist gerade im Termin, dauert aber nur noch ein paar Minuten. Magst warten?“

Werner nickte und nahm im Wartezimmer Platz. Nach ein paar Minuten geleitete Angelika Werner in das mit prunkvollen Vollholzmöbeln ausgestattete Büro.

„Herr … Huber, wenn ich mich nicht irre! Was kann ich für Sie tun?“, begann der Notar das Gespräch, nachdem sich Werner gesetzt hatte.

„Ich ermittle im Mordfall Erwin Haderthanner. Aus unserer bisherigen Tätigkeit konnten wir in Erfahrung bringen, dass der Verstorbene erst kürzlich ein Testament bei Ihnen verfasst hat. Entspricht dies der Wahrheit?“ Werner versuchte sein bestes Hochdeutsch anzuwenden.

„Ja, das ist richtig, aber mehr kann ich Ihnen ohne eine richterliche Verfügung dazu nicht sagen. Verstehen Sie mich bitte nicht falsch, aber hier geht es um rechtliche Vorgaben“, beantwortete Linus Krinner die Frage.

„Danke, ja, verstehe ich, die Verfügung werden wir eventuell einholen. Eine letzte Frage noch: Wann ist voraussichtlich die Testamentseröffnung?“

Linus Krinner warf einen kurzen Blick in seinen Terminkalender. „Soweit ich sehe, sind die Erben bereits informiert und haben dem Termin 14. November, also übernächste Woche Donnerstag, vierzehn Uhr, bereits zugestimmt.“

Werner verabschiedete sich und verließ das Büro. Draußen musste er noch am Empfangstresen vorbei, wo die

Angelika saß. Deshalb streckte er im Vorbeigehen seinen Rücken durch, zog den Bauch ein und schob den Brustkorb nach vorne. Mit einem Lächeln verabschiedete er sich von Angelika, die seinen Gruß ebenso freundlich erwiderte.

Als Werner zur Dienststelle zurückkam, erzählte sein Kollege, die Sportskanone Brucker, den Kollegen von der Vernehmung beim Bert Haigermoser. Werner gesellte sich sofort dazu und meinte an Brucker gewandt: „Brucker, magst ned noch einmal von vorne anfangen, damit ich des auch mitbekomme?“ Als Brucker gerade neu ansetzen wollte, kam Keilhofer um die Ecke und eilte schnurstracks auf die Kollegen zu.

„Also, ihr beiden, kommt’s dann mal mit zu mir ins Büro, damit auch *ich* im Bilde von euren Ermittlungen bin.“ Dabei redete er so laut und betonte das „ich“ so, dass alle mitbekamen, wie wenig es dem Keilhofer gefiel, wenn Ermittlungsergebnisse vorab unter allen Kollegen geteilt wurden.

Im Büro vom Keilhofer erzählte zuerst Werner von seinen Neuigkeiten. Die größte Anerkennung bekam er von Keilhofer für die Tatsache, dass er die Wohnungsschlüssel an sich genommen hatte und nun weitere Ermittlungen in der Wohnung vom Haderthanner stattfinden konnten. Brucker dagegen druckste erst ein wenig herum, bevor er berichtete, was sich während des Besuchs beim Bert Haigermoser zugetragen hatte.

„Ich hab’ ihn in seinem Lokal im Hinterzimmer angetroffen. Da war er scho sehr … wie soll ich sagen … alkoholisiert!“

„Bsoffen war er, oder?“, unterbrach ihn Keilhofer.

„Ja … scho, auch … Er hat aber dann gsagt, d... d… dass es ihm ned passt und ich später, am besten morgen nochmal kommen soll“, stotterte Brucker kleinlaut.

„Und dann?“ Keilhofer trat ganz nahe an Brucker heran und schaute ihm eindringlich ins Gesicht.

„D… d… dann bin ich wieder gegan…!“

Brucker konnte seinen Satz nicht einmal zu Ende sprechen, denn Keilhofer schrie ihn mit hochrotem Kopf und geschwollener Halsschlagader an: „Und wenn der Herr Haigermoser morgen no ned ausgschlafn hat, dann kommen wir erst übermorgen wieder vorbei!?! Ja, ham's Ihnen ins Hirn gschissen, Brucker? Wir sind die Polizei und *wir* bestimmen, wann wir wen und warum und wie oft vernehmen! Ja Herrschaftszeiten!“ Keilhofer, hochrot im Gesicht, stand kurz vor dem Herzinfarkt und Brucker, leichenblass, kurz vor dem Versagen seines Schließmuskels. Der Kollege Brucker war so blass, dass er dem Werner schon wieder leidtat und er zu vermitteln versuchte.

„Mit so einem alkoholisierten Menschen ist ja dann auch ned viel anzufangen, und wer weiß, was der dann alles erzählt, was er morgen widerruft!“, warf er dann ein und dies schien seine Wirkung beim Keilhofer nicht zu verfehlen.

„Ja, gut, dann geht's morgen früh glei zu ihm und nehmt's ihn zu zweit in die Mangel. Und dann gibt's koa Ausred' mehr, verstanden?“, kommandierte Keilhofer beim Hinausgehen.

16. Moni Beck

Am Dienstagabend kamen Monis Kinder vom Europaparkausflug mit den Großeltern zurück.

War das eine Begrüßung! Nicht, dass sich die beiden Kids nur auf das Wiedersehen mit ihrer Mutter gefreut hätten. Nein, vielmehr wurde es zu einem Erzählduell über die Eindrücke des Parks: über mutige Fahrten mit hyperschnellen Achterbahnen und über die vielen kleinen Möglichkeiten, in diesem Erlebnispark ein Kinderherz höherschlagen zu lassen. Vor lauter Erzählen waren die Kinder so aufgeregt, dass es neun Uhr wurde, bis endlich die Müdigkeit die beiden übermannte und sie ins Bett gingen. Moni packte dann noch die Taschen ihrer Kinder aus und verstaute die Schmutzwäsche im Wäschekorb. Fast hätte sie dabei das Klingeln ihres Handys überhört. Die Nummer des Anrufers, angezeigt im Display, war ihr sehr wohl bekannt. Mit einem Lächeln nahm sie das Gespräch an.

„Noch wach?“, kam es fast schon zu leise aus dem Lautsprecher des Smartphones.

„Ja, Werner, was gibt’s?“, fragte Moni kühl.

„Du, ich weiß, ich war a bisserl zu aufgebracht, aber du …!“

„Ja, dann is alles wieder gut!“, unterbrach ihn Moni, um einer weiteren Ermahnung in Sachen Ermittlung zu entkommen. „Hast Zeit, kommst no auf a Glaserl vorbei?“

„Ja, gerne!“, kam dann als Antwort, und schon eine Viertelstunde später läutete die Haustürglocke.

Die beiden tauschten sofort ihre Erlebnisse und neu gewonnenen Erkenntnisse der letzten vierundzwanzig Stunden aus. Dabei versuchte Moni, sich bei dem, was sie so alles aus den Informationen schloss, weitgehend zurückzuhalten, was ihr das eine oder andere Mal sogar gelang. Sie fand die Sache mit dem Testament am interessantesten, wollte wissen, was Werner schon alles darüber herausgefunden hatte, und tat beim Zuhören sehr überrascht.

„Wenn du … also Werner … wenn du ein Testament machen würdest, warum würdest du das tun?“, versuchte sie die Diskussion in Gang zu bringen.

„Ich? Ich und ein Testament?“ Ungläubig schaute er Moni an.

„Naa, Werner, du musst ermittlerisch denken, quasi so rein hypothetisch.“

„Aso meinst, ja … ich tät’ ein Testament nur dann machen, wenn ich jemand anders als meine natürlichen Erben begünstigen möcht’. Oder ich möcht’ die natürliche Erbfolge ein bisserl verändern.“

„Genau, und ich glaub’, der Haderthanner hat die gleichen Beweggründe ghabt“, ergänzte Moni. „Wir müssten wissen, was in dem Testament steht, denn des is der Schlüssel zum Motiv!“, stellte sie fest.

„Ned wir beide, sondern wir, die Polizei, müssen des wissen“, erinnerte Werner sie mit einem warnenden Blick, den sie nur zu gut zu deuten wusste. „Und außerdem is des dann nur ein weiteres Indiz … vielleicht … und no lang koa Beweis“, fügte Werner noch hinzu. Mit einem Blick auf die Uhr signalisierte er, dass es schon sehr spät war und es nun Zeit wurde, heimzufahren.

Am nächsten Tag packte Moni nach dem Frühstück die Badesachen zusammen, denn wie versprochen sollte es heute ins Hallenbad nach Burghausen gehen. Die Kinder waren schon beim Frühstück ganz aufgeregt gewesen und tauschten sich jetzt gegenseitig immer noch über ihre Erlebnisse vom Erlebnispark in Rust aus. Moni nutzte diese Zeit noch, um kurz mit Angelika im Büro zu telefonieren.

„Guten Morgen, Angelika, bist scho im Büro?“, eröffnete Moni das Gespräch.

„Ja, scho lang, es is ja scho halb neun.“

„Du, was i di no fragen wollt’, du hast mir doch gestern von einem Testament erzählt, das der Haderthanner noch kurz vor seinem Tod gmacht hat! Hast du die Möglichkeit, reinzuschauen, was da drinsteht?“, fuhr Moni fort.

„Du, Moni, weißt, ich darf des ned. Ich hab’ dir schon einmal einen Gefallen getan, der mich beinahe meinen Job gekostet hätte!“, wies Angelika die Bitte zurück.

„Angelika, es geht um Mord, und da muss man manchmal alternative Wege gehen!“, versuchte Moni ihre Freundin zu überzeugen.

„Du redest ja scho fast wie der amerikanische Fake-Präsident. Es is ned so einfach, an das Testament zu kommen. Das hat die Elvira bearbeitet, des is lesegschützt auf ihrem Laufwerk gspeichert, und die Elvira is erst wieder am Donnerstag im Büro.“

„Schau doch bitte amoi, vielleicht gibt’s no an anderen Weg?“

„Na guad … Ich schau mal, aber versprechen kann ich dir nix!“, meinte Angelika.

Damit war Moni zunächst zufrieden und konnte sich wieder ihren Kids widmen. Der Tag verlief dann genau nach dem Gusto der Kinder: baden, vom Turm springen und dann noch zum krönenden Abschluss Hamburger mit Pommes beim Fastfood Restaurant mit dem *M* als Emblem, in Bayern nur kurz *Schachtelwirt* genannt. Auch für Moni war dieser Tag ein Gewinn, einerseits durch das gemeinsame Erlebnis mit ihren Kindern und andererseits durch ein wenig Ablenkung von dem Mordfall, der sie die letzten Tage schon sehr beschäftigt hatte und der auch zu nicht nur einer Auseinandersetzung mit ihrem Freund, dem Werner, geführt hatte. Am Abend waren dann alle sehr müde, die drei kuschelten sich ins große Mama-Bett und schliefen bald ein.

Am nächsten Morgen stand kurz nach dem Frühstück bereits wieder Opa vor der Tür. Er wollte zum Schwammerlsuchen und fragte an, ob die beiden Kids mitmöchten. Die Frage beantwortete sich von selbst. Kaum hatte Opa Franz das Wort Schwammerl ausgesprochen, rannten beide schon zur Garderobe und holten ihre Jacken und Mützen, und ehe sich Moni versah, saßen sie schon auf dem Rücksitz von Opas Golf. Vor ein paar Jahren hätte dies noch viel Überredungskunst gekostet, sich von Mama zu trennen, und jetzt…! Tja, die Kinder werden halt älter, und damit muss man sich als Mama abfinden, ging es Moni durch den Kopf. Da sie sich drei Tage freigenommen hatte, war dies nun ein Tag, den sie für sich verplanen konnte, auch wenn sie diese Zeit gerne mit den beiden Kids verbracht hätte.

Nachdem sie die Überreste des Frühstücks aufgeräumt und die Wäsche gebügelt, fein säuberlich zusammengelegt und verstaut hatte, machte sie sich auf zum Mühldorfer Stadtplatz und wollte das tun, was alle Frauen gerne tun, nämlich ausgiebig shoppen. Nicht, dass Moni so viel Geld ausgeben wollte, aber ein wenig schauen, vielleicht auch anprobieren und im Extremfall auch kaufen, konnte dann schon möglich sein. Danach wollte sie noch – wer wird's erraten? – bei Riccardo auf einen Cappuccino vorbeischauen. Als erste Station aber war das *Modehaus Dunkel* eingeplant. Ein sehr gut geführtes Haus mit großer Auswahl und auch gutem Service. Leider manchmal nicht ihre Preisklasse, aber sehen, was es so Neues gab, dafür wollte sie sich auf jeden Fall Zeit nehmen. Kaum hatte sie das noble Kaufhaus betreten, da sah sie in der Damenabteilung Angelika stehen. Mit einem „Ja, hallo, was machst du denn hier?" kam es fast gleichzeitig aus beiden Mündern, was die zwei zu einem Prusten und lautem Kichern veranlasste. Dass sie dabei die Aufmerksamkeit fast aller anwesenden Kundinnen und Verkäuferinnen auf sich zogen, beeindruckte weder Moni noch Angelika im Geringsten. Somit war besiegelt, dass die Einkaufstour ab jetzt zu zweit durchgeführt werden würde, und das – so viel kann an dieser Stelle bemerkt werden – gereichte nicht immer zur Freude des Verkaufspersonals. Und da es zu zweit noch mehr Spaß machte, waren sie da besonders zickig.

Moni erstand paar T-Shirts und ein Paar Kuschelsocken für die kalte Jahreszeit. Gegen Mittag wurde dann der Anseh-, Anprobier- und Einkaufsmarathon erst einmal wegen des Bedarfs an Getränken und Nahrung unterbrochen. Und anstelle Riccardos wurde dann der *Getreidekeller* anvisiert, weil beide auch ordentlich Hunger verspürten und die Snacks bei Riccardo dieses Bedürfnis wohl nicht vollständig erfüllen würden.

Trotz der Mittagszeit waren im *Getreidekeller* nur wenige fremde Gäste, dafür aber die üblichen Stammgäste: Da saß gleich ganz vorne am Tresen der Bichler Sepp, der sich beim Eintreffen der beiden Damen nur kurz zu ihnen umwandte und mit einem griesgrämigen Brummen das „Grüß Gott", das Moni und Angelika ihm zugerufen hatten, quittierte. Ganz hinten saß die Demberger Cindy mit dem Hias, Werners Freund und Saufkumpanen. Die beiden Bummlerinnen warfen sich einen vielsagenden Blick zu, der bedeutete, dass es hierzu noch viel zu bereden geben würde. Auf der anderen Seite ... Oh Gott, dachte sich Moni, da sitzen ja meine Vermieter, die Emmi und der Wastl Reichgruber! Denen wollte sie nicht unbedingt über den Weg laufen. Aber die Reichgrubers hatten sie bereits gesehen und grüßten, gespielt freundlich, herüber. Moni erwiderte ihren Gruß mit einem kurzen Nicken und wollte dann einen Sitzplatz einnehmen, der von ihren Vermietern möglichst weit entfernt war. Als sie dann neben einem jungen Pärchen einen geeigneten Platz gefunden, ihre Einkaufstüten auf der Bank deponiert, ihre Getränke und auch ihr Essen bestellt hatten, konnten sie endlich entspannt reden. Der Hias und die Cindy waren das erste Thema, das sie lang und breit und mit den unterschiedlichsten Interpretationen behandelten. Ein kurzes Lästern über die Reichgrubers, gefolgt von Mutmaßungen über die Stoffeligkeit des Bichler Sepps, brachte sie auf das allgemeine Stadtthema, den Mord an Erwin Haderthanner.

„Du, Angelika, hast du schon was über das Testament in Erfahrung bringen können?", umgarnte Moni die Angelika.

„Naa, gestern war ja die Elvira ned da und heid sind wir ja beim Bummeln."

"Wie ausgmacht, hätt' besser ned sein können", erwiderte Moni zynisch.

„Aber a bisserl was hab' ich schon herausgefunden", sagte Angelika geheimnisvoll. Und da sie nicht fortfuhr, konnte Moni ihre Ungeduld nicht mehr zurückhalten: „Und? Sag schon!“

„Gleich nach unserem Telefonat gestern hab’ ich in der Ablage von Elvira nachgschaut, und da hab’ ich dann einen Zettel mit einer Bestätigung gefunden, dass der Testamentsentwurf – und jetzt kommt’s – wegen Änderung der gesetzlichen Erbfolge am 17. Oktober an den Haderthanner gegangen ist!“, verriet Angelika, nicht ohne ein wenig stolz auf ihre investigative Fertigkeit zu sein.

„Wow … Damit is klar, warum der Haderthanner ermordet wurde!“, rief Moni überrascht aus. Und zwar so laut, dass die beiden jungen Leute, die am Nachbartisch saßen, kurz zu ihnen herüberschauten.

Angelika maßregelte Moni mit einem strengen Blick und einem leisen Zischen.

„Das muss ich gleich dem Werner sagen!“

„Spinnst du? Bloß ned!“ Angelika sah sie erschrocken an. „Das kann mich meinen Job kosten, wenn du der Polizei Amtsgeheimnisse weitergibst! Das bleibt unter uns, verstanden?“

Dann brachte Gottfried, der Schankkellner, auch schon ihr Essen, das beide fast schweigend verzehrten.

Den restlichen Nachmittag verbrachten sie dann in nahezu allen am Vormittag noch nicht besuchten Geschäften am Stadtplatz, die sämtliche Arten von Damenbekleidung im Angebot hatten. Sie waren auch im Laden vom verstorbenen Haderthanner, den ad interim seine Angestellte, die Ramona Pfitzner, führte. Dort erstand Moni einen kurzen, engen Rock, den sie ein wenig ihrer Figur anpassen lassen musste. Die Ramona war eine sehr extrovertierte und immer extrem aufgetakelte Person. Nicht nur, weil sie immer die neuesten Klamotten trug, sondern vor allem der Umstand, dass sie auch noch damit prahlte, machte sie Moni nicht gerade sympathisch. Am meisten aber störte sie Ramonas ausgeprägte Vorliebe für verheiratete Männer. Sie hatte schon einige Ehen und Beziehungen auseinandergebracht, weil sie mit den Männern nicht nur Affären hatte, sondern auch noch herumposaunte, mit wem sie schon alles im Bett gewesen war. Angelika nannte sie deshalb auch „Stadtmatratze", was Moni trotz ihrer Abneigung gegen Ramona nicht sehr schön fand.

Am frühen Abend, als schon die Dämmerung einsetzte, beendeten sie ihre Shoppingtour, vollbepackt mit noch mehr Tüten, beim Riccardo.

„Oh, Donne, viele Tüten, viel Geld gelassen. Gut für Geschäfte und gut für Seele!", begrüßte dieser die beiden Einkaufsbummlerinnen. Nachdem sie einen passenden Platz gefunden hatten, bestellten sie sich jeweils den schon lange ersehnten Cappuccino. Gerade als dieser serviert wurde, kam Werner zur Tür herein. Er überflog mit wenigen Blicken das Lokal, und an seinem Gesichtsausdruck war abzulesen, dass er die beiden gesehen hatte. Mit einem breiten Grinsen ging er geradewegs zu ihrem Tisch und setzte sich ohne zu fragen neben Angelika.

„Grüß euch, ihr beiden Hasen! Habt's an Stadtplatz entrümpelt?", polterte er sogleich mit einem hämischen Blick auf die vielen Einkaufstüten los.

Moni entrüstete sich: „Magst ned fragen, wie sich des eigentlich gehört, ob du dich überhaupt zu uns hersetzen darfst?"

„Oh, Entschuldigung, störe ich vielleicht?", entgegnete Werner mit einer gespielt schuldbewussten Miene.

„Is scho gut“, lenkte Angelika versöhnlich ein und meinte, jetzt eh gehen zu müssen, da sie zu Hause noch einiges zu erledigen hätte. Sie trank ihren Cappuccino aus und suchte in ihrer Tasche nach dem Geldbeutel.

„Is scho gut, der geht auf mich“, sagte Moni.

Angelika erhob sich, um aus den vielen abgestellten Tüten diejenigen herauszusuchen, die ihr gehörten. „Schön war’s und danke für den Kaffee! Und denk an unsere Abmachung!“, sagte sie, verabschiedete sich und bahnte sich mit ihrer üppigen Ladung den Weg durchs Lokal nach draußen. Kaum war sie durch die Ladentür verschwunden, konnte Moni ihre Neugier nicht mehr zügeln.

„Und, Werner … was gibt’s Neues an der Ermittlungsfront?“

„Was soll’s scho geben, mei … wir ermitteln halt!“, erwiderte Werner ausweichend.

„Ja und? Was haben denn die Ermittlungen ergeben?“ Moni betonte jedes einzelne Wort, was so viel bedeutete, dass ihre Geduld nicht allzu groß war.

„Du weißt doch genau, dass …“

„Ja, ja, des weiß ich ja … Und jetzt sag scho, was habt ihr bisher herausgefunden?“, unterbrach ihn Moni.

Werner sah sich kurz um, ob jemand in der Nähe war, der das Gespräch hätte verfolgen können, und rückte dann näher an Moni heran. Mit leiser, fast flüsternder Stimme erzählte er ihr von Bruckers Sporttest und den achtundvierzig Sekunden, die er im Renntempo benötigt hatte, um die Wegstrecke vom Hauseingang bis zum Blumentopf zurückzulegen. Dann berichtete er vom ergebnisarmen Besuch beim Notar und dessen rechtlicher Belehrung. „Eine richterliche Verfügung braucht der gstelzte Schnösel. Nur weil er glaubt, a paar so Rechtsschinken glesen zu ham, kann der einen Polizisten für blöd erklären", meinte Werner empört. Und dann berichtete er ihr noch – nicht ohne eine gewisse Genugtuung – von Haigermosers Befragung durch den Brucker. Da kam ihm ein leichtes Schmunzeln um die Mundpartie, als er die Szene mit dem Keilhofer darstellte, als dieser den Brucker so niedergemacht hatte.

Moni genoss es, dass ihr Werner so verstohlen sämtliche Ermittlungsergebnisse preisgab. Dabei hatte sie ja noch den Joker im Ärmel. Sie wollte den Werner aber noch ein wenig zappeln lassen. „Was habt ihr denn jetzt vor? Will der Keilhofer sich so eine richterliche Verfügung besorgen?", versuchte sie, Werner weitere Informationen zu entlocken. „Was wäre, wenn es eine gesicherte Information gäbe, die besagt, dass der Haderthanner ein Testament gmacht hat, weil er die gesetzliche Erbfolge ändern wollte?", feixte sie mit einem verschmitzten Lächeln.

„Wie meinst jetzt …?" Werner schaute ungläubig in Monis grinsendes Gesicht. „Du weißt doch etwas, oder?", fragte er neugierig.

„Sagen wir mal so: Es gibt eine vertrauliche Information, die das bestätigt!"

„Jetzt sag scho, woher weißt du des? Von deiner *feschen* Freundin, der Angelika?"

„Seit wann findest du die Angelika *fesch* – und betonst des auch noch so?", entrüstete sich die Moni beleidigt.

„Oha, etwa eifersüchtig?", meinte Werner grinsend und kam nach einer kurzen Pause auf das Thema zurück. „Also du meinst, der Haderthanner hat kurz vor seinem Tod noch die Erbfolge verändert?" Nachdenklich betrachtete Werner Monis Cappuccino und gab Riccardo mit einem Fingerzeig zu verstehen, dass er auch einen haben möchte. „Dann muss ich den Keilhofer wohl überzeugen, so eine richterliche Verfügung zu bekommen“, schloss er seine Überlegung.

Nachdem Werner seinen Cappuccino bekommen hatte, gesellte sich auch noch der Hias zu ihnen, der Moni mit einem eindringlichen Seitenblick vermittelte, dass sie die Begegnung von heute Mittag im *Getreidekeller* nicht zur Sprache bringen solle.

Der Hias war ja sonst ein sehr geselliger und lustiger Mensch, mit dem und über den man in geeigneter Gesellschaft und Stimmung ausgiebig lachen konnte. Werner hatte schon oft von ihren Sonntagsstammtischen erzählt, und darüber konnten die beiden oftmals auch nach Tagen noch lachen. Heute aber war der Hias sonderbar still und nachdenklich, aber nur Moni wusste, warum.

Moni verfolgte noch ein paar Minuten das Gespräch, und deutete dann Riccardo an, dass sie zahlen möchte. Als dieser kam, hatte sie den Geldbetrag schon auf dem Tisch bereitgelegt, packte den Rest der immer noch stattlichen Anzahl an Tüten, verabschiedete sich und verließ die Eisdiele.

17. Benno Haderthanner

Am nächsten Tag war Werner sehr früh auf der Dienststelle, um den Schriftsatz der richterlichen Verfügung vorzubereiten. Er wollte, dass Keilhofer nur noch unterschreiben musste und dann die Verfügung unmittelbar danach an den Staatsanwalt gehen konnte. Kaum war Keilhofer zur Tür hereingekommen, folgte ihm Werner sofort in sein Büro.

„Ah, Huber, heut' scho so geschäftig! Was gibt's denn so Dringendes?" Neugierig schaute er Werner an und platzierte seinen altmodischen Wollmantel an der Garderobe.

Werner breitete die Verfügung auf dem Schreibtisch seines Chefs aus und erklärte, um was es sich dabei handelte.

Keilhofer unterzeichnete das Schriftstück und gab es Werner zurück. „Sie wissen scho, dass der Dr. Sagmeister erst wieder am Montag da is?"

„Da verlieren wir aber viel Zeit, geht das ned anders schneller?"

Keilhofer hob nur kurz die Schultern, um damit zu zeigen, dass er auch keine Idee hatte.

Also musste sich Werner damit begnügen. Er eilte schnell noch in sein Büro, um sich seine Uniformjacke und -mütze zu holen, verließ daraufhin die Polizeidienststelle und ging geradewegs zur Staatsanwaltschaft, die neben dem Rathaus ihre Residenz hatte. Obwohl er gern schneller an die gewünschte Information gekommen wäre, war ihm der Umstand, erst am Montag die Unterschrift vom Staatsanwalt, Dr. Sagmeister, zu erhalten, auch recht. Denn so konnte er sich zwischenzeitlich nochmals mit dem Benno

Haderthanner treffen, dem er ein nicht unerhebliches Interesse am Tod seines Onkels zusprach. Aber auch der Bert Haigermoser war für ihn einer der Top-Verdächtigen im Mordfall Haderthanner.

Nachdem er das Dokument in der Staatsanwaltschaft abgegeben hatte, ging er zu Fuß ins *Altstadthotel*, um den Benno nochmals zu befragen. Dabei musste er vorsichtig sein, da er denn Benno als gerissen einschätzte.

Im *Altstadthotel* führte ihn sein Weg direkt zur Rezeption, wo ihn der eifrige Angestellte offensichtlich wiedererkannte. „Wenn's den Herrn Haderthanner sprechen wollen, dann haben's heut' Pech, der is nämlich vor einer halben Stunde weggegangen."

„Hmm, wissen's ned, wo er hingegangen sein könnte?", versuchte Werner die Redseligkeit des Angestellten zu nutzen. Aber dieser schüttelte nur bedauernd den Kopf.

Werner verließ daraufhin wieder das *Altstadthotel* – und wer sonst als Moni kreuzte seinen Weg. Sie war, obwohl sie Urlaub hatte, auf dem Weg zu Hoymeyers Buchladen. Hoymeyer hatte sie angerufen, weil er trotz Monis exakter telefonischer Anweisungen den Schlüssel für den Geldsafe nicht finden konnte.

„Hallo, Moni, was treibt dich denn so früh in die Stadt?", begrüßte Werner seine Schuispezin.

„Mein Chef hat wohl mal wieder Sehnsucht nach mir oder braucht mich, weil er offenbar nicht in der Lage ist, den Tresorschlüssel zu finden. Und du, was machst du so früh schon im *Altstadthotel?* Hast an One-Night-Stand dort ghabt?", wollte Moni, frech wie sie war, wissen.

Werner, verdutzt über diese Frage, fiel es schwer, ebenso schnell zu kontern. So beließ er es bei einem ausweichenden Kopfschütteln und schlug ihr stattdessen vor: „Du, wenn du mit dem Hoymeyer fertig bist, können wir uns ja beim Riccardo auf einen Cappuccino treffen!“

Moni nickte zustimmend, deutete auf ihre Uhr und meinte: „In einer Viertelstunde so etwa!“, und eilte in Richtung Buchladen weiter.

Werner ging geradewegs Richtung *Da Riccardo*. Dort suchte er sich eine kleine Nische und bestellte sich einen Cappuccino. Erst nachdem ihm Riccardo mit einem netten Wie-immer-gut-drauf-Spruch das Heißgetränk serviert hatte, sah Werner schräg gegenüber den Benno Haderthanner sitzen. Er war nicht allein, neben ihm saß Sepp Bichler. Da ihn die beiden offensichtlich noch nicht wahrgenommen hatten, versteckte sich Werner in seiner Nische hinter der Tageszeitung, die der vorherige Gast wohl vergessen hatte, wieder in den extra dafür vorgesehenen Zeitungsständer zurückzulegen, und spitzte die Ohren. Da das beliebte Café heute Morgen gut besucht war, übertönte das Gemurmel der vielen Gäste die Unterhaltung zwischen Haderthanner und Bichler so sehr, dass Werner große Mühe hatte, sie zu verstehen. Er bekam aber mit, dass die beiden über irgendein Kuvert sprachen, und hörte einen Gesprächsfetzen: „… zu mir gebracht und nirgends anderswohin …“. So sehr sich Werner auch bemühte, konnte er dem Gesprächsverlauf nicht besser folgen, ohne dabei aufzufallen. Gerade als Moni das Lokal betrat, schien es zwischen den beiden etwas lauter und eindringlicher zu werden. Moni wurde von Riccardo wie immer überschwänglich begrüßt. Sie erwiderte seine Schmeicheleien mit einem breiten Grinsen, und nachdem sie Werner in seiner Nische gesehen hatte, rief sie ihm zu: „Huhu!“

Werner, der sie längst entdeckt hatte, aber das Gespräch von Haderthanner und Bichler weiterverfolgen wollte, gab sich nicht gleich zu erkennen. Erst als sich Moni mit lauter Stimme – sie grüßte alle Bekannten, an denen sie vorbeikam – näherte, legte Werner die Tageszeitung beiseite und musste wohl oder über seine Deckung aufgeben. Als Haderthanner und Bichler ihn erblickten, zuckten sie zusammen und verstummten sofort.

Moni setzte sich zu Werner und feixte: „So früh am Morgen schon Bildung reinziehen? So kenn' ich dich ja gar ned! Was gibt's so Neues bei uns in Mühldorf?"

Werner deutete ihr mit einem verstohlenen Seitenblick auf ihren Verflossenen, sich doch zu setzen und ruhig zu sein, was aber Moni nicht mitbekam. Die Augen von Haderthanner und Bichler ruhten nun auf Werner, der die beiden mit einem kurzen Nicken grüßte. Erst jetzt blickte Moni in die gleiche Richtung wie Werner und erkannte die zwei. Sie bestellte sich – wiederum laut durchs Lokal rufend – einen Cappuccino, streifte Mantel und Handschuhe ab und setzte sich zu Werner.

„Psst, Psst!", zischte Werner leise und deutete mit einer Kopfbewegung auf Haderthanner und Bichler. Aber Haderthanner hatte Moni schon erblickt und begrüßte sie: „Servus, Moni, wie geht's?"

Moni wandte sich nur kurz um und murmelte etwas Unverständliches, was sich mehr wie eine abfällige Bemerkung als ein Gruß anhörte.

Daraufhin verzog Haderthanner säuerlich das Gesicht und signalisierte Riccardo, dass sie die Rechnung haben möchten, und Riccardo kassierte bei den beiden ab. Haderthanner stand als Erster auf, warf noch einen kurzen

Blick auf Moni, den sie jedoch geflissentlich übersah, und verließ das Lokal. Erst als sich Bichler nach zwei, drei Minuten ebenfalls erhob und in Richtung Ausgang marschierte, lehnte sich Werner zurück und fixierte Moni vorwurfsvoll. „Wenn du jetzt ned so hereingepoltert wärst, dann hätt' ich vielleicht no a bissal mehr erfahren!"

Moni ignorierte den Vorwurf. „Hättest mir ja gleich sagen können, dass der Benno hier ist, dann …" An dieser Stelle unterbrach sie sich, da sie erkannte, wie emotional sie reagierte. Sie fasste sich nun wieder und fragte Werner: „Was haben denn die beiden Hübschen so Wichtiges zu bereden ghabt?"

„Ich hab' ja ned so viel verstanden, aber sie haben von einem Kuvert gesprochen, und der Haderthanner meinte dann noch: 'zu mir gebracht und nirgends anderswohin'. Das hat sich, kurz bevor du hereingeschneit kommen bist, ned so anghört, als ob sich die beiden da einig gwesen wären."

Riccardo unterbrach die Unterredung kurz, als er Moni mit vielen blumigen Worten einen Cappuccino hinstellte und wieder ging.

Moni überlegte kurz, nippte an dem noch heißen Getränk und meinte dann: „Ich hab grad nachgedacht, und da ist mir eingefallen, dass auch der Hoymeyer letztens, nachdem er seinen Rausch ausgschlafen hat, nach einem Kuvert gsucht hat. Und vorhin eben, da hat er mich nach dem Tresorschlüssel gfragt. Der is normalerweise immer in einer Schublade in der Kaffeeküche. Da war er dieses Mal aber nicht, sondern im Besteckkasten! Ich hab' ihn auch nur gfunden, weil ich den Geschirrspüler no ausgräumt hab'. Als ich ihm den Schlüssel dann gegeben hab', da is er wie von der Tarantel gstochen zum Tresor hin, hat ihn aufgschlossen und hat fieberhaft was gsucht. Mich hat er auch gfragt, ob ich den Tresor die letzten Tage geöffnet hab'."

„Scho komisch, aber des muss ja ned mit dem zusammenhängen, was der Haderthanner und der Bichler grad so eifrig besprochen haben", gab Werner zu bedenken.

Als die beiden eine Weile nachdenklich so dasaßen, bemerkten sie gar nicht, dass Riccardo zum Tisch gekommen war. Er hatte so ein verschmitztes Lächeln im Gesicht, das er immer dann zeigte, wenn er einen Scherz machen oder einen Witz erzählen wollte. „Na, ihr beide, was denke ihr so viel?", begann er. „Ich habe eine kleine Frage an den Signore. Was ist der Unterschied von Blasen und Bumsen?"

Werner sah etwas genervt zu Riccardo hoch, der seinen Blick mit einem breiten Lächeln erwiderte. „Wird scho wieder so was Schlüpfriges sein!", ahnte Werner.

„Nein, Signore Werner, was denke Sie von mir? Haben Sie schon Bumsen an den Füßen gehabt?", löste Riccardo die Frage mit einem herzlichen Lachen auf. Und die Gäste an den Nachbartischen, die mitgehört hatten, lachten lauthals mit. Nachdem Riccardo nachgefragt hatte, ob sie noch etwas bestellen möchten, entfernte er sich – immer noch grinsend – wieder vom Tisch.

Werner versuchte an das vorher geführte Gespräch anzuknüpfen und fasste kurz zusammen: „Also, wenn der Haderthanner von einem Kuvert spricht, dann muss das aber no lange ned das sein, was der Hoymeyer sucht."

„Aber auszuschließen ist des eben auch ned", warf Moni ein.

„Wie aber möchtest du das beweisen?"

„Ganz einfach, das ist doch Polizeiarbeit. Und du hast doch da auf der Polizeischule sicherlich was glernt darüber!“, stellte Moni fest.

„Ich werd’ mir den Haderthanner heute Nachmittag nochmals vornehmen, diesmal wieder ganz offiziell mit einer Vorladung“, sprach Werner mehr zu sich selbst, als zu Moni. Damit war für ihn die Angelegenheit erledigt und er wechselte das Thema. Nachdem er sich noch nach Tom und Lisa erkundigt hatte, zahlte er seinen Cappuccino und verließ das Lokal.

Moni blieb noch etwas sitzen, bestellte einen weiteren Cappuccino und genoss die charmante Umgarnung von Riccardo. Aber das soeben mit Werner geführte Gespräch beschäftigte sie schon sehr. Sie hatte da so eine Ahnung, dass die beiden Kuverts etwas miteinander zu tun hatten – wenn nicht Hoymeyer und Haderthanner sogar von demselben Kuvert gesprochen hatten. Was bisher noch nicht erwähnt worden war, war die Frage, in welchem Verhältnis Bichler und Benno zueinander standen. Sie konnte sich noch keinen Reim darauf machen. Ihre Gedanken drehten sich im Kreis und beschäftigten sie so sehr, dass sie gar nicht bemerkte, dass Angelika vor ihrem Tisch stand.

„Hallo, Moni, meditierst du? Oder was macht dich so abwesend?“, überraschte Angelika ihre Freundin.

Moni erschrak und sah verwirrt auf. Es dauerte ein paar Sekunden, bis Moni wieder im Hier und Jetzt war. „Ah, Angelika, setz dich doch! Hast ein bissal Zeit?“

Angelika folgte der Einladung und die beiden vertieften sich in einen richtigen Frauentratsch, bei dem nichts und niemand in Mühldorf verschont blieb. Als all diese wichtigen Dinge besprochen waren, kehrten Monis Gedanken zu dem Gespräch mit Werner und den daraus gewonnenen Erkenntnissen zu zurück. Angelika bemerkte dies sofort und hakte nach: „Moni, was bist so nachdenklich? Is was?"

Moni schilderte ihr, ohne etwas auszulassen, die jüngsten Ereignisse und was sie zum Mordfall Haderthanner gerade bewegte.

Angelika hörte ihr zu, überlegte kurz und berichtete: „Jetzt, wo du das sagst, fällt mir ein, dass der Bichler Sepp doch erst letzte Woch' ein Kuvert abgholt hat. Es war das mit dem Schuldschein, den der alte Haderthanner, Gott hab' ihn selig, eigenhändig beim Notar unterschrieben hat."

„Ja do verreck! Und des sagst mir erst jetzt! Warum is dir des gestern ned eingfallen?", entfuhr es der aufgebrachten Moni.

„Ja mei, i hob halt grad so viel um die Ohren!"

„Jetzt macht des für mich einen Sinn! Also handelt es sich bei dem Kuvert höchstwahrscheinlich doch um ein und dasselbe Dokument. Und wenn des tatsächlich der Schuldschein war, dann versteh' ich, warum der Hoymeyer da so aufgregt war."

Angelika nickte zustimmend und zögerte kurz, bevor sie fragte: „Aber warum is der aufglöste Schuldschein ned beim Hoymeyer, wo er doch hinbracht worden war?"

„Das gilt es noch herauszufinden", meinte Moni nachdenklich.

Inzwischen war Werner auf der Polizeidienststelle angekommen und sofort zur Cindy gegangen, um sie – wie immer höflich – zu bitten, den Haderthanner Benno heute Nachmittag noch in die Polizeidienststelle zur weiteren Befragung vorzuladen. Kurz danach kam die Cindy gleich in Werners Büro, um den Termin mit dem Haderthanner Benno zu bestätigen. „Der war vielleicht sauer, weil er schon wieder vorgeladen wird“, erzählte Cindy.

Eine Stunde später kam Benno Haderthanner tatsächlich auf die Polizeidienststelle. Wie von Werner angeordnet, schickte ihn Cindy sofort in den Vernehmungsraum, ohne ihm etwas zu trinken anzubieten. Werner ließ Haderthanner auch diesmal wieder bewusst etwas länger warten und betrat dann flotten Schrittes und mit sehr geschäftiger Miene das Vernehmungszimmer. Kaum hatte sich Werner gesetzt, fuhr ihn Haderthanner an: „Was gibt es denn noch, weshalb ich jetzt schon wieder hier zu erscheinen hab’? Oder ist es etwa nicht erlaubt, ins Eiscafé zu gehen?“

Werner rückte zunächst seinen Schreibblock und den Kugelschreiber auf der Tischplatte zurecht und wartete dann noch eine Weile, während der er dem Haderthanner fest in die Augen schaute. „Erlaubt ist, was nicht verboten ist!“, stellte Werner förmlich fest. „Und wie oft wir Sie befragen müssen, das überlassen Sie gefälligst uns! Wollen Sie die laufenden Ermittlungen etwa behindern? Oder ist es nicht in Ihrem Sinne, dass der Mord an Ihrem Onkel baldmöglichst und vollständig aufgeklärt wird?“, bombardierte Werner den Haderthanner mit rhetorischen Fragen.

Der verzog das Gesicht, dachte kurz nach und signalisierte dann mit einem zaghaften Nicken, dass er die Befragung über sich ergehen lassen will.

„Herr Haderthanner, können Sie mir etwas zu Ihrer finanziellen Situation sagen?“, begann Werner mit der Befragung.

„Was wollen Sie denn da wissen?“, blaffte Haderthanner ihn gereizt an.

„Na, Einkommens- und Vermögenssituation, zum Beispiel. Von was bestreiten Sie Ihren Lebensunterhalt?“

„Was soll das jetzt, was hat denn das mit dem Tod meines Onkels zu tun?“

„Das müssen Sie schon mir überlassen. Und wir reden hier von Mord, wenn ich Sie da berichtigen darf. Also, womit verdienen Sie Ihr Geld?“

„Ich bin in der Finanzbranche tätig“, antwortete Haderthanner widerwillig.

„A bissal genauer, wenn ich bitten darf!“

„Na, ich vermittle Gold- und Silberzertifikate.“

„Und davon kann man leben?“ Werner versuchte, ihn aus der Ruhe zu bringen.

„Das ist ein Start-up, das wird in den nächsten Monaten ganz groß rauskommen.“

„Und jetzt? Wovon leben Sie jetzt?“

„Erspartes“, erwiderte Haderthanner. „Ich weiß immer noch nicht, worauf Sie hinauswollen, Himmel noch mal! Mein Onkel ist tot!“

„Ermordet“, verbesserte ihn Werner.

„… na schön, dann halt ermordet, wenn das einen Unterschied macht!“

„Das macht sehr wohl einen Unterschied, Herr Haderthanner, denn wäre Ihr Onkel eines natürlichen Todes gestorben, säßen wir nicht hier“, konterte Werner.

„Soll das etwa heißen, dass ich im Verdacht stehe, mit dem Tod, äh Verzeihung … dem Mord meines Onkels etwas zu tun zu haben?“

„Das weiß ich nicht, deshalb unterhalten wir uns beide ja!“ Werner ließ sich nicht aus dem Konzept bringen. „Was wissen Sie über die Vermögensverhältnisse Ihres Onkels?“

„Was soll ich da wissen? Ich weiß nur, dass er ein paar Immobilien hat, und so wie ich ihn kenne, sicherlich auch Barvermögen. Aber das ist ja stadtbekannt, also nichts Neues. Und das habe ich bei Ihnen schon mehrfach zu Protokoll gegeben, oder können Sie sich da nicht mehr erinnern?“

„Wann haben Sie Ihren Onkel zuletzt besucht?“ Werner protokollierte so gut es ging jede Aussage fein säuberlich mit.

„Das war so … vorletztes Jahr … Lassen Sie mich nachdenken … Ja, so um dieselbe Zeit, im Spätherbst“, antwortete Haderthanner.

„Finden Sie es nicht auch ein wenig sonderbar, dass genau zu dem Zeitpunkt, als Sie sich in Mühldorf aufhalten, Ihr Onkel ermordet wird?“

„Was wollen Sie damit …“

„Nichts will ich. Ich stelle nur fest“, konstatierte Werner seelenruhig.

„Blöd wär’ ich, mich offiziell anzukündigen, im *Altstadthotel* einzuchecken, um dann meinen Onkel zu ermorden!“, entgegnete Haderthanner, der sich in die Enge getrieben fühlte.

Werner dachte kurz nach und musste dieses Argument für Haderthanner gelten lassen. „Aber sofort nach dem Mord waren Sie es, der zur Schwester des Verstorbenen ging, um sie nach dem Wohnungsschlüssel zu fragen! Glauben Sie nicht auch, dass das sonderbar ist? Zumal Sie mir das zunächst verschwiegen haben. Wollten Sie etwa nach dem Testament suchen? Wär doch zu dumm, wenn Ihr Onkel das Testament noch geändert hätte, bevor er sterben musste!“

„Was wollen Sie damit sagen?“ Entgeistert blickte Haderthanner Werner an.

Das hatte gesessen! Werner war sich sicher, Haderthanner irritiert zu haben. „Ich will Ihnen nur aufzeigen, dass es möglich wäre, dass Sie im Nachlass Ihres Onkels vielleicht gar nicht berücksichtigt worden sind“, erklärte Werner langsam.

„Wer sagt das?“, kam es wie aus der Pistole geschossen von Haderthanner.

„Da sind wir gerade dabei, dies zu überprüfen. Und wir überprüfen Ihre finanzielle Situation natürlich auch.“ Werner war nicht entgangen, wie sehr diese Information Haderthanner verunsichert hatte, ja, ihn schließlich vor Enttäuschung förmlich in sich hatte zusammensacken lassen!

Das reichte Werner für heute und er stand auf, um Haderthanner anzudeuten, dass die Befragung damit beendet war.

Haderthanner erhob sich schwerfällig. Als er sich umdrehte und zur Tür gehen wollte, warf ihm Werner noch hinterher: „Was haben Sie eigentlich mit dem Bichler zu schaffen?“

„Was geht Sie das an? Ich frag’ ja auch nicht, was Sie mit der Moni zu schaffen haben!“, konterte Haderthanner schnell.

„Vorsicht, die Fragen stelle immer noch ich!“ Werner versuchte, sich nicht aus der Fassung bringen zu lassen und die Kontrolle über das Gespräch wieder zurückzubekommen. „Na, was is? Woher kennen Sie den Bichler?“

„Wir kennen uns rein geschäftlich, aus Berlin.“

„Is der auch in dieser … Dings-Branche?“

„Ja, er war auch in der Finanzbranche, aber als Versicherungsmakler“, antwortete Haderthanner und verließ grußlos den Raum.

Werner packte seine Schreibutensilien zusammen und ging zurück in sein Büro. Dort sah er auf seinem Handy, dass Moni vier Mal angerufen hatte, und rief sie zurück. Schon nach dem zweiten Klingelton meldete sie sich und teilte Werner die Informationen, die sie von Angelika bekommen hatte, mit. Außerdem berichtete sie ihm, dass Haigermoser und Bichler im *Getreidekeller* ebenfalls von einem Brief gesprochen hatten.

„Sauber, sog i!“, kommentierte Werner kurz diese Neuigkeiten. „Des bringt uns ja wieder auf eine neue und alte Fährte.“ Er erzählte Moni in einem kurzen Abriss von der Vernehmung Haderthanners und ergänzte noch: „Mit dem Haderthanner is was ned in Ordnung, das rieche ich förmlich, und mein Riechrüssel hat mich noch nie getäuscht.“

18. Moni Beck

Nachdem sich Angelika verabschiedet hatte, war Moni noch eine Weile im *Da Riccardo* sitzen geblieben und hatte über die soeben erfahrenen Neuigkeiten nachgedacht. Sie entschied, Werner alles mitzuteilen, holte ihr Handy aus der Tasche und wählte seine Nummer. Es meldete sich aber nur der Anrufbeantworter. Da sie ihn lieber persönlich sprechen wollte, legte sie auf. Bevor sie zahlte, probierte es noch einmal – vergeblich. Also stand sie auf, winkte Riccardo einmal kräftig zu und verließ die Eisdiele.

Draußen auf dem Stadtplatz hatte ein ungemütlicher Nieselregen eingesetzt und die sonst so belebte Straßenkulisse auf nur wenige Passanten reduziert. Moni wollte nicht im Regen stehen, außerdem verspürte sie ein wenig Hunger. Und die beiden Kids hatten ja heute unbedingt zu ihrer Tante nach Altötting gewollt – was der telefonischen Ankündigung am Abend zuvor zu verdanken war, dass Tante Lotti heute Dampfnudeln mit Vanillesoße machen möchte. Da gab es fast nichts dagegenzuhalten, denn es hatte sich sogar schon herumgesprochen, dass die Dampfnudeln bei Tante Lotti einmalig waren. Moni stand nicht ganz so auf Mehlspeisen, etwas Deftiges war ihr viel lieber. Und darauf hatte sie auch im Moment großen Appetit. So führte ihr Weg direkt zum *Getreidekeller* schräg gegenüber. Zwar war sie auf ein Gespräch mit dem Haigermoser nicht so scharf, aber ihre weibliche Intuition sagte ihr, dass sie dort vielleicht etwas erfahren könnte, das sie bei den Rätseln, die es zu lösen gab, weiterbrachte.

Als sie die Kellertreppe hinunterstieg, hörte sie an dem Stimmengemurmel, dass der *Getreidekeller* wohl sehr gut besucht war. Dies war auch der konkurrenzlos günstigen und üppigen Mittagskarte zu verdanken, die ein Abo-Essen mit Suppe, Hauptgericht und Salat für 5,50 Euro anbot.

Als Moni die Gaststube betrat, musste sie feststellen, dass alle Tische besetzt waren. Ihre Vermieter waren ebenfalls wieder hier, und Moni versuchte ihren Blick nicht in ihre Richtung zu lenken, um ja nicht eine Einladung zum Dazusitzen abschlagen zu müssen. Deshalb ging sie, wie von vornherein beabsichtigt, direkt an die Bartheke und setzte sich auf einen Hocker. Gottfried, der Schankkellner, nahm Monis Ankunft mit einem misstrauischen Blick wahr und begrüßte sie mit einem kurzen Nicken. Sie erwiderte den Gruß wesentlich freundlicher und winkte ihm sogar zu.

Gottfried Kellner war ein Zeitgenosse, dessen Gesellschaft man nicht freiwillig suchte. Soweit Moni sich erinnern konnte, war er ein Einzelgänger und wohnte in einer von Haderthanners Hinterhofwohnungen. Angelika hatte ihr einmal erzählt, dass er ein kleines Apartment mit 35 qm Wohnfläche angemietet hatte. Er stammte, dem Dialekt nach zu urteilen, aus Franken oder noch nördlicher davon. Er lebte noch nicht allzu lange hier, gehörte aber schon fest zum „Inventar“ vom *Getreidekeller*. Er hatte weder Freunde noch eine Beziehung. Vielmehr war er der Kummerkasten, der Informant und derjenige, der am meisten über alle Gäste und darüber hinaus über andere Leute wusste. Selten sah man ihn lachen und fröhlich sein. Eigentlich tat er Moni leid, denn außer dem *Getreidekeller*, in dem er – ohne freie Tage oder Urlaubstage – sein Dasein verbrachte, kannte er offensichtlich nicht viel.

Moni las mit zunehmendem Hunger die in Folie eingeschweißte, klebrige Mittagskarte und entschied sich für die

Fleischpflanzerl mit Kartoffelbrei und grünem Salat. Als Vorspeise wurde eine Minestrone angeboten. Gerade als sie von ihrer Karte aufsah, erblickte sie vor sich den Gottfried, der sie von der anderen Seite der Theke aus wartend ansah. Moni bestellte bei ihm ihr Essen und nahm eine große Cola dazu. Auch wenn das alles ein bisschen zu viele Kalorien waren – heute musste das sein. Warum genau heute, das wusste sie auch nicht, aber sie hatte das jetzt nun mal so entschieden. Gottfried nahm die Bestellung wortlos entgegen und ging in die Küche.

Während Moni auf das Essen wartete, sah sie sich vorsichtig im *Getreidekeller* um und vermied es, zu den Reichgrubers hinüberzuschauen. Dann kam schon Gottfried mit der Suppe aus der Küche und stellte sie am Tresen vor Moni hin.

„Du, Gottfried“, versuchte die Moni, ihn in ein Gespräch zu verwickeln, „kommt eigentlich auch mein Chef zu euch zum Mittagstisch?“

„Wieso fragst du mich? Frag ihn doch selbst!“, antwortete Gottfried mit leicht fränkischem Dialekt.

Moni verzog daraufhin ein wenig enttäuscht den Mund und beschloss, es bei dieser spärlichen Konversation bleiben zu lassen. Mit Vorfreude auf die Fleischpflanzerl schlürfte sie genüsslich ihre Suppe. Und auch die Fleischpflanzerl aß sie mit großem Appetit. Gerade als sie den letzten Bissen zum Mund führte, ging die Tür zum Hinterzimmer auf und Bert Haigermoser und Sepp Bichler kamen heraus. Beide waren so in ein Gespräch vertieft, dass sie die anwesenden Gäste nicht beachteten. So kam es, dass Bert Haigermoser Moni erst wahrnahm, als er mit aufmerksamem Blick überprüfte, ob alle Gäste noch zu trinken hatten.

„Ja hallo, die Moni! Hast dein' Schupo heut' gar ned dabei!", witzelte er, um sofort festzustellen, dass sein Humor bei Moni überhaupt nicht ankam.

Stattdessen erwiderte sie: „Pass bloß auf, dass der dir ned anderweitig auf die Pelle rückt!", was sie sofort bereute. Denn sowohl der Inhalt als auch die Lautstärke ihrer Bemerkung hatten die Aufmerksamkeit einiger Gäste geweckt, die nun zu Moni und Haigermoser herüberstarrten.

Haigermoser gab sich einen Ruck und ging auf Moni zu. „A geh', Moni, komm scho, des war doch nur a Spaß!", versuchte Haigermoser wesentlich leiser, Moni zu beschwichtigen.

Jetzt trat auch der Bichler in den Tresenraum. Haigermoser wandte sich von Moni ab und beugte sich unter die Schankanlage, um die Ventile zu überprüfen. Dabei hörte Moni, wie der Bichler dem Haigermoser leise zuflüsterte: „Was soll ich jetzt mit dem Brief machen?"

„Nix, lass' ihn erst amal einfach bei mir liegen, bis a bissal Gras über die Sach' gwachsen is. Dann sehn wir scho weiter. Und jetzt lass mich in Ruh'. Du siehst ja, dass an Haufn Gäste im Lokal sind", wiegelte er den Bichler ab.

Moni hatte, als sie zuhörte, ganz bewusst den Blick vom Tresen weg gerichtet, so also ob ihre ganze Aufmerksamkeit den Gästen gelten würde. Als sich Haigermoser wieder aufrichtete, tat sie so, als ob sie nicht gesehen hätte, dass er noch da war. „Ah, Bert, was machst du denn dort unten, suchst den Eingang zur Hölle?", flachste sie und bekam ein Grinsen von Haigermoser.

„Doch ned beleidigt!", kommentierte er ihren Scherz, nahm zwei Schnapsgläser, füllte sie bis zum Rand und platzierte eines davon vor Moni auf den Tresen. „Der geht auf mich!“, sagte er, nahm sein Glas und hielt es hoch. Moni tat es ihm gleich, prostete ihm zu, trank es mit einem Zug leer und bedankte sich mit einem kurzen Nicken.

Nachdem sie die Rechnung bezahlt und sich beim Haigermoser nochmals für den Schnaps bedankt hatte, verließ sie die Gaststätte. Beim Hinausgehen sah sie neben dem Treppenaufgang den Stefan, einen von Werners Freunden und Saufkumpanen, mit der Elvira Weinberger an einem Tisch sitzen. Elvira war die Kollegin von Angelika und eine eher schüchterne, aber doch recht nette Person. Als Elvira Moni erkannte, lief sie puterrot an und versuchte, etwas von Stefan wegzurücken. Das vergrößerte aber den Verdacht, dass die beiden etwas miteinander haben, noch mehr, und Moni freute sich schon, Angelika davon zu erzählen. Ganz schöne Hallodries, Werners Freunde! Gott sei Dank war Werner nicht so ein Frauenheld. Aber warum machte sie sich eigentlich darüber Gedanken? Wieso interessierte es sie, ob Werner Frauengeschichten hatte? Darüber war sie etwas irritiert.

Ein wenig benommen, vielleicht auch bedingt durch den Schnaps, verließ Moni über die Treppe das Lokal und trat wieder ins Freie. Dort durchwühlte sie ihre Handtasche und zog ihr Handy heraus. Zwei Anrufe von Werner waren darauf. Wahrscheinlich die Rückrufe von vorhin. Also rief sie ihn an und erzählte ihm die Neuigkeiten, die sie gerade von Angelika erfahren hatte. Dabei ließ sie jedoch ihre jüngste Beobachtung – Stefan und Elvira – aus.

Werner war erstaunt und Moni nicht wenig stolz, einen so wichtigen Beitrag zu den laufenden Ermittlungen im Mordfall Erwin Haderthanner geleistet zu haben. Mit einem Blick auf die Uhr stellte sie fest, dass Tom und Lisa bis obenhin mit Dampfnudeln und Vanillesoße abgefüttert sein mussten, und beendete das Telefongespräch. Auf dem Weg zu ihrem Auto, das fünf Gehminuten vom *Getreidekeller* entfernt geparkt war, hatte sie Zeit genug, um nach dem Alkoholgenuss und nach ihrer komischen Gefühlsregung wegen Werner wieder einen klaren Kopf zu bekommen. Sie stieg ins Auto und fuhr auf direktem Weg nach Altötting zu Tante Lotti. Auf der Fahrt konnte sie nicht umhin, Angelika anzurufen, um sie über die neueste Tratschgeschichte zu informieren – und natürlich auch, um vielleicht eine weitere wichtige Information zu bekommen.

19. Sepp Bichler

Am Abend, nachdem sie Tom und Lisa nach einem kurzen Abendessen zu Bett gebracht hatte, griff sie zum Telefonhörer und rief Werner an. Nach zweimaligem Klingeln – sie wusste, dass Werner als Erkennungston einen Gong nur für Monis Anrufe ausgewählt hatte –meldete er sich mit einem „Hallo, was gibt's?". Dieses Mal freute sie sich auf eine andere Art, Werners Stimme zu hören.

„Hallo Werner, mich gibt's, aber nicht umsonst, da muss man gewaltig dafür arbeiten", feixte sie, neugierig auf seine Antwort.

„Dann werde ich lieber arbeitslos!", kam es prompt zurück.

Und damit war Moni wieder auf dem nüchternen Boden der Tatsachen angekommen. Sie überredete ihn aber trotzdem, zu ihr zu kommen, um über die aktuelle Sachlage zu reden. Sie wollte auch wissen, ob denn der Testamentsinhalt schon bekannt war. So viele Dinge, die sie sehr gerne wissen wollte!

Werner willigte ein, und schon zehn Minuten später läutete es an der Tür. Wie immer bot sie ihm ein Bier an und sie setzten sich auf die mit Keksbröseln übersäte Couch. Moni schien das nichts auszumachen, aber Werner versuchte, zumindest die Stelle, auf der er sitzen wollte, von den Essensresten freizubekommen.

„Nun sag' schon, was genau hat der Haderthanner ausgsagt?", drängte sie.

„Im Prinzip nichts, was wir nicht schon wüssten, aber ich glaub', ich hab' ihn mächtig verunsichert", erzählte Werner stolz. „Ich hab' ihm nämlich gsagt, dass es nicht sicher sei, ob er im Vermächtnis von seinem Onkel überhaupt berücksichtigt wurde. Das hat ihn offensichtlich ganz schön aus de Socken ghaut."

„Gibt's denn scho was Neues zum Testament?"

Werner berichtete von der unterschriebenen Verfügung und dass Staatsanwalt Sagmeister erst wieder am Montag vom Urlaub zurück sei.

„Die Angelika hat ja gmeint, dass der Bichler mit einer Vollmacht ein Kuvert vom Notar abgholt hat, was ich dir ja scho heut' Nachmittag am Telefon erzählt hab'. Glaubst du, dass des des gleiche Kuvert is, des der Hoymeyer so eifrig sucht?"

„Wissen kann man's ned, aber interessant wär' des scho!", überlegte Werner laut. „Aber da wäre dann immer noch ein Zusammenhang mit dem Mord herzustellen, und da seh' ich erst mal keinen!"

Moni grübelte eine Weile vor sich hin und schnippte dabei ein paar Brösel von der Couch in eine Zimmerecke.

Werner beobachtete sie dabei und fuhr sich mit dem Zeigefinger nachdenklich über die Nase.

„Irgendwie ist doch da was faul!", durchbrach Moni das Schweigen. „Das stinkt doch zum Himmel! Diese Geheimnistuerei, dann der Alkoholexzess von meinem Chef und seine schon fast hysterische Suche nach diesem Kuvert. Und wenn man dann eins und eins zusammenzählt, dann bleibt doch nur die offene Frage, ob das beim Notar Krinner abgeholte Kuvert tatsächlich beim Adressaten abgegeben wurde", stellte Moni fest.

„Ja, da müsste man aber auch den Inhalt von diesem ominösen Kuvert kennen, um auch wirklich einen Zusammenhang zwischen dem Kuvert, von dem Haderthanner und Bichler gesprochen haben, und dem, das dein Chef sucht, finden zu können", gab Werner zu bedenken.

„Was wäre, wenn *man* den Inhalt kennen würde?", kam es von Moni. Dabei betonte sie das „man" und blickte Werner schelmisch an.

„So wie du des sagst, weißt du doch schon wieder was, oder?"

Moni lächelte verschmitzt und erhöhte die Spannung noch, indem sie ein weiteres Brösel auf ihrer Couch in den Abgrund schnippte. Die verbleibenden kleineren Brösel wischte sie mit der flachen Hand von der Sitzfläche. „Stimmt", legte sie endlich los. „Ich hab' heute aus gut unterrichteten Kreisen gehört, dass in dem Kuvert, das der Notar dem Bichler mitgegeben hat, ein Schuldschein über 30.000 Euro war, ausgestellt vom Hoymeyer und zugunsten von Erwin Haderthanner!" Dass Angelika ihr diese brisante Information gegeben hatte, als sie nach Altötting fuhr, verschwieg sie ihm.

„Von wem hast du diese Information?", wollte Werner sofort wissen.

„Das, mein lieber Werner, darf ich dir nicht sagen, das hat mir mein Informant auferlegt!", erwiderte Moni.

Das beeindruckte! Werner schluckte und versuchte seine Gedanken zu ordnen. Wer diese ominöse Quelle war, das konnte sich Werner schon denken, aber er wollte die Angelika und die Moni nicht in Schwierigkeiten bringen. Also musste er sich für den nächsten Tag einen Schlachtplan zurechtlegen, der allen gerecht werden musste. Und er wusste jetzt, wie er weiter vorgehen musste: Vernehmungen. Aber wie sollte er weitere Befragungen durchführen, wenn er den Inhalt des Kuverts nicht erwähnen durfte, weil sonst sofort klar sein würde, dass Angelika die undichte Stelle war? Er wusste sehr wohl, dass mit diesem Wissen vieles erreicht – aber auch vieles zerstört werden konnte. Vor allem wusste er um den Eifer, mit dem Moni solche Ermittlungen empfindlich stören konnte.

All das ging ihm durch den Kopf, zu Moni sagte er aber nur: „Dann wirft sich doch die Frage auf, wohin dieser Schuldschein gewandert ist." Und schloss das Gespräch mit einer vorsichtigen, aber deutlichen Ermahnung ab: „Moni, du versprichst mir, dass du jetzt nicht wieder auf eigene Faust ermittelst, nicht wahr?"

Moni wiegelte ab und meinte nur: „Ich weiß schon, immer wenn's spannend wird, muss ich zurückstecken, wie immer halt."

Moni erzählte Werner noch vom Besuch bei Tante Lotti und von den mit Dampfnudeln und Vanillesoße „vollgefressenen" Kindern. Werner trank noch sein Bier aus und verabschiedete sich.

Auf der Heimfahrt musste er noch lange an das Gespräch denken. Und an seinen dringenden Hinweis an Moni, die Finger von den Ermittlungen zu lassen. Er wusste, dass sie sich nicht daran halten würde, verdrängte aber diese Befürchtung.

Am Freitagmorgen war Werner sehr früh wach, obwohl er nicht sehr gut geschlafen hatte. Zu sehr ging ihm das Gespräch vom Vortag im Kopf herum und wie er es anstellen sollte, herauszubekommen, wo das Kuvert schließlich gelandet war.

Seine erste Anlaufstelle in der Polizeidienststelle war der Keilhofer, dem er berichtete, dass er über einen neuen

Erkenntnisstand verfüge, der möglicherweise eine erste Spur zum Mörder liefern könne. Keilhofer klingelte daraufhin zur Cindy durch und bat sie, für neun Uhr eine Lagebesprechung im Mordfall Haderthanner einzuberufen.

Pünktlich um neun waren alle anwesenden Polizisten der Dienststelle im „War Room“, so nannte Keilhofer gerne das Besprechungszimmer, nachdem er auf dem Seminar „Verbrechensbekämpfung für Führungskräfte“ teilgenommen hatte. Die Angestellten sprachen den Begriff „War Room“ wie „Warum“ aus, um den Keilhofer zu ärgern, und Keilhofer sprang jedes Mal darauf an und korrigierte die Aussprache – und hielt den Fehler für mangelndes Sprachwissen. Lediglich Brucker bemühte sich um die richtige Intonation.

„So, meine Herren, jetzt ham wir offenbar einige Ergebnisse, die wir zusammentragen sollten, und der Huber hat sowas wie eine ‚heiße Spur'“, begann Keilhofer die Besprechung, begab sich sogleich zum Flipchart und nahm einen Folienstift in die Hand, um die wichtigen Punkte zusammenfassend festzuhalten – so wie er es auf besagtem Seminar gelernt hatte. Da an dem Flipchart noch das beschriebene Papier von der letzten Besprechnung hing, wollte er diesen einen Bogen mit einer lässigen Handbewegung abreißen. Dabei zog er aber so fest und vor allem so ungeschickt daran, dass er den kompletten Flipchart-Stapel aus der Verankerung und das Papier in Fetzen riss. Ein kurz aufflackerndes Gelächter der anwesenden Polizisten und Polizistinnen verstummte gleich wieder, als Keilhofer einen hochroten Kopf bekam und mit einem lauten Fluchen nach Cindy rief. Diese stürmte umgehend, als ob sie schon darauf gewartet hätte, in den Raum und starrte auf die auf dem Boden verstreuten Papierfetzen. „Oh mei, was is denn da passiert?“, fragte sie kopfschüttelnd.

„Jetzt machn’s scho, holn’s neues Papier, damit wir da weitermachn können!“ Ungeduldig und nervös zog Keilhofer dabei immer wieder die Kappe vom Folienstift, um sie im nächsten Moment gleich wieder draufzustecken. Ob es nun der hohen Frequenz oder der Heftigkeit dieses Rituals geschuldet war, konnte niemand genau sagen. Jedenfalls führte es dazu, dass sich die schwarze Farbe des Folienstiftes in Form von runden Klecksen auf Keilhofers weißem Hemdsärmel verteilte. Cindy war die Erste, die dies bemerkte und Keilhofer darauf hinwies: „Ja Herr Keilhofer, passen’s auf, Sie ruinieren sich damit Ihr schönes Hemd!“

Keilhofer sah auf seine Ärmel und polterte in einer sehr unchristlichen Schimpfkanonade los: „Ja Himmiherrgottsakrament! So a Sauerei, wos is des für ein Glump!“ Nachdem er sich wieder beruhigt und ihm die Cindy versichert hatte, dass im ganzen Büro kein Flipchart-Papier mehr vorhanden war, versuchte Keilhofer, die Besprechung auf „konventionelle“ Weise weiterzuführen, und forderte Werner auf, mit dem Lagebericht zu beginnen.

Werner nickte und erzählte, dass es aus offensichtlich zuverlässlichen Quellen ein Kuvert gab, welches wohl in Verbindung mit den Personen Benno Haderthanner, Bichler und Hoymeyer stand. Die Quelle hierzu nannte er nicht. Auch vermied er es zu erwähnen, dass er im Eiscafé *Da Riccardo* das Gespräch zwischen Haderthanner und Bichler, wenn auch bruchstückhaft, selbst mitverfolgt hatte. Denn was würde er sich von Keilhofer anhören müssen, wenn dieser erfuhr, dass er während der Dienstzeit im Eiscafé war! Als weitere Vorgehensweise schlug er vor, die

Wohnung von Erwin Haderthanner zu durchsuchen, um möglicherweise Aufzeichnungen oder Dateien zu finden, die eventuell Aufschluss darüber geben könnten, ob das besagte Dokument tatsächlich existierte, und wenn ja, welchen Inhalt es hatte und in welchem Zusammenhang es mit dem Mordfall stand.

Keilhofer verfolgte Werners Ausführungen sehr interessiert. „Huber, des is ja alles schön und gut! Aber es sind auch sehr viele Vermutungen, auf denen Ihre Argumentation aufgebaut ist. Ansonsten finde ich Ihre Ermittlungsergebnisse ned schlecht; zumindest ham wir eine Spur, und des is doch schon mal was!“, lobte Keilhofer den Werner.

„Wir sollten uns mal die Wohnung vom Haderthanner ansehen“, meinte Werner.

„Ja, des macht am besten der Brucker, und Sie, Huber, redn Sie mal mitm Bichler, mal schaun, was da rauskommt.“

Damit war die Besprechung dann auch beendet und der Brucker machte sich auf zur Millstetterin. Werner ging zum *Getreidekeller*, wo er den Bichler anzutreffen hoffte.

Am Eingang des *Getreidekellers* stand auch schon der Benno Haderthanner und rauchte eine Zigarette. Werner konnte nicht anders, als kurz bei ihm stehen zu bleiben und ihm seine Abneigung zu zeigen. „Ja, der Herr Haderthanner, grüß Gott! Und schon so früh solch’ ungsunde Sachen – aber des is wohl Ihre Sache! Nix für ungut und no einen schönen Tag!“

Haderthanner gab lediglich ein Grunzen von sich, was Werner auch als Ablehnung verstand. Dann stieg er die Treppe zum *Getreidekeller* hinab und betrat das Lokal. Glücklicherweise war der Bichler anwesend und machte sich gerade hinter dem Tresen zu schaffen, um unter der Schankanlage ein neues Bierfass anzuschließen. Werner ging direkt auf ihn zu und sprach ihn an: „Herr Bichler, haben's kurz Zeit für mich? Ich hätt' da ein paar Fragen."

Bichler erhob sich, aber nur so weit, dass er über den Tresen zu Werner schauen konnte, und meinte: „Sie sehn doch, dass ich beschäftigt bin, ich hab' jetzt keine Zeit!"

„Ich kann warten, bis Sie fertig sind! Oder wollen's lieber eine Vorladung in die Dienststelle?"

Jetzt richtete sich Bichler ganz auf, trocknete sich mit einem Tuch die Hände ab und warf es in die Spüle. „Was gibt's denn so Dringendes? Wenn's um den Mord am Haderthanner geht, da weiß ich eh nix. Da war ich ned da, sondern in München", versuchte Bichler, einer Befragung zu entgehen.

Doch Werner ließ sich nicht abweisen, und da einige Gäste im Raum waren, schlug er vor: „Können wir ins Hinterzimmer gehen, damit wir uns ungestört unterhalten können?"

Bichler nickte und ging vor. Werner folgte ihm und schloss die Tür. Die beiden Männer nahmen am einzigen Tisch im Hinterzimmer Platz.

„Herr Bichler", begann Werner, „Sie machen doch auch Kurierdienste für die umliegenden Gewerbe am Stadtplatz, ist das richtig?"

„Ja, schon …"

„Machen Sie solche Dienste auch für das Notariat Linus Krinner?"

„Ja, kommt auch schon mal vor."

„Haben Sie erst vor Kurzem ein Kuvert vom Notariat abgeholt?" Werner hatte ein mulmiges Gefühl im Bauch, als er seine wichtigste Frage stellte. Denn wenn der Bichler sich erkundigen sollte, woher Werner das wusste, würde er blöd dastehen.

Aber der Bichler meinte nur vage: „Kann schon sein, aber das muss schon etwas her sein, ich kann mich jedenfalls nicht mehr daran erinnern.“ Dabei flackerten seine Augen unsicher und – um sich der Situation zu entziehen – stand er auf und versuchte das Gespräch zu beenden. „Mehr weiß’ ich jetzt auch ned … und ich muss jetzt auch zu meiner Arbeit zurück.“

Werner stand ebenfalls auf und drückte mit einer Hand dem Bichler so auf die Schulter, dass dieser sich wieder hinsetzen musste. „Ich bin aber noch nicht fertig! Ich will wissen, wo dieses Kuvert verblieben ist!“, herrschte er ihn an.

„Wenn Sie meinen, dass ich da ein Kuvert abgeholt haben soll, dann wird es auch so sein. Und dann habe ich das bestimmt beim Adressaten abgeliefert“, gab Bichler halbherzig zu.

„So, dann muss das ja noch beim Adressaten sein, oder?“ Werner musterte den Bichler so eindringlich, dass dieser seinem Blick ausweichen musste.

„War’s das jetzt?“, fragte Bichler ziemlich kleinlaut, und da Werner keine weiteren Fragen mehr stellen mochte, nickte er nur kurz.

Daraufhin erhob sich Bichler und verließ eilig das Hinterzimmer.

Moni hatte den ganzen Vormittag nachgedacht, wie sie den Nachweis erbringen konnte, dass der Schuldschein, den der Bichler beim Notariat abgeholt hatte, derselbe war, der in Hoymeyers Besitz war – und der ihm wieder abhandengekommen war.

Tom saß in seinem Zimmer, wahrscheinlich wieder bei irgendeinem Online-Computerspiel, und Lisa malte in ihrem neuen Malbuch, das sie von Tante Lotti bekommen hatte. Irgendwie verspürte Moni den Drang, dieser Sache weiter auf den Grund zu gehen. Eine Idee dazu hatte sie schon!

Sie nahm den Telefonhörer vom Festnetzanschluss zur Hand und rief ihre Mutter an. Moni wusste sehr genau, dass ihre Mutter Handys nicht ausstehen konnte und deshalb nur über das Festnetz telefonierte.

„Du, Mama, servus, kannst du mir kurz aushelfen?“, begann Moni fast schon zu hastig das Gespräch. „Es is nämlich so, ich muss noch kurz zum Stadtplatz runter, und weil die Kinder so gut hier spielen … magst ned ausnahmsweise du mal vorbeischaun und kurz auf die beiden aufpassen? Du weißt schon, wegen der Reichgrubers möcht’ ich sie lieber ned alleine lassen.“ Gespannt wartete sie auf die Antwort ihrer Mutter. Als diese zusagte, hellte sich ihre Miene auf und sie bedankte sich bei ihr überschwänglich.

Als Monis Mutter dann zwanzig Minuten später eintraf, waren die beiden Kids schon darüber informiert, und sie verabschiedete sich mit einer herzlichen Umarmung bei ihrer Mutter. Als sie sich kurz darauf ins Auto setzte, musste sie feststellen, dass man nicht einmal nach dem Ausräumen unzähliger Tüten und Verpackungen von Schokoladenriegeln über die Notwendigkeit hinwegsehen konnte, dass das Auto mal wieder eine intensive Komplettreinigung benötigte. Nach mehreren Startversuchen sprang der Motor ihres Seat Ibiza unrund an. Aber ein paar Sekunden später wurde das Schütteln des Motors ein bisschen weniger und Moni konnte den Gang einlegen und losfahren.

Ihr Weg führte zum Parkplatz am Stadtwall. Dort stellte sie ihr Auto ab und ging die Treppenstufen zur Bräugasse hoch. Nach etwa zweihundert Metern erreichte sie – wieder mit einem mulmigen Gefühl – den Tatort, der inzwischen vollständig gesäubert war, und auch keine Blumen erinnerten mehr an die schreckliche Tat. Nichts mehr wies auf das grausame Verbrechen hin.

Monis Ziel war der Hauseingang, wo sie bei Frau Millsstetter läutete. Nach einem kurzen Brummen öffnete sich die Tür, Moni eilte in den zweiten Stock hinauf und blieb vor der Wohnungstür stehen, um dort ein weiteres Mal zu läuten.

„Ja, Moni, was führt dich denn zum mir? Schön, dass'd vorbeischaust!“, begrüßte Gertraud Millstetter die Moni, nachdem sie die Tür einen Spalt weit geöffnet hatte.

„Grüß dich, Gerti! Darf ich kurz reinkommen?“

Daraufhin öffnete die Millstetterin die Tür ganz, ließ Moni in die Wohnung und geleitete sie in die Küche, wo sie am Küchentisch Platz nahmen.

„Weißt du, Gerti … Wie soll ich anfangen … also dein verstorbener Bruder, der Erwin, hat sich von meinem Chef ein Buch ausgliehen, und jetzt, wo er … wo er verstorben is … also der Erwin … da wollt' ich fragen, ob wir das Buch wiederhaben können. Und weil ich gerade auf dem Weg zum Hoymeyer bin, dacht' ich, da könnt' ich des doch gleich mitnehmen?“

„Ja, der Erwin hat sich oft beim Wilhelm ein Buch ausgliehen, des weiß ich noch gut. Obwohl er es sich hätte leisten können, hat er kaum Bücher gekauft und sich lieber die Neuerscheinungen beim Wilhelm ausgeliehen“, erinnerte sich die Millstetterin. „Ja, du weißt ja, ich bin nimmer so gut auf den Beinen …“ Die Millstetterin stand auf und ging zum alten Küchenschrank, zog eine Schublade heraus und kramte so lange darin herum, bis sie einen Schlüsselbund herausfischte. „Die Polizei hat ja den Schlüssel mitgnommen, den der Erwin mir gegeben hatte. Aber da ich vorgestern in der Wohnung war und nach dem Rechten gschaut hab’, da hab’ ich dann auch die anderen Schlüssel mitgnommen“, erklärte die Millstetterin die Tatsache, dass sie mehrere Schlüssel von Haderthanners Wohnung hatte. „Da hast einen Schlüssel, und sei so gut und denk dran, dass’d danach wieder *zwei Mal* abschließt.“

Moni fiel ein Stein vom Herzen, dass ihr Trick funktionierte und sie jetzt freien Zutritt zu Haderthanners Wohnung hatte. Sie nahm den Schlüssel und versprach, dass sie diesen – nach *zweimaligem* Abschließen – sofort wieder zurückbringen würde.

Die erste Hürde war nun genommen! Jetzt musste sie nur noch das Kuvert finden – oder vielleicht sogar das Testament. Beides würde sie in den Ermittlungen einen großen Schritt weiterbringen!

Moni eilte die Treppen hinunter, um zwei Häuser weiter wieder zwei Stockwerke nach oben zu laufen. Auf dieser Etage gab es drei Wohnungen und Moni inspizierte die jeweiligen Türschilder. Bei der dritten Wohnung wurde sie fündig, da stand mit Großbuchstaben ERWIN HADERTHANNER auf dem Türschild. Doch als sie den Schlüssel in das Schloss stecken wollte, merkte sie, dass die Tür gar nicht verschlossen, sondern einen kleinen Spalt weit geöffnet war. Außerdem war das Türschloss beschädigt! Moni war sofort alarmiert. Ihr schwante, was der Grund für die gewaltsame Öffnung der Wohnung sein musste. Vorsichtig legte sie ihr Ohr an die Tür und lauschte. Nichts. Als Nächstes schaute sie durch den kleinen Spalt hindurch und konnte nichts Ungewöhnliches entdecken. Da sie weder etwas sehen noch hören konnte, traute sie sich nun, die Tür ganz leicht aufzudrücken. Monis Herzschlag beschleunigte sich, und als die Tür leise knarzte, erschrak sie dabei so, dass sie in ihrer Position erstarrte. Aber nichts geschah! Moni nahm nun ihren ganzen Mut zusammen und ging auf Zehenspitzen einen winzigen Schritt in die Wohnung hinein. Auch jetzt blieb sie wieder für ein paar Sekunden stehen, um zu horchen. Wieder nichts! Bevor sie aber einen weiteren Schritt in die Wohnung machen konnte, hörte sie hinter der Tür ein kurzes Geräusch, und – Rums! – wurde die Tür gegen ihre Stirn geknallt. Der Schlag war so heftig, dass sie zu Boden sackte und die Gestalt, die über sie hinweghuschte, nur noch als Schatten wahrnahm. Dann wurde alles um sie herum dunkel …

20. Eberhard Brucker

Eberhard Brucker hatte sofort nach der Besprechung seine Polizeijacke, die Handschuhe und die Mütze genommen und sich unversehens aufgemacht, um seinen Auftrag zu erfüllen. Die Schlüssel für das Dienstfahrzeug waren nicht da. Hatte offensichtlich der Kollege Huber mitgenommen. Was soll's! Aber von der Polizeidienststelle bis zum Stadtplatz hinunter bei zwei Grad und Nieselregen – das ging ohne Fahrzeug nicht. Also musste das eigene Fahrzeug herhalten. Das aber nicht ohne die Kilometer als Dienstweg aufzuschreiben; so viel Zeit musste dann schon sein. Brucker ging zum Mitarbeiterparkplatz und fuhr mit seinem Auto, einem Honda Accord älteren Baujahres, gut gepflegt, direkt zum Stadtwall, um es dort beim großen Parkplatz abzustellen. Da aber alle Stellplätze voll waren, stellte er sein Fahrzeug auf dem Gehweg ab. Ist doch dienstlich, redete er sich ein. Als er den Motor abstellte, sah er gerade die Moni Beck, die Freundin (oder auch nicht) vom Huber, die Treppen hochgehen.

So genau weiß man das beim Huber nicht, dachte Brucker. Er gibt zwar immer vor, dies sei eine rein platonische Freundschaft, weil man sich von Kindesbeinen an kenne. Der Keilhofer war ja auf die Frau Beck überhaupt nicht gut zu sprechen, da sie sich schon sehr oft in die Polizeiarbeit eingemischt und auf eigene Faust Ermittlungen angestellt hatte. Sei's drum, geht mich eh nix an, dachte er bei sich.

Vorschriftsmäßig zog er nun seine Dienstkleidung an und ging ebenfalls die Treppen zur Bräugasse hoch. Gerade als er den letzten Absatz erreicht hatte, wandte er sich nochmals um. Was war das? Da ging doch eine Zettelschwalbe auf sein Auto zu! Sie zog einen Block heraus und begann auch gleich zu schreiben. Was sie schrieb, das wusste Brucker nur zu gut! Also stürmte er die Treppen wieder hinab, um der Dame mit der polizeiähnlichen Uniform schon von Weitem zuzurufen: „Halt, das ist ein Diensteinsatz! Sie können mich da ned aufschreiben."

Als die Dame ihren Kopf in die Richtung drehte, von der die Stimme gekommen war, war da niemand, zumindest sah sie niemanden; denn der Brucker hatte in seinem Eifer gleich zwei Treppenstufen auf einmal genommen und nicht damit gerechnet, dass die Granitstufen vom Nieselregen mit einer feinen, glitschigen Schicht überzogen waren, deren Wirkung Brucker nun zu spüren bekommen hatte. Beim Auftreten, ja, es war eigentlich ein Aufspringen, war er mit dem rechten Fuß ausgerutscht, sodass er – fast im Spagat –mit seinem Allerwertesten sehr unsanft genau auf der Treppenkante gelandet war. Das quittierte dieser sofort mit einem Aufjaulen (gemeint ist der Brucker), was die dienstbeflissene Dame des Ordnungsamtes hörte. Sie ging ein paar Schritte in Richtung Treppe und jetzt sah sie den Brucker mit einem ziemlich blöden Gesichtsausdruck auf seinem Hintern sitzen.

Brucker, der immer noch die Strafzettelangelegenheit im Kopf hatte, wiederholte sein Anliegen. Aber als sie sah, dass er problemlos aufstehen konnte und einen weitgehend unversehrten Eindruck machte, wandte sie sich unbeeindruckt wieder ihrer begonnenen Aufgabe zu.

Brucker, immer noch in der Panik, einen Strafzettel zu bekommen – was übrigens zeit seines Führerscheinbesitzes noch nie vorgekommen war, rannte, ganz außer sich, auf die Dame zu. „Hey, Sie können mich nicht aufschreiben, das geht doch nicht, ich bin im Dienst!“

„Ich schreibe ja nicht Sie auf, sondern nur das Auto, das da ordnungswidrig parkt!“ Die Zettelschwalbe war um keine Antwort verlegen.

„Aber Sie sehen doch, dass ich im Dienst bin!“, protestierte Brucker.

Die Ordnungsdame musterte ihn mit hochgezogenen Augenbrauen von oben bis unten, um dann nüchtern festzustellen: „Ich sehe, dass Sie unter Stress offensichtlich nicht in der Lage sind, Ihren Körper unter Kontrolle zu halten.“

Das saß!

„Ja was glauben Sie, wer Sie sind, Sie dienstgeile Zettelschwalbe! Ich werde mich über Sie beim Polizeidienststellenleiter Keilhofer beschweren!“ Brucker konnte seine Emotionen nun nicht mehr zurückhalten.

„Wenn Sie *so* dienstlich unterwegs sind“, erwiderte sie schnippisch, „warum fahren’s dann ned mit einem richtigen Polizeiauto und dann mit Blaulicht herum, wie sich des gehört, sondern mit so einer japanischen Reisschüssel? Es hilft nix, das Auto ist ordnungswidrig abgestellt und des kostet zwanzig Euro! Einen schönen Tag noch und … *mehr* Erfolg bei ihren *dienstlichen* Angelegenheiten und“, ihr Blick streifte seine vom Sturz verschmutzte Hose, “lassen’s Ihre Hose reinigen! Und übrigens, das mit dem Beschweren lassen Sie besser die ’dienstgeile Zettelschwalbe’ machen!“ Dann nahm sie eine Plastikfolie, steckte den Strafzettel hinein und ging zum nächsten Parksünder.

Brucker sah ein, dass er keine Chance gegen sie hatte und drehte sich um, um ein weiteres Mal die Treppe hochzusteigen.

„Und wenn des Auto in fünfzehn Minuten ned weg is, dann lass' ich's abschleppen, haben's mich ghört?", drohte die großgewachsene Dame mit den langen grauen Haaren quer über den Parkplatz hinweg.

Also machte Brucker, vor Wut schäumend, nochmals kehrt und parkte das Auto schließlich so um, dass mit keinen weiteren Beanstandungen mehr zu rechnen war.

„Oh! Ich dachte, das Fräulein Moni ist es und bringt den Schlüssel wieder zurück!", entgegnete die Millstetterin ganz entgeistert, als sie die Wohnungstür geöffnet und den Brucker davor stehen sah.

„Welchen Schlüssel? Welches Fräulein? Meinen Sie etwa … die Huber Moni?", versuchte Brucker, immer noch etwas verwirrt ob der jüngsten Parkplatzereignisse, die Situation zu klären.

„Ja, sicherlich, die Moni Huber! Die wollte doch des Buch, des sich mei verstorbener Bruder ausgliehen hat, aus der Wohnung holen und zum Wilhelm … äh, dem Herrn Hoymeyer zurückbringen", beantwortete die Millstetter Bruckers Fragen.

„Und wo is sie jetzt?"

„Ja, in der Wohnung noch!"

Brucker ahnte bereits, dass die Moni sich da nach mehr als nur einem Buch umsehen wollte. Er nahm den gleichen Weg zur Wohnung wie vor ca. fünfzehn Minuten die Moni, und zwar im Laufschritt. Als er im zweiten Stock des Wohnhauses vom Haderthanner angekommen war, sah er, dass die Wohnungseingangstür weit offenstand, und ging sofort darauf zu. Das Erste, was er sah, war Blut. Und dann sah er Moni Huber. Sie lag leblos auf dem Fußboden und ihr Kopf lag in einer Blutlache. Wie codiert lief bei Brucker sofort das erlernte Erste-Hilfe-Programm ab: Vitalzeichenkontrolle, stabile Seitenlage und Notruf absetzen. Danach fing er erst an zu denken. Das Nächste, was er tat, war, den Huber anzurufen.

Werner, der nach dem Besuch beim Bichler im *Getreidekeller* wieder zur Dienststelle zurückgekehrt war, hatte dem Keilhofer gleich von seiner Vernehmung erzählt. Gerade als er dabei war, die Ergebnisse zu protokollieren, rief sein Handy „Halleluja“ und vibrierte. Das war kein gutes Zeichen, denn diesen Klingelton hatte er ausschließlich für die Anrufe seines Kollegen Eberhard Brucker eingestellt.

„Ja, Brucker, was gibt's?“, meldete sich Werner etwas ruppig.

„Du musst sofort hierherkommen zu Haderthanners Wohnung! Die is aufgebrochen und deine Freundin, äh Bekannte, die Moni, liegt da drin bewusstlos mit einer Kopfverletzung. Notarzt ist schon verständigt!“

Werner fiel das Herz in die Hose. Das Einzige, was er noch herausstammeln konnte, war, dass er gleich zum Tatort kommen würde. Dann schüttelte er sich kurz, versuchte, sich wieder zu fassen, steckte – sicher ist sicher – seine Dienstwaffe ein und machte sich auf den Weg zur Bräugasse.

Als er dort ankam, bestätigten die kreisenden Blaulichter auf den Fahrzeugen von Notarzt und Krankenwagen, dass die medizinische Unterstützung schon zu Gange war; trotzdem rannte er, so schnell er konnte, die Treppen zur Wohnung hinauf. Als er fast atemlos in der Wohnung ankam, war Moni schon wieder ansprechbar. Werner trat mit besorgter Miene auf sie zu. „Mädchen, was machst du wieder für Sachen!“, fragte er sie mit sanfter Stimme, mehr fürsorglich als vorwurfsvoll, obwohl er genau wusste, dass Moni sich wieder einmal über seine Anweisungen hinweggesetzt hatte. Aber das war momentan nicht wichtig.

„Werner, kannst du bitte zu mir nach Hause fahren? Da ist meine Mama … bei den Kindern … und ihr Bescheid geben. Sie soll … die beiden … mit zu sich nehmen … und ich hole sie dann … sobald ich kann …wieder ab“, wandte sich Moni mit schwacher Stimme an Werner. Er nickte und umfasste ihre Hand.

„Sie machen jetzt erst einmal gar nichts mehr. Der Herr kümmert sich darum, dass Ihre Kinder versorgt sind, und Sie fahren jetzt erst einmal mit zu uns, damit wir Ihre Platzwunde flicken und uns Ihr Köpfchen mal genauer ansehen können!“, sprach der Notarzt in Schullehrermanier und packte dabei seine Ausrüstung wieder zusammen.

Dann ging es sehr schnell. Moni wurde auf eine Trage gehoben und zwei Sanitäter trugen sie zur Wohnungstür hinaus, wobei ein dritter die Infusionsflasche hielt.

Werner und Brucker blieben in der Wohnung zurück. Werner schaute sich in den großen, sehr hohen Räumen um. Die Wohnung war sehr konservativ eingerichtet. Eiche Barock, wie Moni zu sagen pflegte. Ja, die Moni, kam es ihm wieder in den Sinn. Sofort zog er sein Handy heraus und wählte Monis Festnetznummer. Dort hob auch sofort ihre Mutter ab. Werner versuchte, Monis Mutter behutsam beizubringen, dass ihre Tochter im Krankenhaus war. „Eine Platzwunde, halb so schlimm, aber Krankenhausaufenthalt, rein zur Vorsicht und Abklärung, dass nichts Weiteres verletzt ist.“ Monis Mutter war geschockt, entsetzt und auch sehr besorgt. Als er merkte, dass sich Monis Mutter wieder einigermaßen beruhigt hatte, legte er wieder auf, nicht ohne ihr vorher mit freundlicher Stimme versichert zu haben, sie über Monis Zustand auf dem Laufenden zu halten.

Aber nun an die Arbeit! Ein Blick in die Küche sagte Werner, dass diese nur selten benutzt worden war: Alles war sauber aufgeräumt, es gab keine Küchengeräte, nur Schränke, eine leere Arbeitsplatte, ein Cerankochfeld, das wie neu aussah. Nein, hier hatte kaum jemand gekocht.

Soeben war ein Kollege von der Spurensicherung angekommen, der in der Diele stand und fein säuberlich Abzüge der Fingerabdrücke an der Eingangstür machte.

Brucker stand da und überlegte laut: „Was hat wohl der Eindringling gesucht? Wo fangen wir an? Ich hab' schon mal einen kurzen Blick in die Zimmer geworfen, aber es sieht hier nicht nach Überfall und Raub aus. Vielmehr scheint der Besucher etwas ganz Bestimmtes gesucht zu haben!"

„... und das gilt es herauszufinden. Aber wie?", ergänzte Werner. „Lassen wir erst mal Küche, Bad und Schlafzimmer außen vor, dann bleiben Wohn- und Arbeitszimmer übrig. Also beginnen wir doch mal mit dem Arbeitszimmer", meinte Werner an Brucker gewandt. Die beiden machten sich gerade in Richtung Arbeitszimmer auf, als sie Stimmen im Hausgang hörten.

„Ja mei, was is denn da passiert? Wer sind Sie denn und warum habm Sie so an komischen Anzug an?", kam es von der wohlbekannten, hohen und zittrigen Stimme der Millstetterin.

„Bitte bleiben Sie zurück! Das hier ist ein Tatort, der erst einmal von Unbefugten nicht betreten werden darf!", erklärte der Spurensicherer der verwirrten Millstetterin. Bevor jedoch eine weitere Diskussion entstehen konnte, mischte sich Werner ein und vermittelte dem Spurensicherer, dass es sich bei der Dame um eine nahe Angehörige des Wohnungseigentümers handle und sie möglicherweise zur Aufklärung beitragen könne. So durfte die Millstetterin die Wohnung betreten. Aber bevor Werner der Millstetterin Fragen stellen konnte, sah sie die Blutflecken in der Diele und kreischte in noch höheren Tönen: „Was is da denn passiert? Da is ja Blut!"

Werner nahm sie behutsam beiseite und klärte sie über die Geschehnisse auf, betonte aber, dass es der Moni gutgehe und sie nur routinemäßig ins Krankenhaus gebracht worden sei. Nachdem sich die Millstetterin wieder einigermaßen beruhigt hatte, nahm Werner sie ins Visier, um ihr ein paar Fragen zu stellen: „Frau Millstetter, wir gehen davon aus, dass der Einbrecher ganz gezielt etwas gesucht hat. Wo bewahrte Ihr verstorbener Bruder seine Dokumente und Unterlagen auf?"

„Ja, so genau bin ich da auch ned informiert, aber er hat in seinem Arbeitszimmer da so ein paar Ordner. Weil ja der Erwin sehr ordentlich war, hat er bestimmt alles gut beschriftet und abgelegt. Meinen Sie, dass der Einbrecher auch der Mörder vom Erwin is?"

„Wir ermitteln im Augenblick in alle Richtungen, deswegen haben's bitte Verständnis, dass wir darüber noch nichts sagen können!", warf Brucker in sehr formellem Ton ein.

Schön wär's, wenn wir schon so weit wären, dass wir eine Informationssperre verhängen könnten, dachte sich Werner.

Werner und Brucker betraten nun das Arbeitszimmer, gefolgt von der Millstetterin, die sich neugierig umsah und einen auf dem Schreibtisch liegenden Zettel genauer inspizierte.

„Bitte, Frau Millstetter, fassen's nix an, wir müssen hier erst noch die Spuren sichern!" Werner konnte gerade noch verhindern, dass sie den Zettel in die Hand nahm. „Am besten gehen's wieder in die Wohnung zurück und wir teilen Ihnen dann mit, wann die Wohnung wieder betreten werden kann. So lange bleibt die Wohnung von uns versiegelt", erklärte er und vermittelte ihr damit, dass sie hier nicht mehr erwünscht war. Widerwillig zog sie ab.

Werner, der sich wie Brucker Einmalhandschuhe angezogen hatte, nahm nun den Zettel in Augenschein. Darauf stand „Yolanda#66" und darunter „ERHA0558". Werner dachte nach und konnte sich im ersten Augenblick nichts daraus zusammenreimen. Er fotografierte das Beweisstück mit seinem Handy ab – sicher ist sicher – und steckte den Zettel in ein kleines Tütchen, das er mit Angabe des Fundorts und Datum versah, um es dann in den eigens dafür vorgesehenen Behälter des Kollegen von der Spurensicherung zu geben.

Auf dem Schreibtisch waren ein großer Monitor, eine Tastatur und eine Computermaus samt Mauspad eines bekannten Computerherstellers und ein Drucker aufgestellt. Alles in klarer, fast schon pedantischer Ordnung rechtwinklig angeordnet, wie alles in diesem Zimmer, und soweit Werner das beurteilen konne, fand sich dieser Ordnungssinn in der ganzen Wohnung wieder. Er öffnete die oberste Schublade auf der rechten Seite und fand dort Schreibutensilien in preußischer Ordnung aufgereiht. In der zweiten

Schublade waren Briefpapier, Kuverts und Briefmarken in bekannter Manier einsortiert. Werner schmunzelte und öffnete nun die linke obere Schublade: Obenauf, über einem Adressbuch und einem Telefonverzeichnis, lag ein Kuvert. Es war unfrankiert, darauf stand „Erwin Haderthanner“ und darunter „persönlich“. Als Absender war oben links „Notariat Linus Krinner, Stadtplatz 54“ angegeben. Aber … irgendetwas störte das Bild, das er vor sich sah, auch wenn er es nicht gleich sagen konnte, was es war. Und war es das Kuvert, welches in den letzten Tagen Moni und ihn so beschäftigt hatte? Werner blickte nochmals auf das Kuvert und fühlte förmlich, dass ihn daran etwas störte, aber was? Er nahm es aus der Schublade und sah, dass es seitlich links mit einem Brieföffner bereits aufgeritzt worden war. Als er das darin gefaltete Papier entnahm, erblickte er sofort den Titel „Schuldschein“. Er war ausgestellt von Wilhelm Hoymeyer und belief sich auf über 30.000 Euro zugunsten von Erwin Haderthanner, beglaubigt vom Notariat Linus Krinner.

Brucker hatte inzwischen den Aktenschrank genauer inspiziert und ein paar Ordner herausgeholt und gesichtet. Sein Kommentar lautete: „Wenn mein Opa ein Pedant und Archivar war, dann fällt mir keine Beschreibung für das hier ein: Jeder Ordner handschriftlich mit einer altdeutschen Schnörkelschrift beschriftet, überall ein Inhaltsverzeichnis. Und hier eine Rechnung, einen Tag vor seinem Todestag abgeheftet!“

Nachdem sie das Wohnzimmer und dann doch noch die anderen Räume genauer untersucht hatten, war auch der Spurensicherer fertig. Zu Werners Frage, ob er denn etwas gefunden habe, meinte er nur gelassen: „Ein paar Haarproben, Fingerabdrücke an der Tür, was aber bei einer Tür nichts Außergewöhnliches ist, und ein kleiner Blutstropfen, den ich am beschädigten Holz der Wohnungstür gefunden habe. Offenbar ist der Täter beim Fliehen an den Holzfasern der aufgebrochenen Tür entlanggestrichen und hat sich eine kleine Wunde zugefügt. Aber das ist noch Spekulation, das muss erst durch den DNA-Test bestätigt werden, genauso wie die Haarproben." Dann entstöpselte er nur noch den Computer, der nach München geschickt werden sollte, um dort von einem Spezialisten untersucht zu werden. Werner wies ihn noch auf den Zettel hin, den er in eines der Tütchen gesteckt und im Spurenbehälter abgelegt hatte. Gemeinsam versiegelten sie daraufhin die Wohnung und verließen das Gebäude.

Als sie unten angekommen waren, wanderte Werners Blick noch auf Bruckers verschmutzte Hose. „Also die Reinigung hat noch bis sechs Uhr geöffnet." Daraufhin setzte er sich ins Polizeiauto und fuhr davon.

Brucker ging, diesmal wesentlich vorsichtiger, zu seinem Fahrzeug und machte sich auf in den Feierabend.

Werners Weg führte natürlich nicht nach Hause, sondern direkt zu Moni ins Krankenhaus. Denn auch wenn er es in den letzten Stunden verdrängt hatte, machte er sich doch Sorgen um sie. Er grollte ihr auch ein wenig, weil sie sich wieder nicht an die Abmachung gehalten hatte, die Finger vom Ermitteln zu lassen. Und so wie sich dieser Mordfall entwickelt hat, war er nicht ganz ungefährlich, das hatte sich ja bei diesem Vorfall gezeigt. Aber er nahm sich vor, Moni jetzt keine Vorwürfe zu machen, denn es ging ihm einzig und allein um das Wohlbefinden seiner Freundin. Ja, sie war seine Freundin, so oder so.

21. Moni Beck

Gleich nach der Einlieferung ins Krankenhaus wurde Moni sofort in die Notaufnahme gebracht. Ein kurzer Stich, ein taubes Gefühl an der Stirn, ein paar dumpf wahrgenommene Einstiche der Nadel, ein Pflaster darauf und schon ging´s ab zum Röntgen. Für Moni ging das alles viel zu schnell. Ihre Gedanken waren bei ihren beiden Kindern und ihrer Mutter. Die machten sich sicherlich große Sorgen um sie. Aber Werner würde ihnen schon alles (hoffentlich einfühlsam) erklären.

Es war schön gewesen, Werners Hand zu spüren, als sie nach dem Schlag auf ihren Kopf langsam wieder zu sich gekommen war. Wie er vor ihr gekniet und sie seine Sorge um sie in seinen Augen gesehen hatte – da hatte sie gewusst, dass es eine besondere Verbindung zwischen ihnen gab.

Nach der Röntgenuntersuchung kam sie auf die Station in ein Zweibettzimmer. Ihr Bett stand an der Fensterseite, das andere war nicht belegt. Es gab ein Fernsehgerät, einen Kleiderschrank, ein kleines Tischchen mit zwei Stühlen und eine weitere Tür, die in die Nasszelle führte.

Wie lange war sie schon nicht mehr in einem Krankenhaus gewesen? Soweit sie sich erinnern konnte, war das letzte Mal, als sie ihren Papa nach seiner Bandscheiben-OP besucht hatte.

Der Blick aus dem Fenster ging direkt in den Garten. Einige der Bäume und Sträucher hatten bereits ihr Laub verloren und standen wie Mahnmale in der als Rundgang angelegten Gartenanlage. Plötzlich verspürte sie unheimliche Kopfschmerzen und ihr wurde übel. Wahrscheinlich hörte sie jetzt erst auf, unter Schock zu stehen. Moni schloss die Augen und das vorher Erlebte begann sich nochmals in ihrem Kopf abzuspielen.

Ein Geräusch holte sie wieder in die Gegenwart zurück. Die Tür ging auf und ein attraktiver, jugendlich wirkender Mann in weißer Hose und weißem Hemd kam herein, gefolgt von einer hübschen blonden Frau in Schwesterntracht.

„Guten Tag, Frau Beck", begrüßte sie der nette Mann, „ich bin Dr. Heinichen, Ihr Stationsarzt, und das ist Schwester Brigitte, die Pflegerin, die sie in der nächsten Zeit betreuen wird. Wie geht es Ihnen?"

Moni war es ein bisschen peinlich, in einem unvorteilhaften Krankenhaushemdchen vor so einem attraktiven Mann dazuliegen. Zögernd antwortete sie: „Geht schon wieder, ein wenig Kopfschmerzen kommen jetzt auf."

„Wie mir scheint, haben Sie großes Glück gehabt. Die Platzwunde wird heilen und", fuhr er grinsend fort, „ kein Heiratshindernis darstellen. Der Röntgenbefund ist unauffällig, was aber nicht heißt, dass Sie aufstehen und herumgehen sollten. Vielmehr ist in den nächsten Tagen Bettruhe angesagt, da Sie zudem eine mittelprächtige Gehirnerschütterung davongetragen haben. Schwester Brigitte wird Ihnen Schmerzmittel bringen, wenn die Kopfschmerzen stärker werden sollten. Ansonsten sehen wir uns morgen bei der Visite wieder. Gute Besserung!" Dann drehte er sich um und schon war er aus dem Krankenzimmer verschwunden.

Schwester Brigitte blieb noch da, stellte eine kleine Plastikschachtel auf das Nachtkästchen und meinte: „Wenn's Schmerzen haben, nehmen's eine davon, und wenn's was brauchen, drücken's einfach hier!" Dabei zeigte sie auf den an einem Kabel baumelnden Klingelknopf über dem Bett. Dann verließ auch sie das Zimmer, nachdem sie sich noch kurz umgedreht und sich bei Moni mit einem freundlichen Lächeln verabschiedet hatte.

Moni dämmerte dahin, und als sie gerade dabei war einzunicken, ging erneut die Tür auf und Werner kam mit einem großen Strauß Blumen herein. Moni blinzelte kurz und richtete sich in ihrem Krankenbett auf. Dabei achtete sie darauf, dass Werner ihr peinliches Hemdchen nicht zu Gesicht bekam, und zog die Bettdecke bis zum Hals hoch. Dennoch freute sie sich über den Besuch und die Aufmerksamkeit sehr. Kaum war Werner an Monis Bett getreten, kam auch schon Schwester Brigitte mit einer Vase herein, um die Blumen gleich in Empfang zu nehmen, und nachdem sie Wasser in die Vase gefüllt hatte, arrangierte sie die Blumen, stellte sie vor Moni ans Fenster und ging wieder hinaus.

„Lieb von dir!“, freute sich Moni und nahm Werners Hand.

„Na? Wie geht er der heimlichen Ermittlerin?“ Werner wollte besonders lieb sein, biss sich aber sofort auf die Lippen, weil er ja vorgehabt hatte, vorerst nicht darauf anzuspielen.

Moni bemerkte seine Verlegenheit und sagte: „Is schon gut, ich weiß ja, dass ich mich dir gegenüber nicht ganz fair verhalten habe. Es tut mir leid.“ Dabei blitzte eine kleine Träne in Monis Auge.

„Is schon gut! Wir sprechen ein andermal darüber. Jetzt musst du erst wieder gesund werden!“, meinte Werner versöhnlich.

„Hast du Mama informiert?“

Werner nickte.

„Und was hast du ihr gesagt?“

„Dass du vorsorglich ins Krankenhaus gebracht worden bist. Von einem Überfall und der fremden Gewalteinwirkung hab’ ich nix erzählt.“

Moni war darüber sehr erleichtert. Da sie ziemlich abgespannt und müde aussah, verabschiedete sich Werner recht bald und versprach, am nächsten Morgen gleich nach dem Frühstück wieder bei ihr vorbeizuschauen.

Wie er das hinbekommen und welche Ausrede er dem Keilhofer präsentieren wollte, das wusste er allerdings noch nicht.

Am nächsten Morgen rief Werner auf dem Weg ins Krankenhaus bei Cindy in der Dienststelle an und sagte ihr, sie möchte doch dem Keilhofer ausrichten, ihm sei noch etwas eingefallen, und dazu müsse er nochmal in Haderthanners Wohnung.

„So, des soll ich ihm sagen?“, entgegnete Cindy schnippisch. „Dann soll ich ihm also ned sagen, dass du die Moni im Krankenhaus besuchst?“

Werner wurde knallrot, obwohl Cindy ihn gar nicht sehen konnte, und seine Antwort dauerte ein paar Sekunden – zu lange, sodass sich Cindys Vermutung bestätigte.

„Wie … wie kommst denn darauf?“, stammelte er. „Ja, okay, es stimmt. Aber des bleibt unter uns, ausgmacht? Dafür hast was gut bei mir!“

Als Werner in Monis Zimmer kam, war sie gerade mit dem Frühstück fertig, und eine kleine Reisetasche vor ihrem Bett wies darauf hin, dass ihre Mutter sie bereits mit den notwendigen Dingen für einen Krankenhausaufenthalt versorgt hatte. Heute hatte die Moni ein schickes Nachthemd an und nicht so ein hässliches OP-Hemd.

Werner setzte sich neben Moni aufs Bett und teilte ihr mit, dass in den nächsten Tagen jemand von der Polizeidienststelle bei ihr zur Vernehmung vorbeischauen würde. Moni hatte, nachdem sie in Haderhanners Wohnung medizinisch versorgt worden war, Werner zwar erzählt, dass sie überhaupt nicht mitbekommen hatte, wer ihr die Tür ins Gesicht geschlagen hatte, aber es waren trotzdem noch ein paar Fragen offen.

Moni war zwar noch nicht ganz auf der Höhe, aber so fit, dass ihre gewohnte Neugier wieder zu Tage trat. Sofort wollte sie alles wissen, was sich nach ihrem Abtransport ins Krankenhaus in der Wohnung vom Haderthanner abgespielt hatte.

Werner erzählte ihr von der Durchsuchung der Wohnung und von der Ordnungsliebe des Ermordeten. „Ich weiß nicht, irgendetwas passt da nicht!“, beendete Werner seinen Bericht und legte seine Stirn in Falten.

Moni blickte nachdenklich aus dem Fenster und sinnierte laut vor sich hin: „Und … wenn der Einbrecher gar nichts mitgenommen, sondern etwas dagelassen hat?“

„*Das* ist es! Moni, du bist einfach der Knaller! Ja, warum bin ich denn da ned selber draufgekommen?“, rief Werner ganz aufgeregt und sprang auf. „Ja, des passt ja wie die Faust aufs Auge! Deshalb is mir des Kuvert auch so komisch vorgekommen. Des lag nämlich einfach so da drin in der Schublade. Alle Unterlagen waren geordnet und abgeheftet, die Ordner waren sogar mit einem Inhaltsverzeichnis aufglistet. Und ausgerechnet des wichtige Dokument liegt einfach so in einem Kuvert in einer Schublade!“

„Das heißt, der Einbrecher hat gar nix mitgenommen, sondern das Kuvert dort hinterlegt, so, dass man es finden *muss*!“, nun war Moni wieder voll die Ermittlerin.

„Und wenn man weiterdenkt“, sagte Werner, „dann hat derjenige des vielleicht deswegen dort deponiert, weil er es vorher vielleicht gar ned abgegeben hat!“ Er dachte kurz nach und stellte dann fest: “Dann sind wir wieder beim Bichler! Wenn der dir diese Verletzung zugefügt hat, dann kann der aber was erleben! Den watsch’ ich so mit einer Strafe ab, dass er die Sternchen singen hört!“ Werner war nun ganz der Polizist. Obwohl er der Moni gern noch ein wenig Gesellschaft geleistet hätte, machte er sich auf in die Polizeidienststelle, um dem Keilhofer seine neue Theorie – eigentlich war es Monis kluger Gedanke – zu präsentieren.

Moni hatte dafür vollstes Verständnis, zumal sie wegen ihrer Müdigkeit und erneut einsetzenden Kopfschmerzen doch noch ein wenig Ruhe benötigte.

22. Sepp Bichler

Als Werner in die Polizeidienststelle kam, bemerkte er eine große Unruhe unter den Mitarbeitern. Als Brucker in Richtung War Room lief, konnte Werner ihn gerade noch abfangen, um ihn zu fragen, was denn diese Hektik bedeutete.

„Da Chef hat zum Rapport aufgrufen, er möcht' heut' noch eine Vernehmung und eventuell eine Verhaftung", warf ihm Brucker noch zu, bevor er im War Room verschwand.

Werner ging in Cindys Büro. Sie telefonierte – vor Aufregung schon stehend – offenbar mit dem Büro der Staatsanwaltschaft. Als sie aufgelegt hatte, blaffte sie ihn ganz unverhohlen an: „Da bist du ja endlich! Also dass ich für dich lügen soll, ist eines, aber dass du dann fast den ganzen Vormittag telefonisch nicht erreichbar bist, da platzt ned nur mir der Kragen! Der Keilhofer schreit nur noch rum, warum du ned erreichbar bist!"

Werner zog sein Handy aus der Hosentasche und musste feststellen, dass er den Flugmodus, den er vor dem Betreten des Krankenhauses eingestellt hatte, nicht wieder deaktiviert hatte. Nachdem er ihn ausgeschaltet hatte, erklang ein nicht enden wollendes Entengequake (das hatte Werner extra für Cindys Telefonnummer ausgewählt), das bestätigte, dass sie mehrmals versucht hatte, ihn anzurufen. Das Display zeigte zwölf Anrufe von Cindy an.

„Ja, sag bloß! Du hast mein Profil mit dem Entenquaken gespeichert?! Ich fass es ned! Des grenzt ja an frauenfeindliches Mobbing!", entrüstete sie sich. „Jetzt schau' bloß, dass'd schnell in den War Room kommst und eine Erklärung für Keilhofer hast, die er dir abnimmt“, rief sie ihm immer noch verärgert hinterher.

Werner ging in den War Room. Alle waren anwesend und Keilhofer hatte schon mit seinen Ausführungen begonnen.

„Ja, der Herr Huber! Wollten wir ned an roten Teppich für ihn auslegen, wenn er uns schon so *früh* beehrt?“, meinte er zynisch und alle anderen im Raum schmunzelten.

Werner stammelte daraufhin etwas von „nochmals befragen“ und „Krankenhaus“, wurde dann aber von Keilhofer abrupt unterbrochen: „Jetzt setzen Sie sich hin! Hoffentlich ham's aus Ihren *Befragungen* etwas Brauchbares dabei. Also, fangen's schon an!“

Werner erzählte von dem Kuvert in einer Schublade, das nicht in die sonst so ordentliche Buch- und Belegführung Haderthanners passte, und auch von seiner Vermutung, dass der Einbrecher nichts mitgenommen, sondern das Kuvert dort in der Schublade so positioniert hatte, dass es sofort gefunden werden konnte.

„Ha, des passt ja perfekt zu den Ergebnissen der Spurenermittlung. Vor einer Stunde sind die eingetroffen und … bingo: Volltreffer!“ Alle sahen gespannt auf Keilhofer. Doch der lächelte nur verschmitzt und ließ seine Mitarbeiter ein wenig schmoren. „Das Ergebnis der Fingerabdrucküberprüfung in der Datenbank hat angeschlagen. Ebenso der DNA-Test: Sowohl die Blutspuren an der Tür als auch das gefundene Haar weisen eindeutig auf ein und dieselbe Person hin!“ Wieder machte Keilhofer eine viel zu lange Pause, bevor er fortfuhr. „Dreimal dürfen's raten!“

„Dann sag' ich, des waren die Spuren vom Bichler!“, meinte Werner gelassen und stahl dem Keilhofer die Schau.

Dieser blickte nur kurz etwas irritiert zu Werner, setzte dann aber sogleich seine Rede fort: „Der Sepp Bichler ist wohl schon einschlägig vorbestraft, wegen Einbruchdiebstahls vor circa fünf Jahren. Dann war er zweieinhalb Jahre im Knast und ist dann offensichtlich nach seiner Entlassung nach Mühldorf gekommen. Damals hatte man ihn auch anhand der Fingerabdrücke und DNA-Spuren überführt. Tja, manche lernen halt doch ned aus ihren Fehlern."

Ein Raunen ging nun durch den Raum und Werner war sehr stolz auf sich, aber auch auf Monis bewährten scharfsinnigen Verstand.

„So, dann werden wir mal loslegen", fuhr Keilhofer fort. „Die Cindy hat inzwischen vom Vertreter der Staatsanwaltschaft einen Haftbefehl angefordert. Brucker und Huber, Sie nehmen den Bichler fest, verhören tu' ich ihn persönlich. Also zack, zack, meine Herren! Worauf warten's noch?" Keilhofer erklärte die Besprechung für beendet.

Werner und Brucker machten sich sofort auf den Weg zum *Getreidekeller*, wo sie den Bichler vermuteten.

Beim Losfahren überlegten sie noch, ob sie das Blaulicht einschalten sollten. Aber zu viel Aufmerksamkeit wollten sie dann doch nicht wecken. Obwohl es in Mühldorf schon sehr selten vorkam, dass jemand festgenommen wurde.

Vor dem *Getreidekeller* stiegen sie aus ihrem Dienstfahrzeug und gingen die Teppen zum Lokal hinab. Dort stand der Haigermoser hinter dem Tresen und faltete Servietten. Als er die beiden Polizisten sah, witzelte er sie an: „Na, kleiner Frühschoppen für unsere Verkehrswacht gefällig?"

„Wir ham keine Zeit für deine Späße! Wo is da Bichler?“

„I denk’, der ist da draußen und repariert grad einen Stuhl aus der Gaststube“, antwortete der Wirt ernüchtert.

Daraufhin gingen Werner und Brucker schnellen Schrittes auf die Tür zum Hinterzimmer zu und hörten beim Näherkommen ein Gepolter. Die beiden Polizisten sahen sich wortlos an. Sie vermuteten dassselbe: Bichler hatte offenbar mitgehört, war sofort aufgesprungen und hatte dabei wohl in der Eile den zu reparierenden Stuhl umgeworfen. Werner und Brucker spurteten sofort los, um dem Flüchtenden den Weg vom Hinterzimmer über den Seitenausgang abzuschneiden. Als der Verdächtige nach dem Seitenausgang eine schwere Metalltür zum Lieferanteneingang öffnen musste, um ins Freie zu gelangen, kostete ihn das wertvolle Zeit und er büßte seinen Vorsprung ein. Und dann ging alles blitzschnell! Seine Verfolger schnappten ihn, Brucker riss ihn zu Boden, Werner zog seine Handschellen hervor und fesselte Bichlers Hände unsanft hinter dessen Rücken. Gerne hätte er ihm körperlich noch etwas mehr zugesetzt, so wie er es Moni angekündigt hatte, aber als Polizist durfte man sich das nicht erlauben.

„Ich verhafte Sie hiermit wegen Einbruchs und schwerer Körperverletzung. Alles was Sie ab jetzt sagen, kann gegen Sie verwendet werden“, sagte Brucker vorschriftsmäßig seinen Spruch auf, und schon zerrten sie den Bichler hoch und brachten ihn – ungeachtet seines lautstarken Protests und versuchter Gegenwehr – zum Polizeiwagen. Das erweckte sofort die Aufmerksamkeit der Passanten, die sich in kleinen Gruppen sammelten und die ersten Gerüchte in die „große Mühldorfer Welt“ setzten.

Nun fuhren Werner und Brucker, beide ein wenig stolz, einen mutmaßlichen Verbrecher – und das auch noch nach „Tatort"-Manier – geschnappt zu haben, direkt zur Polizeidienststelle, wo das Vernehmungszimmer bereits vorbereitet war. Das heißt, Fräulein Cindy, wie Keilhofer seine Assistentin gerne nannte, saß schon einsatzbereit am Schreibtisch und hatte das Aufnahmegerät bereits in Stellung gebracht. Vorher hatte sie noch auf Geheiß ihres Chefs die Untersuchungshaft für den Festgenommenen in der Mühldorfer Haftanstalt angekündigt.

Werner und Brucker brachten den Bichler Sepp in den Vernehmungsraum. Keilhofer entschied, dass Brucker als weiterer Vernehmungszeuge und zur Sicherung des Verdächtigen im Raum bleiben sollte.

Also ging Werner zu seinem Arbeitsplatz. Er konnte einfach nicht anders und rief sofort im Krankenhaus an und ließ sich mit Zimmer 305 verbinden.

Moni staunte nicht schlecht über die aktuellen Ereignisse. Mit Genugtuung vernahm sie, dass der Sepp Bichler nun festgenommen worden war. Da sie aber heute das Krankenhaus auf „eigene Verantwortung" wieder verlassen wollte, war noch ein Abschlussgespräch mit Dr. Heinichen angesagt. Deshalb vertröstete Moni den Werner, dass sie sich bei ihm melden würde, sobald sie zu Hause war.

Werner wollte sie dazu überreden, doch noch ein oder zwei Tage länger im Krankhaus zu bleiben, aber alle Bitten prallten an Moni ab.

Nach etwa zwei Stunden war das Verhör beendet. Werner erfuhr auch nur deshalb davon, weil die Cindy in sein Büro kam und ihm Keilhofers Auftrag, den Festgenommenen abzuholen und in die Haftanstalt Mühldorf zu fahren, überbrachte.

„Und? Was is raugekommen?“, wollte Werner wissen.

Cindy legte den Zeigefinger auf ihre knallrot geschminkten Lippen und deutete ihm an, dass sie jetzt nicht darüber sprechen konnte, denn im Flur stand der Keilhofer, der mithörte.

Also fuhr er mit Brucker und der „Fracht“ auf Staatskosten in die Justizvollzugsanstalt Mühldorf, wie das Etablissement für nur solch spezielle Gäste offiziell hieß.

Nach ihrer Rückkehr rief Keilhofer wieder alle Polizisten in den War Room, um das Vernehmungsergebnis zu verkünden und die weitere Vorgehensweise festzulegen. Alle, vor allem aber Werner, waren sehr gespannt, was der „Alte“ zu berichten hatte.

Keilhofer begann mit einem langen Monolog, in dem er seine Verhörtechniken pries, die er aus der Polizeischule für den gehobenen Dienst erworben hatte. Und stimmte eine wahre Lobeshymne über sein ausgesprochen gutes Gespür für den richtigen Zeitpunkt an, wann eine Vernehmungsperson so weit war „auszupacken“.

Als Werner nach zirka fünfzehn Minuten demonstrativ mehrfach gähnte, besann sich Keilhofer und gab endlich das Ergebnis kund: „Er hat gestanden!“

Sofort fingen die anwesenden Polizeibeamten an, und zwar alle auf einmal, verschiedene Fragen zu stellen. Mit einem „Ruhe!“ verschaffte sich Keilhofer wieder Gehör und ließ sich weitere Details der Vernehmung entlocken. „Und er hat nicht nur den Einbruch, sondern auch die Komplizenschaft zu Benno Haderthanner gestanden!“ Jetzt ging es erst richtig los im War Room, und diesmal konnten nicht einmal Keilhofers wiederholte lautstarke Rufe dem Redeschwall der Polizisten Einhalt gebieten. Erst nach ein paar Minuten beruhigten sich die Gemüter wieder und Keilhofer konnte nun von seinem ganzen Vernehmungserfolg berichten: Bichler hatte tatsächlich den Einbruch in Haderthanners Wohnung zugegeben. Des Weiteren auch, dass er die Tür gegen die Moni „gedrückt" hatte, aber nur, um sich den Zugang zum Treppenhaus zu verschaffen. Dass dabei die Moni schwer gestürzt war und entsprechende Verletzungen davongetragen hatte, das hatte der Bichler nicht gewollt und dies auch immer wieder beteuert. Der Grund für seinen Einbruch war tatsächlich gewesen, den Brief zurückzubringen, da ihn die Vernehmung durch den Brucker doch sehr in Bedrängnis gebracht hatte. Und der Grund, warum er diesen Schuldschein immer noch hatte, war ein weiterer Einbruch, nämlich in den Buchladen vom Hoymeyer. Hoymeyer hatte dem alten Haderthanner nach dessen Verlangen die 30.000 Euro wieder zurückbezahlt und dafür den Schuldschein wieder zurückbekommen. Jetzt war der Haderthanner Benno ins Spiel gekommen: Der hatte in einem Gespräch mit Bichler, den er aus illustren Kreisen aus Berlin kannte, von diesem Schuldschein erfahren. Sein Deal: Bichler bringt ihm den Schuldschein und dafür bekommt er im Gegenzug 5.000 Euro – und Haderthanner erzählt nichts davon weiter, dass Bichler vorbestraft ist.

Nach jedem Detail, das Keilhofer mit stolz geschwellter Brust preisgab, ging ein Raunen des Erstaunens und der Bewunderung durch die versammelte Mannschaft. Selbst Werner war beeindruckt von dem Erfolg der Vernehmung und der Leistung seines Chefs. Aber als Keilhofer zu Ende gesprochen hatte und es wieder ruhiger geworden war, fragte Werner in den Raum hinein: „Und … ist nun der Bichler auch der *Mörder* vom Haderthanner?“

Betretenes Schweigen breitete sich aus, denn das war die wichtigste Frage überhaupt, und sie war gar nicht zur Sprache gekommen. Keilhofer, sichtlich aus der Fassung gebracht, versuchte stammelnd – und bei Weitem nicht mehr so souverän wie noch kurz zuvor – zu erklären: „Wissen's … ähm … wir haben den armen Kerl jetzt über zwei Stunden vernommen und … ja, was soll ich sagen, jetzt haben wir mehrere Straftaten aufgedeckt, die wir noch abarbeiten müssen ... und des mit dem Mord … ja mei, des werden wir dann im nächsten Verhör klären!“

Werner fiel die Kinnlade herab. Keiner der Anwesenden traute sich, hierzu einen Kommentar abzugeben, obwohl jeder erkannt hatte, dass sich ihr Chef da vergaloppiert hatte.

Keilhofer räusperte sich ein Mal kurz und vernehmlich, straffte die Schultern und ging wieder zur Tagesordnung über. „So, jetzt müssen wir festlegen, wie wir weitermachen!“ Und an Brucker und Werner gewandt meinte er: „Morgen früh, da fahren's gleich zum Haderthanner ins Hotel und bringen's ihn hierher. Und wenn er ned will, dann werden wir für den auch noch an Haftbefehl bekommen.“ Damit schloss er die Versammlung, und anstatt zur Feier des Tages eine spontane Sektrunde im Büro zu veranstalten, verzog sich Keilhofer in den Feierabend.

Werner tat es ihm gleich, aber er wollte sich, bevor er heimkam, noch erkundigen, wie es Moni ging. Der nächste Tag war ein Samstag und er hätte eigentlich frei gehabt, aber da er mit Brucker den Haderthanner vernehmen musste, konnte er sich ein gemütliches Frühstück, vielleicht sogar mit Moni, abschminken. Aber eventuell könnte er Moni abends besuchen kommen, denn erstens war sie sicherlich neugierig, was die aktuellen Ermittlungen betraf, zum anderen wollte er sie einfach sehen und sich vergewissern, dass es ihr gutging. Also rief er sie auf der Festnetznummer an.

Ihre Stimme klang noch ein wenig abgespannt und so, als ob sie gerade geschlafen hätte. Im Hintergrund waren die beiden Kinder zu hören, und das bestätigte seine Befürchtung, dass Moni auch diesbezüglich nicht vernünftig genug war. Monis Mutter, die er sehr gut kannte, hätte die beiden Balgen sicherlich noch ein paar Tage mit zu sich nach Hause genommen, damit sich Moni ausruhen und erholen konnte. Aber da er auch die Moni sehr gut kannte, wusste er, dass sie sehr stur sein konnte. Also fragte er Moni, ob er sie am nächsten Abend besuchen dürfe. Als sie mit einer Antwort zögerte, meinte er, dass er nicht allzu lange bleiben würde. Da willigte sie ein, und so war Werner klar, dass Moni erwartete, dass er jetzt ihr gegenüber nicht mehr so zurückhaltend sein durfte, was die Ermittlungstätigkeit betraf.

Werner beschäftigte die Frage, was an der ganzen Schuldbrief-Sache so merkwürdig war, bis in den Schlaf. Er war sich sicher, dass er irgendetwas übersehen hatte. Da musste es ein Detail geben, das für die Überführung des Täters möglicherweise wichtig sein konnte. Was genau es war, darauf kam er beim besten Willen nicht.

Er träumte von Einbrüchen in alten Schlössern und Zahlen, die umherschwirrten und dann ganz exakt wieder in eine logische Reihenfolge gebracht wurden. Als er am nächsten Morgen aufwachte, war er so gerädert, als hätte er überhaupt nicht geschlafen.

23. Benno Haderthanner

Als Werner wieder einigermaßen auf dem Damm war, fuhr zur Polizeidienststelle und hielt auf dem Weg dorthin noch beim Bäcker an, um sich mit einer Butterbreze zu versorgen.

In der Dienststelle musste er feststellen, dass Brucker und Keilhofer bereits da waren und das weitere Vorgehen schon besprochen hatten. Auch die Cindy war heute im Dienst und hatte Kaffee gemacht. Als Werner sich erkundigte, wie sie denn nun vorgehen sollten, nahm Brucker seine Uniformjacke und die Mütze und meinte zu ihm gewandt: „Ich erzähle dir alles Weitere auf dem Weg ins *Altstadthotel*."

Die beiden eilten zum Fahrzeug – diesmal ließ Werner den Brucker ans Steuer – und fuhren zum *Altstadthotel*. Während der Fahrt erfuhr Werner, dass Brucker bereits im Hotel angerufen und sich erkundigt hatte, ob Haderthanner schon gesehen worden sei. Der Herr an der Rezeption hatte ihn wissen lassen, dass Haderthanner gerade beim Frühstück im Speisesaal saß. Also, nix wie hin!

Als Werner und Brucker in die Lobby des Hotels kamen, erkannte sie der Rezeptionist schon und deutete mit dem Kopf in Richtung Speisesaal. Haderthanner war gerade aufgestanden, um sich am Obstbuffet zu bedienen, als die beiden Beamten den Speisesaal betraten. Die Blicke der Hotelgäste fielen auf die Männer in Polizeiuniform und das Stimmengemurmel verstummte sofort. Haderthanner, der am Buffet stand und die plötzliche Stille bemerkte, drehte sich um. Als er Werner und Brucker sah, verzog er ärgerlich das Gesicht, stellte seinen Teller am Buffet ab und ging direkt auf sie zu. „Was soll denn das?! Werde ich jetzt schon beim Frühstück und vor allen Leuten von Ihnen belästigt und bloßgestellt? Sehen Sie denn nicht, dass alle Gäste schon herschauen?“, herrschte er die beiden an.

Werner blieb ganz ruhig. „Beenden Sie bitte Ihr Frühstück und kommen Sie mit!“, erwiderte er ganz sachlich und nüchtern. „Und wie viel davon die Gäste hier mitbekommen, hängt ganz von Ihnen ab!“

„Was soll das, wollen Sie mich schikanieren? Da haben Sie sich aber den Falschen ausgesucht! Ich werde gleich meinen Anwalt anrufen, dann können Sie mit dem sprechen!“, versuchte Haderthanner die Polizisten einzuschüchtern. Dabei wurde er so laut, dass nun wirklich alle Gäste das Gespräch mitverfolgen konnten.

„Mit Ihrem Anwalt unterhalten wir uns gerne, aber vorher gehen wir zu uns auf die Dienststelle. Dort können Sie ja Ihren Anwalt anrufen“, erwiderte Brucker in gemäßigterer Lautstärke.

Haderthanner blickte sich hastig um und einen Augenblick lang hatte Werner den Eindruck, dass Haderthanner fliehen wollte, sich aber doch anders entschied.

„Kommen’s!“, forderte ihn Brucker auf und stupste ihn an. Haderthanner schnappte sich seine Jacke und das Trio verließ den Speisesaal.

Auf der Polizeidienstelle Mühldorf führte Brucker den Haderthanner direkt in das Vernehmungszimmer, das bereits für das Verhör vorbereitet war. Wie vor der Vernehmung vom Bichler saß die Cindy mit ihren Schreibutensilien an einem kleinen Tischchen, und ein Aufnahmegerät stand auf dem Vernehmungstisch. Brucker wies Haderthanner an, Platz zu nehmen. Er stellte sich – so wie er das in der Polizeischule gelernt hatte – seitlich hinter Haderthanner, zur Sicherheit, falls der Befragte aggressiv wurde.

Als Keilhofer hereinkam, begrüßte er den Haderthanner mit einem kurzen Nicken, und an Brucker gewandt meinte er, dass er heute den Huber beim Gespräch dabeihaben wolle.

Brucker zog – fast ein wenig beleidigt – ab und gab Werner Bescheid, der über den Wachwechsel sehr erstaunt war.

Nachdem Werner seine Position eingenommen hatte, stand Haderthanner wieder auf und ergriff das Wort: „Was geht hier denn ab? Ich werde direkt am Frühstückstisch verhaftet und hierher verfrachtet! Was liegt denn gegen mich vor? Können Sie mir das sagen? Und außerdem … möchte ich dann einen Anwalt dabeihaben!“

Keilhofer setzte sich und meinte gelassen: „Also, verhaftet worden sind Sie nicht! Wir haben Sie lediglich zu einer Befragung hierhergebeten und …“

„Gebeten?“, unterbrach ihn Haderthanner und schaute ihn entrüstet an.

Keilhofer ignorierte die Zwischenmeldung und fuhr fort: „Was gegen Sie vorliegt? Wir befragen Sie wegen einer Aussage zu einem Kurierdienst und wollen von Ihnen hierzu auch … wie soll ich sagen … wissen, ob diese Person die Wahrheit sagt. Und jetzt … wenn Sie jetzt einen Anwalt wollen, dann können Sie gerne einen anrufen.“ Keilhofer fixierte Haderthanner mit ausdrucksloser Miene. Das kann er, der Keilhofer!, dachte Werner anerkennend.

Haderthanner zögerte und sein Blick wanderte zu Cindy. Dann drehte er sich zu Werner um, sah zu ihm hoch und meinte: „Ist doch schon sehr offiziell, Ihre Befragung! Sieht fast schon aus wie ein Verhör. Also … also … dann lassen wir des mit dem Anwalt.“

Keilhofer nickte und begann mit der formellen Begrüßung und der Feststellung der Daten zur Person.

Haderthanner gab bereitwillig Auskunft und wartete, bis Cindy alles notiert hatte, und Werner war jetzt sehr gespannt, wie sein Chef vorgehen würde.

Keilhofer begann mit seiner Ansprache „Also, Herr Haderthanner, Sie kennen den Sepp Bichler?“

„Ja mei, der arbeitet halt im *Getreidekeller,* und so kennt man sich eben!“, gab Haderthanner widerstrebend zu.

„So, sind Sie sich da so sicher, dass Sie ihn nur vom *Getreidekeller* kennen?“

„Mei … kann scho sein, dass der mir scho früher übern Weg glaufen is, in Berlin glaub‘ ich. Aber das hab ich ja schon dem Kollegen da neben mir erzählt!“, korrigierte Haderthanner seine Aussage. „Wieso fragen’s mich das?“

„Das Fragen überlassen Sie bitte mir!“, wies ihn der Polizeichef streng zurecht und fragte sofort weiter: „Was wissen’s noch über den Bichler?“

„Ja, was wollen’s denn wissen? Da gibt’s ned mehr … ein paar Gespräche in der Kneipe … Ihr Kollege da hinter mir hat mich ja schon bespitzelt, beim Riccardo, meinen Sie des?“

Mit gerunzelter Stirn sah Keilhofer Werner an, der daraufhin rot anlief.

„So … weiter, was wissen’s also über den Bichler?“, bohrte Keilhofer weiter.

Haderthanner zuckte nur mit den Schultern und blickte sein Gegenüber provozierend an.

Da platzte Keilhofer, der die Vernehmung bis jetzt absolut professionell und geduldig durchgeführt hatte, der Kragen. Mit der flachen Hand schlug er auf den Tisch und fauchte den Haderthanner an: „Wolln's mich verarschen? Sie wissen doch genau, dass der Bichler wegen Einbruchdiebstahl einschlägig vorbestraft ist!"

Haderthanner zuckte wie ertappt zusammen und betrachtete eingehend seine Fingernägel. Eine Geste, die zeigte, dass der Keilhofer ihn in die Enge getrieben hatte, auch das wusste Werner von seinem Lehrgang auf der Polizeiakademie.

Da Haderthanner nach viel zu langer Pause immer noch nicht auf Keilhofers Feststellung reagiert hatte, ergriff dieser wieder das Wort: „Was is jetzt? Wollen's mir ned antworten?"

„Ich will jetzt einen Anwalt!", sagte der Befragte seelenruhig, hob seinen Kopf und grinste den Keilhofer an.

„Also … wenn's wollen! Kommen's mit, draußen ist ein Verzeichnis mit Pflichtanwälten aus der Umgebung. Da suchen Sie sich einen aus und dann machen wir hier weiter", legte Keilhofer die weitere Vorgehensweise fest. „Aber ich sag' Ihnen gleich, wenn Sie uns anlügen, dann hat das gerichtliche Folgen, davor kann Sie der Anwalt dann auch ned schützen!"

Nach gut einer Stunde war der Anwalt da. Nach einer weiteren halben Stunde, in der der Anwalt und Haderthanner miteinander gesprochen hatten, ging die Befragung weiter. Werner wurde jetzt nicht mehr gebraucht, sollte sich aber im Falle des Falles zur Verfügung stellen.

Also ging Werner in sein Büro und dachte nach. Ihm ging noch immer die Sache mit der Durchsuchung von

Erwin Haderthanners Wohnungs durch den Kopf. So sehr er sich sein Hirn auch zermarterte, er konnte dieses Detail nicht mehr aus seinem Schädel herausholen. Nach einer Weile gab er schließlich auf und dachte daran, dass er heute eigentlich schon im Wochenende sein könnte. Da blitzte in seinem Kopf ein Gedanke auf. Sofort kramte er sein Handy aus der Tasche und wählte Stefans Nummer.

„Hey Stefan, oide Wursthaut! Was treibst'd denn so in deinem wilden Leben?", begrüßte ihn Werner. Als die Pause, die dann eintrat, etwas zu lange dauerte, wunderte sich Werner und wollte wissen: „Was is, Stefan? Bist doch sonst ned so empfindlich!"

Wieder erfolgte eine lange Pause, und dann kam sehr zögerlich die Antwort: „Brauchst dich gar ned über mi lustig machen. Des is a ernste Sach!"

Werner war jetzt sehr verwirrt und auch etwas erschrocken und dachte sich, dass wohl etwas Schreckliches passiert sein musste. „Is leicht wer gstorbn?", erkundigte er sich vorsichtig.

„Naa … Mei, Werner, jetzt tu halt ned a so! Du weißt doch ganz genau von der Moni, was Sache is!", versuchte Stefan seine Situation zu erklären.

Werner verstand jetzt überhaupt nichts mehr. Was hatte die Moni mit dem Stefan zu schaffen? Er dachte kurz nach und langsam kam ihm eine Vermutung. Und als er fragte: „Ah, du hast also was mit der Moni?", war er auf das Schlimmste gefasst.

„Wie kommst denn darauf, des is doch die Deine! Na, die Elvira is es."

Werner wusste nicht genau, wieso, aber ihm fiel vor Erleichterung ein großer Stein vom Herzen. Zugleich war er aber auch wie vor den Kopf gestoßen, denn Stefan, von dem er immer gedacht hatte, dass er – abgesehen von den Diskussionen nach den gelegentlichen Saufgelagen beim Berner Wirt – eine intakte und gute Ehe führte, gab nun ein Verhältnis mit der Elvira, der Notariatsangestellten, zu. Und er, Werner, sollte das von der Moni erfahren haben? Jetzt dämmerte es ihm erst so richtig! Das bedeutete ja, die Moni hatte ihm diese delikate Geschichte bewusst zurückgehalten! So viel zum Thema Freundschaft! Jetzt war Werner aber richtig angefressen! Stefans Verhältnis mit der Elvira ging Werner zwar überhaupt nichts an, trotzdem wollte er etwas richtigstellen: „Stefan, ehrlich, davon hab' ich gar nix gwusst. Die Moni hat mir – Ehrenwort – nix davon erzählt. Aber wenn's eich taugt, dann freu ich mich für eich! Und … übrigens“, Werner räusperte sich kurz, „mit der Moni … da is nix … also … ich mein', zwischen ihr und mir!“

Stefan lachte laut auf und meinte nur: „Des kannst deiner Oma erzählen, haha, des sieht doch a Blinder!“

Werner beschloss, dass er diese Diskussion jetzt nicht fortführen wollte, und kam auf den eigentlichen Grund des Anrufs zurück, nämlich den Sonntagsfrühschoppen. Werner wollte den Stefan erinnern, dass am nächsten Tag um 10:00 Uhr beim Berner-Wirt wieder Frühschoppen war. Zum Schluss versicherten sie sich gegenseitig, dass das Treffen diesmal nicht so exzessiv enden würde wie beim letzten Mal.

Kurz danach kam Keilhofer, gefolgt von Haderthanner, dessen Anwalt und ganz zuletzt von Cindy, wieder aus dem Vernehmungszimmer. Der Anwalt und Haderthanner verließen unverzüglich die Polizeidienststelle. Keilhofer schaute kurz in Werners Büro und gab ihm zu verstehen, dass die nächste War-Room-Time in zehn Minuten stattfinde. Das Gleiche hörte Werner nochmals im Nebenzimmer, dort wo Brucker saß.

Zehn Minuten später saßen alle, die an diesem Samstag auf der Dienststelle Dienst hatten, sogar die Cindy, im War-Room und warteten auf den Leiter der Polizeidienststelle. Als er dann kam, sah man es an seinem Gesicht, dass die weitere Vernehmung – im Beisein des Anwalts – wohl doch nicht so gut verlaufen war.

„Meine Herren“, begann Keilhofer würdevoll, blickte dabei in die Gesichter der Anwesenden und musste feststellen, dass er ja auch die Cindy eingeladen hatte, „und natürlich des Fräulein Cindy“, ergänzte er. „Der Haderthanner is ein ganz ausgefuchster Hund! Der hat alles abgestritten, behauptet das Gegenteil und belastet den Bichler dabei schwer. Er behauptet nämlich, dass der Bichler ihn angesprochen und angeboten hätte, ihm den Schuldschein für 5.000 Euro Provision zu geben. Denn als Erbe von seinem Onkel kann er ja dann den Schuldschein einlösen.“ Alle schauten sich betroffen an. „Zefix no amal, so ein Scheiß, dass des mir passieren muss! Aber eines ist noch zu klären, nämlich, welche Rolle der Hoymeyer dabei spielt. Aber des machen wir dann am Montag, der läuft uns ned davon. Und am Montag ham wir dann auch die Einsicht in das Testament. Jetzt is uns doch der Haderthanner, der Lump, aus den Fingern grutscht!“

„Nur vielleicht in dieser Sache. Was den Mord betrifft, da is der no ned raus!“, warf Werner ein.

Nach diesem Kommentar entließ Keilhofer seine Mitarbeiter an diesem Samstag endlich in den Feierabend.

Am Abend besuchte Werner noch die Moni und konfrontierte sie mit der Geschichte über Stefan und der Elvira. Dabei ließ er sie schon merken, dass er deswegen etwas beleidigt war, und der Moni tat es im Nachhinein sehr leid. Als er dann noch von der Sache Moni-und-Werner-ein-Paar berichtete, tat Moni zwar sehr entsetzt, musste aber innerlich schmunzeln. Als sie dann auch über alle Ermittlungsergebnisse auf dem Laufenden war, berichtete Werner noch über sein Gefühl, ein wichtiges Detail übersehen zu haben. Moni riet ihm, dass er den Gedanken einfach loslassen solle, dann würde die Erinnerung von alleine wieder an die Oberfläche kommen. Werner war sich da nicht so sicher, legte das Thema aber, da ja Wochenende war, tatsächlich zur Seite. Obwohl Moni immer noch ein wenig abgespannt und müde wirkte, schauten sie sich dann noch aus der Mediathek eine verpasste „Tatort"-Folge an, bei der beide wieder um die Wette rätselten, wer denn der Mörder sei. Wie fast immer hatte Moni das richtige Näschen und stellte ihren Triumph auch sehr ostentativ zur Schau. Danach machte sich Werner auf den Heimweg, da er sich ja am nächsten Morgen mit seinen Kumpels treffen wollte – und da gab es kein Zuspätkommen!

24. Werner Huber

Werner stand am Sonntag sehr früh auf und ging sogar noch vor dem Frühstück mit seiner Mutter eine kleine Runde spazieren. Nach dem ausgiebigen, von ihr sehr liebevoll zubereiteten Morgenmahl wollte Werners Mutter gerne mit ihm nach Landshut zu ihrer Schwester fahren. Werner, der seiner Mutter eigentlich nicht leicht etwas abschlagen konnte, versuchte mit Händen und Füßen, sie davon zu überzeugen, dass er seine Freundschaften pflegen musste, da er seine Kumpels ja sonst unter der Woche nie sah, und überhaupt war es ja so, dass er sehr viel arbeitete und dadurch so gut wie keine sozialen Kontakte hatte. Sie einigten sich schließlich auf den Kompromiss, dass er seine Mutter nach Landshut fahren und sie abends wieder abholen würde, was aber bedeutete, dass er – auf den Tag verteilt und mit einer guten „Grundlage" – maximal drei bis vier Bier trinken durfte. Auch okay.

Werner mochte seine Mutter sehr, er wollte ihr stets ihre Wünsche erfüllen. Es passierte sogar ab und zu, dass er seiner Mutter ohne jeglichen Anlass einen Strauß Blumen mitbrachte. Sie freute sich immer sehr darüber – auch wenn sie dann immer durchblicken ließ, dass es schön wäre, wenn er doch einer Angebeteten solch eine Freude bereiten würde. Daraufhin meinte Werner charmant, seine Angebetete sei sie. Die Mutter war dann immer so gerührt, dass sie eine Träne wegblinzeln musste.

Werner machte sich über Frauen so gut wie keine Gedanken. Wenn ihm „danach" war, besuchte er eine alte Bekannte in Tüssling, sie wohnte circa zehn Kilometer von Mühldorf entfernt. Dort verbrachte er in unregelmäßigen

Abständen mal eine Nacht. Aber das war für beide okay, es gab keine Verpflichtungen und keiner wollte mehr. Werner machte sich zwar schon Gedanken über eine eigene Familie, aber als Ersatz für Kinder gab es ja den Tom und die Lisa. Beide konnte er sehr gut leiden und sie hatten schon viele abenteuerliche Dinge miteinander erlebt. Von manchen durfte ihre Mutter nicht erfahren, sonst würde sie ihm die Hölle heiß machen. So wie er zum Beispiel im Sommer mit ihnen entlang des Innkanals eine Radtour nach Kraiburg gemacht hatte und Tom so nahe am Ufer gefahren war, dass er die Betonbefestigung hinuntergerutscht und samt Fahrrad im Innkanal gelandet war. Es war ein heißer Tag, eine Erkältung hätte er sich nicht einfangen können, aber der Innkanal war begradigt und hatte auch im Sommer immer eine starke Strömung. So musste er ebenfalls reinspringen und sich den Jungen samt Fahrrad schnappen, um ihn dann wieder heil ans Ufer zu bringen. Die Klamotten konnten auf dem Heimweg trocknen und – Indianerehrenwort – Moni hatte davon nichts erfahren ...

Obwohl Werner sehr früh aufgestanden war, war es bereits sieben Minuten nach zehn, als er von Landshut zurückkam. So spät war er noch nie zum Stammtisch gekommen, und das wollte was heißen. Der Martl begrüßte ihn gleich mit einem „Hey, sind wir ned ausm Bett gekommen?“ und Hias fragte: „Welche Schwalbe hat dich denn so lange aufghalten?“ Dabei lachten die beiden so verschmitzt und hatten auch schon etwas Farbe im Gesicht, dass es den Anschein hatte, dass sie schon vorher über dieses Thema gesprochen hatten. Werner winkte nur ab, ohne darauf einzugehen. Stefan wirkte da schon in sich gekehrter und gab durch seinen abwehrenden Blick zu erkennen, dass er sich nicht an dieser Diskussion beteiligt hatte. Als sich Werner dann zu ihnen gesellt hatte und das erste Bier vor ihm stand, war die Welt für ihn wieder in Ordnung. Stefan zog ihn nur kurz zur Seite und bat ihn leise, das mit der Elvira nicht weiterzuerzählen. Werner nickte, und die heitere Stimmung, die so ein Stammtisch mit sich bringt, flammte wieder auf. Es gab viel zu lachen und auch viel zu erzählen. Die Festnahme vom Bichler war am Stammtisch natürlich ein großes Thema und, wie er erfuhr, das Stadtthema schlechthin. Wie immer in solchen Fällen versuchten die Stammtischfreunde, von Werner auch noch Hintergründe zu erfahren. Aber auch da blieb alles beim Alten und Werner gab nicht mehr preis, als die Öffentlichkeit nicht schon wusste. Aus ermittlungstaktischen Gründen, wie er gerne betonte. Nach dem dritten Bier und den bereits verzehrten Weißwürsten kam dann das Gespräch auf den Tobias, dem Sohn vom Martl. Martl behauptete, der Tobias sei ein ausgefuchster Computerfreak. Er hatte zuhause das Passwort für die Kindersicherung des WLAN-Gerätes geknackt, um dann nachts an Online-Spielen teilzunehmen. Aufgekommen war alles, als ihn bei so einer Aktion die Müdigkeit übermannt hatte und ihn seine Mutter beim morgendlichen Wecken schlafend, mit dem Kopf auf der Tastatur, vorgefunden hatte. Alle lachten herzlich. Werner lachte zwar mit, wurde aber dann sehr nachdenklich. Er grübelte und grübelte. Plötzlich sprang er auf und verkündete: „Passwörter! Jawohl, das ist es!“, und jubelte nur so.

„Is ja gut, des haben wir doch gerade gsagt!“, meinte Martl noch, doch Werner warf dem Berner-Wirt mit einem

„Passt scho!“ einen Zwanzig-Euro-Schein auf die Theke, verabschiedete sich knapp von seinen ungläubig dreinschauenden Kumpels und machte sich auf den Weg. Im Auto zog er sein Handy heraus und wählte Monis Nummer. Nach ein paar Freizeichen meldete sie sich: „Hallo, mein Schatz!“, was ihn erst einmal irritierte. Als von Werner keine Reaktion kam, fing sie lauthals zu lachen an und erklärte ihm, dass sie ihn – in Anspielung auf ihr von Stefan unterstelltes Verhältnis – nur ein bisschen necken wollte. Da war Werner aber erleichtert! Moni fragte ihn, ob er denn Zeit hätte, auf einen Kaffee vorbeizuschauen. Werner willigte sofort ein und erzählte ihr, dass ihm das gesuchte wichtige Detail im Fall Haderthanner beim Stammtisch wieder eingefallen sei ...

Tom und Lisa begrüßten Werner so, als ob er zur Familie gehören würde. Sie erzählten ihm von der vergangenen Woche, in der sie so viel Schönes erlebt hatten: mit Oma und Opa beim Schwammerlsuchen, mit Mama im Schwimmbad und mit Tante Lotti beim Dampfnudelessen. Werner war gerührt und erstaunt, wie erlebnisreich und aufregend sich diese Dinge für die Kinder anfühlten. Wenn sie nur wüssten, was sich hinsichtlich des Mordfalles bei ihm und ihrer Mutter erst alles getan hatte, dann würden sie wahrlich staunen! Aber die Moni hatte den Kindern – und ihren Eltern – nur erzählt, dass sie ausgerutscht sei und sich dabei an der Stirn verletzt habe. In der Presse wurde nur kurz über einen Einbruchdiebstahl mit Körperverletzung berichtet. Aber durch die bewusst knapp gehaltene Polizeiinformation hatten ihre Eltern keine Verbindung zu der Verletzung ihrer Tochter hergestellt.

An Monis Gesicht konnte Werner erkennen, dass sie schon sehr gespannt war, also legte er nach dem Kaffee – die Kinder hatten zu Omas selbst gebackenen, leckeren Apfelkuchen Kaba getrunken – gleich los: „Ich hab' dir doch erzählt, dass ich verzweifelt nach einem Detail gesucht hab' und des verflixt nochmal ned gfunden hab'. Heute beim Stammtisch war es plötzlich da! Der Martl hat da von seinem Sohn erzählt, dass der das Passwort der Kindersicherung im WLAN geknackt hat, und da hat's bei mir auch geknackt!" Werner war ganz aufgeregt und musste aufpassen, dass er vor lauter Details die Moni nicht verwirrte.

„Ja, was is also des Detail?" Moni schaute ihn fragend an.

„Auf dem Schreibtisch vom Haderthanner is ein Zettel gelegen mit lauter so komischen Buchstabenkombinationen. Ich hab' den Zettel der Spusi mitgegeben."

„Seit wann hast du a Gspusi, sag' amal?", fragte Moni ein bisschen eifersüchtig.

Werner konnte sich Monis Reaktion nicht gleich erklären, dachte kurz nach und lachte dann. „Naa, Spusi ist in Polizeikreisen die Abkürzung von Spurensicherung, *der* hab' ich den Zettel mitgegeben", erklärte Werner.

Moni lachte jetzt auch. „Mei, bin ich ein Depp, natürlich kenn ich den Begriff!" Sie überlegte kurz. „Ja und jetzt?"

„Ich hab' den Zettel natürlich vorher mit meinem Handy abfotografiert. Jetzt müssen wir nur noch wissen, für was die Passwörter sind. Ich hab' da so ein Gefühl, dass wir da im Jackpot rühren!", ereiferte sich Werner. Er nahm sein Handy und zeigte Moni das Foto von dem Zettel. Mit der ersten Kombination konnte sie nichts anfangen, aber bei der zweiten hatte sie so eine Ahnung. Und sie stimmte Werner zu, dass dieses Indiz auf jeden Fall ein wichtiges Detail sei, das bei der Ermittlung weiterhelfen könnte. Sie bat Werner, ihr das Foto auf ihr Handy zu senden, und meinte, dass sie heute Abend etwas ausprobieren möchte.

Werner war zunächst einmal zufrieden und wusste, dass die Information bei Moni gut aufgehoben war, da sie in Sachen Computer auf Zack war, viel mehr als er selbst. Als sein Handy klingelte und auf dem Display eine Nummer mit Landshuter Vorwahl erschien, machte sich das schlechte Gewissen bei ihm breit. Moni beobachtete, wie Werner das Gespräch annahm, etwas von „schon unterwegs“ und „Umleitung gefahren“ ins Handy stotterte und dann, nachdem er aufgelegt hatte, etwas zerknirscht dreinschaute. Werner klärte Moni nur noch kurz auf, was es mit dem Telefonat auf sich hatte, und machte sich dann auf den Weg nach Landshut, um seine Mutter von ihrer Schwester abzuholen.

25. Wilhelm Hoymeyer

Am Montagmorgen waren alle bis auf Keilhofer in der Polizeidienststelle. Trotzdem, oder besser gesagt deswegen herrschte eine Hektik in der Polizeidienststelle, wie sie Werner selten erlebt hatte. Die Staatsanwaltschaft rief mehrfach an und verlangte nach dem Keilhofer, und die Cindy musste sie vertrösten. Die Spurensicherung aus München wollte den verantwortlichen Ermittler, in dem Fall eben auch den Keilhofer, sprechen. Der Untersuchungsrichter rief an und wollte wissen, wie lange der Bichler in der Haftanstalt bleiben sollte, und dann kam auch noch eine Beschwerde über die Polizeidirektion München herein, in der Haderthanners Anwalt beanstandete, dass sein Mandant ohne Haftbefehl und gegen seinen Willen zu einer Befragung aus dem Hotel abgeführt worden war.

Kurz, die Erde bebte.

Keilhofer aber hatte sich mit heiserer, kaum vernehmbarer Stimme gleich morgens bei der Cindy krankgemeldet und darauf verwiesen, dass ja der Huber wisse, was zu tun sei.

„Der Huber weiß gar nix, *so* ist es“, schimpfte Werner vor sich hin. Er hatte von all dem Stress die Nase voll. Also schnappte er sich den Brucker und fuhr mit ihm zur Buchhandlung Hoymeyer. Denn auch der Hoymeyer war in dem Konglomerat Bichler und Haderthanner verwickelt, so viel stand fest. Welche Rolle er dabei genau hatte, das galt es herauszufinden.

Werner wusste, dass Hoymeyer in der Buchhandlung sein musste, weil ja die Moni noch krankgeschrieben war.

Als Werner mit Brucker den Laden betrat, staunte er nicht schlecht, denn Hoymeyer stand an der Kasse und daneben sortierte keine andere als Moni, die ihnen etwas verhalten zuwinkte, Neuerscheinungen in die Regale ein. Werner war so sauer, dass er die Moni am liebsten an Ort und Stelle zur Rede gestellt hätte. In letzter Sekunde besann er sich dann doch eines Besseren, bestrafte sie aber mit Missachtung und tat so, als hätte er sie gar nicht gesehen. Er marschierte zur Kasse und bat den Hoymeyer um eine kurze Unterredung, weil er ein paar Fragen an ihn hätte.

Hoymeyer, sichtlich verunsichert, schaute sich im Laden um, und da kein Kunde im Verkaufsraum war, atmete er erleichtert auf. Er wandte sich an Moni und bat sie, kurz die Kasse und die Kunden zu übernehmen, wenn welche kommen sollten.

Moni versuchte erneut, den Augenkontakt zu Werner zu herzustellen. Vergeblich. Als Werner und Brucker mit Hoymeyer dann in die Kaffeeküche gingen, denn dort wollte Hoymeyer sich den Fragen der beiden Polizisten stellen, ging Moni Werner nach und fasste ihn am Arm. „Was is los mit dir?“, wollte sie wissen.

„Mit mir nix, aber mit einer, die zu Hause sein und sich auskurieren sollte, is was nicht in Ordnung!“, blaffte er.

Moni überdrehte genervt die Augen, zuckte die Schultern und wandte sich kopfschüttelnd ab.

In der kleinen Kaffeeküche setzten sich die drei um ein rundes Tischchen und Hoymeyer begann das Gespräch: „So, meine Herren! Womit kann ich dienen?“ Dabei fiel ihm die Strähne, die eigentlich seine ausgeprägte Glatze bedecken sollte, in die Stirn. Mit zwei Fingern verfrachtete er die Haarsträhne geschickt an die Stelle, wo sie wieder ihre Deckdienste verrichtete.

Diesmal nahm Werner das Zepter in die Hand und stellte die erste Frage: „Herr Hoymeyer, Sie haben auf den Namen Erwin Haderthanner einen Schuldschein ausstellen lassen, richtig?"

Hoymeyer erblasste und seine Augen gingen von Werner zu Brucker und zurück. „Was … was … woher wissen Sie davon?", stotterte Hoymeyer sehr verunsichert.

„Das tut nichts zur Sache. Ist es so, dass Sie diesen Schuldschein ausgestellt haben und ihn bei Krinner notariell haben beglaubigen lassen?

Hoymeyer sah ein, dass Leugnen nichts bringen würde und nickte heftig. „Ja, so is es. Aber jetzt ist er weg!"

„Wie meinen's das?"

„Nachdem ich dem Haderthanner die Summe von 30.000 Euro – so hoch war der Schuldschein ausgestellt – bar zurückgezahlt habe, hat er mir den Schuldschein, nachdem er ihn vom Notar geholt hatte, wieder zurückgegeben." Hoymeyer blickte betroffen zu Boden, und schon fast weinerlich fuhr er fort: „Ich hab' den Schuldschein dann in den Tresor glegt … und am nächsten Tag war er fort und ist bis heute nicht mehr aufgetaucht."

Werner konnte nun den Kreis schließen und er ahnte, was mit diesem Schuldschein passiert sein musste. Aber erst wollte er noch weitere Details wissen. „Wie kann es sein, dass aus einem verschlossenen Tresor Sachen verschwinden? Wer hat denn alles Zugang zum Tresor?"

„Ja, im Prinzip nur ich und die Frau Beck, aber für die leg' ich meine Hände ins Feuer."

In dieser Angelegenheit schon, aber ansonsten nie und nimmer, dachte sich Werner insgeheim.

„Wissen's", fuhr Hoymeyer fort, „als ich die Summe zurückbezahlen konnte – und das war nicht leicht für mich, denn der Haderthanner hat die Summe urplötzlich zurückhaben wollen –, war ich so richtig erleichtert. Dann bin ich zum *Getreidekeller* rüber und hab' das gefeiert. Leider mit ein wenig zu viel des guten Tropfens. Ganz ehrlich, ich weiß ned, wie ich heimkommen bin, ich weiß nur, dass mich die Frau Beck – oh Gott, war des peinlich! – in der Früh noch sturzbesoffen hier in diesem Raum vorgfunden hat." Hoymeyer vergrub das Gesicht in seinen Händen und schluchzte herzzerreißend.

„Herr Hoymeyer", versuchte Werner den Buchhändler wieder in die Spur zu bekommen, „haben Sie im *Getreidekeller* mit jemandem über den Schuldschein gesprochen und vielleicht sogar erzählt, dass Sie ihn im Tresor aufbewahrt haben?"

Hoymeyer schüttelte erst den Kopf, hielt aber dann kurz inne. „Aber ja, ich bin ja am Tresen gsessen und hab' mich mit dem Bichler unterhalten. Der is ja sonst ganz verschlossen, aber da hat er sich richtig lang mit mir unterhalten. Er selbst hat mir dann gsagt, dass er den Schuldschein vom Notar abgholt und ihn dem Haderthanner gebracht hat. Ich wollte den Schein ja vernichten, aber der Bichler meinte, dass man den aufheben sollte, wegen der Beweislast! Und so haben wir schon das eine oder andere Wort über den Schuldschein verloren. Aber so genau weiß ich das dann auch wieder ned, weil ich stockbsoffen war."

„Also, Herr Hoymeyer, so viel kann ich Ihnen schon sagen, der Schuldschein ist inzwischen wieder aufgetaucht.

Näheres dazu kann ich Ihnen aber noch nicht mitteilen.“ Damit löste sich Hoymeyers Anspannung. Er seufzte erleichtert auf und Werner konnte sogar eine kleine Freudenträne auf seiner Wange ausmachen, die der Hoymeyer mit seinem Ärmel sofort wegwischte.

Nachdem Werner und Brucker den Buchladen verlassen hatten – auch beim Hinausgehen würdigte Werner Moni keines Blickes – war für Werner klar, wie der Schuldschein wieder in Bichlers Hände gelangt war. Aber das wollte er von Bichler persönlich erfahren. Werner übernahm nun das Kommando, ließ sich von dem erstaunten Brucker bis zur Polizeidienststelle fahren und schickte ihn anschließend in die JVA Mühldorf, damit er den Bichler nochmals über die sonderbare Rückkehr des Schuldscheines befragte.

Werner fand das Chaos und die Hektik in der Dienststelle um eine weitere Potenz angereichert vor. Cindy war schon schier am Verzweifeln, weil die Anrufe und Nachfragen kein Ende nahmen. Nun wollten der Landrat und auch schon die Presse wissen, in welchem Zusammenhang die aktuelle Festnahme mit dem Mordfall stand. Sogar der Polizeipräsident aus München hatte nach dem Stand der Ermittlungen gefragt. Oh je, wie komme ich da heute raus, dachte sich Werner und nahm sich vor, alles nacheinander abzuarbeiten. Zuerst wollte er den Landrat anrufen. Den kannte er persönlich, da war die Hemmschwelle nicht allzu groß. Nachdem er diesen mit den notwendigen Informationen versorgt hatte, rief er den Polizeipräsidenten an. Der war nicht ganz so einfach zufriedenzustellen. Dessen Fragen waren schon sehr detailliert, und auch der Hinweis, dass die „Festnahme“ von Benno Haderthanner ein Nachspiel haben würde, trug nicht sonderlich zur Hebung von

Werners Stimmung bei. Die Presse, die konnte warten. Eine Pressekonferenz ohne Keilhofer wäre dasselbe wie eine Beerdigung ohne Leiche. Als Nächstes waren die Kollegen von der Spusi dran. Bevor er die jedoch kontaktierte, bat er Cindy, sie möge doch die Kopie von Haderthanners Testament holen, da die richterliche Verfügung bereits vorlag. Die Herren von der Spurensicherung waren schon sehr eingebildet. Einer sprach von URLs, Hyperlinks und Dating-Seiten und lauter solchen Schmarrn, den er nicht richtig zuordnen konnte. Auf alle Fälle wollten sie ihm den „Brauserverlauf“ schicken. Ob die ihn womöglich mit einem Sanitärfachhandel verwechselten? Jetzt blieb nur noch der Untersuchungsrichter übrig. Den vertröstete er auf das Ergebnis der neuerlichen Befragung. Auf den Hinweis, dass man den Bichler nicht ohne triftigen Grund länger als vier Tage festhalten konnte, ging Werner erst einmal gar nicht ein.

Werner verspürte richtigen Stolz in seiner Brust, weil es ihm so gut gelang, den Riesenberg Arbeit Stück für Stück abzuarbeiten und somit das Chaos zu verkleinern. Mittlerweile war der Arbeitstag auch fast schon herum. Cindy kam gerade vom Notariat zurück und hatte einen verschlossenen Umschlag dabei. Werner war nun ganz besonders gespannt auf den Inhalt des Dokuments.

„Die Frau Weiher hat zu mir ausdrücklich gsagt, dass der Inhalt äußerst vertraulich zu behandeln is. Die Testamentseröffnung ist erst in zwei Wochen. Und übrigens, fast hätt’ ich des vergessn, die Pathologie hat angrufen, die Leich’ vom Haderthanner is freigegeben und die Beerdigung wird voraussichtlich am Freitag sein“, informierte ihn die Cindy noch, bevor sie ihre Sachen zusammenpackte, sich verabschiedete und in den wohlverdienten Feierabend ging.

„Servus Cindy, bis Morgen“, rief ihr Werner noch nach. Vor ihm lag nun der Umschlag vom Notariat Dr. Linus Krinner. Lange betrachtete Werner das große Kuvert. Was stand im Dokument drin? War es der Schlüssel für die Aufklärung des Mordfalls?

Langsam nahm Werner einen Brieföffner und schob ihn in die Ecke, in der die Laschen des Umschlags zusammengeklebt waren. Mit einem leichten Zug riss er den Umschlag auf, nahm das mehrseitige Dokument heraus und entfaltete es.

Sehr aufmerksam las er Zeile für Zeile, Seite für Seite und legte dann die zusammengehefteten Blätter mit der Schriftseite nach unten zur Seite. Er knabberte nachdenklich auf seinem Kugelschreiber herum, als ob er das Gelesene erst verarbeiten müsste, und blies dann mit einem Pfeifen sein Erstaunen in die Luft. Wow, wer hätte das gedacht!, ging es ihm durch den Kopf. Da wurde er plötzlich durch das Hereinpoltern vom Brucker aus seiner nachdenklichen Ruhe gerissen. Der war ganz aus dem Häuschen und wollte unbedingt loswerden, was er bei Bichlers Vernehmung herausgefunden hatte. Also forderte Werner seinen Kollegen auf sich hinzusetzen und war dann ganz Ohr für seine Ausführungen.

„Des war ein harter Brocken, Huber, des kannst’ mir glauben!“, begann Brucker seinen Bericht. „Der Bichler hat sich gesträubt wie ein in die Enge getriebenes Tier. Wollt’ zuerst alles abstreiten. Als ich ihn dann mit der Aussage vom Hoymeyer konfrontiert hab und damit, dass wir wissen, dass der Schuldschein bereits im Tresor vom Buchladen war, hab' ich ihm die Wahl gelassen, entweder mit der Wahrheit rauszurücken oder die Anklage wegen Einbruchs und vorsätzlicher gefährlicher Körperverletzung um Mord zu erweitern. Was bedeutet hätte, dass er bis zur Verhandlung in Untersuchungshaft bleiben müsste. Da hat er dann zugegeben, dass er den Hoymeyer mit Alkohol abgefüllt hat und ihm bis zu seinem Buchladen hinterhergeschlichen is. Dort hat er gewartet, bis der Hoymeyer tief eingschlafn is, und dann hat er den Tresorschlüssel gnommen und den Schuldschein da rausgholt."

„Gut gemacht, Brucker", lobte Werner seinen Kollegen und fühlte sich dabei wie ein Dienststellenleiter.

„Aber de Sach' mit dem Haderthanner Benno", gab Brucker zu bedenken, „du woaßt scho, dass der ihm fünftausend Euro angeboten hat, dafür, dass er seine Vorstrafe verschweigt? Davon rückt der Bichler ned ab. Des hat der sogar hoch und heilig gschworen."

„Auf einen Schwur von einem Verbrecher geb' ich normalerweise nix, aber in dem Fall glaub' ich dem Bichler sogar", meinte Werner dazu. Damit erhob er sich, nahm das Testament, legte es in seine Schublade und ging zum Schrank, um seine Jacke, den Schal und seine Pudelmütze herauszuholen. Die Temperaturen hatten letzte Nacht erstmals den Gefrierpunkt erreicht, und da wollte sich Werner nicht auch noch eine Erkältung zuziehen, so wie der Keilhofer. Brucker tat es ihm gleich und die beiden verließen als Letzte die Polizeidienststelle.

Als Werner zu Hause angekommen war, dauerte es nicht lange und das Telefon klingelte. Wer anders konnte es sein als die Moni! Werner überlegte einen Augenblick, ob er das Gespräch überhaupt annehmen soll. Aber der Groll, den er auf Moni gehabt hatte, hatte sich im Laufe des Nachmittags wieder weitgehend gelegt. „Ja!“, meldete er sich bewusst kurz angebunden, um dann eine Weile nur das leise Atmen auf der anderen Seite zu hören. Nach ein paar weiteren Sekunden hörte er Moni sagen: „Du, Werner, ich weiß, dass du sauer bist, aber ich kann einfach ned daheimbleiben und dahingrübeln. Arbeit ist für mich die beste Medizin. Und ich fühl’ mich eh schon sehr viel besser als die Tage.“

Werner wartete noch etwas und meinte dann: „Is eh dei Sach’ und Verantwortung! Ich hoffe, du gehst mit deiner Gsundheit besser um als mit deinem Auto!“ Das war eine Anspielung auf den „Saustall“ in ihrem Fahrzeug, den er so nannte, wenn er einstieg, was er aus eben diesem Grund sehr selten tat.

Monis Erleichterung war, obwohl sie darauf nicht weiter einging, deutlich zu spüren. Dann bat sie Werner – wenn es ihm so spät noch möglich war – vorbeizukommen, da sie etwas entdeckt hatte, was für den weiteren Verlauf der Ermittlungen wichtig werden könnte.

Werners Tag war mehr als anstrengend gewesen und er wusste auch, dass Moni seine Gesellschaft nicht ganz uneigennützig suchte, da sie sehr darauf erpicht war, die Neuigkeiten zu erfahren. Vor allem wusste sie, dass heute die richterliche Verfügung zur Testamentseinsicht vorgelegt worden war und damit ein weiterer Schlüssel zur Aufklärung des Mordes zur Verfügung stand. Dennoch setzte er sich ins Auto und fuhr zu ihr.

Ein Bier von der hiesigen Brauerei – ganz nach seinem Geschmack – stand schon geöffnet auf dem Wohnzimmertisch. Werner setzte sich auf die Couch, die schon wieder mit neuen Bröseln übersät war, und Moni setzte sich zu ihm. Nun gab es erst einmal viel zu erzählen und Werner teilte Moni alles mit, was heute geschehen war und was er erlebt hatte: von der Abwesenheit Keilhofers, der Vernehmung Hoymeyers, den verschiedenen Telefonaten und schließlich auch von Bichlers Geständnis. Er erzählte ihr alles – bis auf den Inhalt des Testaments. Den verschwieg er ihr bewusst.

Moni hörte geduldig zu und unterbrach ihn kein einziges Mal. Erst nachdem Werner seine Ausführungen beendet hatte, fiel ihm das auf. „Was is los, Moni, du hast doch sonst immer etwas zu dem zu sagen, was ich dir erzähle?“, sagte Werner verwundert.

Moni blickte eine Weile nachdenklich aus dem Fenster in die schwarze Nacht. „Das, was du mir eben alles berichtet hast, das macht den Bichler zum Hauptverdächtigen, ist dir des klar?“, brach nun Moni ihr Schweigen.

Werner fuhr sich mit der Hand übers Kinn und nickte zustimmend. „Stimmt, das ist die logische Folge, wenn man nur die Fakten sieht“, hörte er sich sagen. „Ich bin mir da aber noch nicht ganz sicher; denn auch der Haderthanner spielt da eine Rolle, und ein Nutznießer wäre er auch, wenn man die Erbfolge betrachtet!“

„Ja *wenn* … Aber es gibt ein Testament, und den Inhalt kennst du bereits, nicht wahr du Schuft!“ Moni grinste Werner an und warf sich auf ihn, um ihn zwischen den Rippen zu kitzeln. So balgten sie eine Weile herum, bis Moni die Luft ausging und sich dadurch zeigte, dass sie doch noch nicht wieder die Alte war.

Werner richtete sich auf und schob sich sein Hemd wieder in die Hose, das bei der kleinen Rauferei herausgerutscht war. So hatten sie sich schon früher oft geneckt.

„Also, was is mit dem Testament?", fragte Moni, nun wieder mit ernster Miene.

„Ja, da war ich auch erstaunt. Also", Werner wartete ein bisschen, bevor er weitersprach, um die Spannung zu erhöhen, „*alle* seine Immobilien – und die Aufzählung geht über zwei ganze Seiten – gehen an eine Stiftung! Aber die Erlöse aus dieser Stiftung sollen zu einem nicht unwesentlichen Teil der Millstetterin zugutekommen. Nach deren Ableben werden die Erlöse für den Bau und die Pflege von Brunnen und Bewässerungsanlagen in Äthiopien verwendet."

„Hm. Edel, edel!", kommentierte Moni.

„Sein Barvermögen ist so gut wie verbraucht oder weg, lediglich zwei Sparbücher mit jeweils knapp zweitausend Euro Guthaben, ausreichend für die Beerdigung, sind noch da. Und Benno Haderthanner ist explizit aus dem Erbe ausgeschlossen."

Moni saß da und staunte, Werner blickte auf die weiße Wand gegenüber und ließ sich den Inhalt der Verfügung – wie schon die ganze Zeit – immer wieder durch den Kopf gehen.

„Recht geschieht ihm, dem Schmarotzer!", durchbrach Moni die Stille.

Werner wandte sich nun an Moni: „Und du? Was hast du so Wichtiges herausgfunden?"

Moni riss es förmlich aus ihrer Bewegungslosigkeit und sie offenbarte ihm nun ihre Ergebnisse: „Weißt du, gestern Abend hab' ich mich hingsetzt und dein Foto beziehungsweise das, was es an Informationen hergab, analysiert. Beim zweiten Begriff war mir schnell klar, dass das ein Passwort sein muss: ERHA0558."

„Wie kommst du da drauf?", wollte Werner wissen.

„Ganz einfach: Viele Leute verwurschteln die Anfangsbuchstaben ihres Namens und das Geburtsdatum zu einem Passwort. Jetzt pass auf: ER für Erwin und HA für Haderthanner. Der Rest ist genauso einfach: 05 für den Geburtsmonat Mai und 58 für sein Geburtsjahr. Nur, wohin des passen soll, des hab' i ned sofort gwusst. Der zweite Teil war schon schwieriger zu entschlüsseln: Yolanda#66. Da hab' ich mich an meinen Computer gsetzt und die so gängigen Partnerbörsen angschaut. Und siehe da, auf dem Portal *PremiumPartner* bin ich fündig geworden. Da gibt es ein Profil, das heißt Yolanda#66. Und das dürfte kein Zufall sein."

Werner saß mit vor Staunen herunterhängender Kinnlade da und konnte zunächst nichts sagen. „Wow, du bist ja der Hammer! Was du alles weißt!", brachte er schließlich heraus. „Ja, und was is mit dem anderen, mit dem Passwort?"

„Des wird wohl des Passwort vom Haderthanner für das Profil in der Singelbörse sein", antwortete Moni stolz.

Werner runzelte die Stirn, überlegte eine Weile und fragte sie dann: "Du, Moni, woher weißt du denn so gut Bescheid über solche Partnerportale?"

„Mei …", kam es ein wenig verlegen von Moni, „sowas … sowas weiß man halt als Frau von Welt!" Dabei nestelte sie nervös an einem Faden ihrer Couchdecke.

Werner fiel ihre Verlegenheit sehr wohl auf, aber er ging darauf nicht weiter ein. Er war auch mit den Schlussfolgerungen noch nicht ganz zufrieden, ahnte aber, dass hinter dem, was Moni herausgefunden hatte, eine ganze Menge mehr stecken musste. „Du Moni“, wechselte Werner das Thema, „was anderes: Kennst du dich aus mit URLs und Brauserverlauf und so a Zeugs?“

„Wieso fragst?“

„Ja genau, des hab ich ganz vergessn zu sagn: Die Spurensicherung hat gmeint, dass sie auf Haderthanners Computer sowas gfundn habn, de schickn mir morgen eine pff-Datei oder sowas“, antwortete Werner.

„Du meinst wohl a pdf-Datei. Wennsd’ de hast, dann schick sie mir, dann kann ich auswerten, auf welchen Portalen er war und mit welchem Account er da reingangen is. Vielleicht bringt uns des weiter.“

Die beiden hatten nun die wesentlichen Dinge ausgetauscht und waren todmüde. Also verabschiedete sich Werner und fuhr nach Hause.

26. Ramona Pfitzner

Moni hatte, obwohl sie wirklich sehr, sehr müde war, entgegen ihrer Behauptung, sofort ins Bett zu gehen, doch noch ihren Computer hochgefahren und weiter auf den Partnerportalen gestöbert. Sie war sehr erleichtert, dass Werner aufgrund seiner Unkenntnis solcher Kennenlernmöglichkeiten – was sie sehr süß an ihm fand – nicht wusste, dass man sich dort auch „nur umschauen" konnte, wenn man selbst ein Profil hatte. Diese Peinlichkeit war ihr Gott sei Dank erspart geblieben. Sie hatte noch in zwei anderen Portalen, in dem sie sich ebenfalls angemeldet hatte, gesucht, aber die Yolanda#66 war dort nicht zu finden gewesen. Was sie aber jetzt dort in den jeweiligen Mailboxen fand, waren jede Menge Nachrichten für sie, die sie natürlich sofort lesen musste. Ein Absender war sogar gerade online, sodass sie mit dem auch noch eine ganze Weile chattete und so bis nach Mitternacht am PC saß. Als sie dann endlich zu Bett ging, bekam sie gewaltige Kopfschmerzen, die ihren Schlaf nochmals um mehr als eine Stunde verzögerten. Erst nachdem sie eine Kopfschmerztablette genommen hatte, konnte sie einschlafen.

Am nächsten Morgen war Moni, nachdem die Kinder in die Schule gegangen waren, noch so gerädert, dass sie ihren Chef anrief und ihm mitteilte, dass sie am Vormittag noch nicht zur Arbeit kommen könne, sondern ausnahmsweise erst am Nachmittag. Seitdem Hoymeyer wusste, dass der Schuldschein wieder aufgetaucht war, war er wie ausgewechselt. „Selbstverständlich, Frau Beck, ist das möglich!", flötete er ins Telefon.

Moni legte sich noch eine Stunde hin. Nachdem sie sich ausgeruht, geduscht und gefrühstückt hatte, stieg sie in ihren Seat Ibiza, stellte ihre Handtasche auf ein liegen gebliebenes lila glänzendes Milka-Schokoladenpapier auf dem Beifahrersitz und kurbelte dann so lange am Anlasser, bis der Motor endlich – von Fehlzündungen begleitet – holprig ansprang. Sie wollte noch kurz bei Haderthanners Modeladen vorbeischauen und ihren sehr raffinierten Rock, den sie etwas weiter hatte machen lassen, abholen. Als sie nach vielen vergeblichen Versuchen, einen Parkplatz am Stadtplatz von Mühldorf zu finden, dann doch in den Stadtwall fuhr, war es schon Viertel nach elf. Moni hastete die Stufen zur Bräugasse hoch und passierte mit einem mulmigen Gefühl die Stelle, an welcher der Haderthanner tot dagelegen hatte. Nachdem sie den Stadtplatz erreicht hatte, atmete sie erleichtert auf. Vor dem *Getreidekeller* – der Eingang zum Modeladen Haderthanner befand sich genau über dem Kellerlokal – traf sie dann auch noch den Haigermoser Bert, der gerade seine Wirtschaft aufsperren wollte. Ein kurzer Small Talk war also unausweichlich. Zehn Minuten später öffnete sie dann – begleitet von einem melodischen Dreiklang – endlich die Ladentür und ging – dem purpurfarbenen Teppich folgend – geradewegs zur Kasse. Dahinter befand sich ein kleiner Raum, der mit einem grauen Vorhang vom Verkaufsraum abgetrennt war. Ein eifriges Klappern deutete darauf hin, dass die einzige Angestellte, Ramona Pfitzner, wahrscheinlich am Bildschirm arbeitete. „Einen Moment, bitte!", klang es wie eine Entschuldigung aus dem Kämmerchen. Da der Vorhang nicht ganz zugezogen war, konnte Moni einen kurzen Blick auf den Bildschirm erhaschen. Aha, dachte sie sich, schau an, schau an, auch die Pfitznerin tummelte sich auf so einer Singlebörse! Auf den zweiten Blick sah sie dann auch an den Farben und dem Webdesign, welches Portal sie benutzte, nämlich *PremiumPartner*. Moni schmunzelte und fragte sich, ob der alte Haderthanner gewusst hatte, was seine Angestellte während der Arbeitszeit so trieb. Sie nahm sich vor, abends mal zu stöbern und herauszufinden, welches Profil die Pfitznerin da reingestellt hatte.

Mit einem „Ja, bitte?“ wandte sich die Ramona – nachdem sie sich von der Seite abgemeldet hatte – endlich an die Besucherin und sah zum ersten Mal auf. „Ah, die Moni! Willst den auf … *deine* Figur angepassten Rock abholen?“

Allein schon für diesen Kommentar hätte sie der Pfitznerin eine runterhauen können. Aber sie konterte nur souverän: „Wenn du dafür schon Zeit ghabt hast, bei den *wichtigen* Dingen, die du sonst no zu tun hast: ja!“

Das saß. Ramona errötete.

Moni triumphierte innerlich, ließ sich das aber nicht anmerken. Sie ließ sich den Rock geben und verschwand damit in eine Umkleidekabine. Nach ein paar Minuten kam sie dann wieder heraus und legte ihn auf die Theke. „Jetzt passt er auch für *meine* Figur, liebe Ramona, jetzt kannst ihn einpacken. Gezahlt hab’ ich ihn schon beim letzten Mal, inklusive der Änderung.“

Ramona Pfitzner sah kurz in ihrer Ablage nach und bestätigte dies mit einem Nicken. Mit ein paar Handgriffen war der Rock in eine Plastiktüte eingepackt und Moni konnte mit einem harschen Gruß den Laden wieder verlassen.

Das lautstarke Mittagsglockengebimmel füllte nicht nur den Stadtplatz, sondern auch sämtliche Seitengassen, sodass einige der Kinder, die gerade aus dem Schulgebäude stürmten, sich die Ohren zuhalten mussten. Bis zum Arbeitsbeginn war noch Zeit, und da Tom und Lisa heute Nachmittagsunterricht hatten, wurden sie, wie immer an solchen Tagen, von der Oma abgeholt. Also, Zeit für's *Da Riccardo*!

Moni ging quer über den Stadtplatz und durch die Arkaden zur beliebten Eisdiele. Beim Betreten, wie konnte es anders sein, wurde sie vom Stadtcharmeur mit einem breiten Grinsen und blumigen Worten begrüßt. „Oh, bella donna! Die sole geht auf und luce kommt in mein Lokal!"

Moni grinste und freute sich über die herzlich gemeinte Begrüßung. Riccardo war keiner, der Frauen anmachte. Dazu liebte er seine Frau und seine Kinder viel zu sehr. Keiner kam je auf den Gedanken, dass Riccardo anzüglich sei, nein, er war gleichermaßen bei Mann und Frau beliebt.

Moni ging in den hinteren Teil des Lokals zu ihrem Lieblingsplatz – dem heute noch einzigen freien Tisch – und stellte dort ihre Tasche und die Einkaufstüte von Haderthanners Laden ab. Danach zog sie ihren Mantel aus und legte ihn auf einen der Stühle. Riccardo war, noch bevor sie sich setzen konnte, schon bei ihr, um die Bestellung aufzunehmen. Moni gönnte sich heute einen Bananensplit und dazu einen großen Cappuccino.

Nur wenige Minuten später kam auch Ramona Pfitzner ins Eiscafé. Moni erahnte, dass der schlimmste Fall, den sie sich denken konnte, nun eintreten würde. Und ja, so war es. Ramona stellte fest, dass alle Tische besetzt waren, und als sie dann Moni allein an einem Tisch sitzen sah, kam sie auf sie zu und stellte sich vor sie hin. „Is eh frei – oder erwartest noch jemanden?", fragte sie, bugsierte ohne eine Antwort abzuwarten Monis Mantel auf den nächsten Stuhl und setzte sich.

„Sitzt eh schon!“, kommentierte Moni lapidar. Als dann Riccardo Monis Bestellung brachte, fiel ihr auf, dass Riccardo Ramona zwar nett, aber bei Weitem nicht so nett wie sie, Moni, begrüßte, was ihr eine große Genugtuung war. Die Pfitznerin bestellte nur einen doppelten Espresso und nichts zu essen, daher war die Chance, dass sie nur kurz an ihrem Tisch sitzen würde, doch recht groß.

„Du bist doch mit dem feschen Polizisten, dem Werner, liiert“, begann die Pfitznerin die Konversation, „hat die Polizei scho was rausgfundn über den Mord an meinem lieben Chef?“ Dabei drückte sie eine große Träne aus einem Auge, die sie sofort kokett mit einem Taschentuch abtupfte.

So eine falsche Hexe, dachte sich die Moni, jeder weiß doch, dass sie den Haderthanner, wo es auch nur ging, schlechtgemacht hatte! Sie hatte sich über die bescheidene Bezahlung, über seinen Geiz und über sein billiges Rasierwasser beschwert, und überhaupt habe der Haderthanner einen ganz miesen Charakter, hatte sie an jeder Ecke herumposaunt.

„Erstens einmal bin ich mit dem Werner ned liiert und zweitens darf der gar ned mit mir über sowas redn!“, kam dann die barsche Antwort.

Die Ramona Pfitzner war mit ihren knapp vierzig Jahren – das war sie schon gefühlt mehrere Jahre lang – doch noch recht attraktiv und deshalb bei Männern nicht unbeliebt. Die Frauen hassten sie dafür. Ihre Arroganz, ihr Hochmut und ihre „Hinterfotzigkeit“, wie die Bayern so sagen, hatten dazu geführt, dass sie so gut wie keine Freundinnen hatte.

Als gelernte Friseurin hatte sie sich schon früh den Ruf eingefangen, der diesem Berufsklischee entsprach. An einen festen Freund, eine längere Beziehung, daran konnten sich weder Moni noch Angelika erinnern. Es hatte da mal ein Gerücht gegeben, dass einer von Werners Spezln, der Martl, sie eine Zeit lang besucht habe, aber das konnte auch Werner nicht definitiv bestätigen.

Nun saß also diese Person ungeladen an Monis Tisch und rief mit ihrem billigen Parfümduft nicht nur Monis Unmut hervor. Eine ältere Frau am Nachbartisch meinte zu ihrem Begleiter, nachdem sie sehr auffällig ihre Nase in Richtung Pfitznerin gerümpft hatte: „Du Schatz, hast du gepupst, weil es hier so stinkt?“

Moni lächelte und setzte sich so hin, dass sie die Pfitznerin nicht anschauen und nicht mit ihr reden musste. Stattdessen löffelte sie genüsslich ihr Eis und versank in Gedanken. Es war schon komisch: Alle um sie herum glaubten, dass sie mit Werner, ihrem Schui-Spezl, mit dem sie schon als Kind in der Badewanne gebadet hatte, ein Verhältnis hatte. Natürlich mochte sie den Werner sehr. Und auch Tom und Lisa liebten ihren „Onkel Werner“, wie sie ihn gerne nannten. Aber ein Verhältnis? Dazu gehörte doch auch Körperlichkeit! Gestern, als sie den Werner aus Spaß so gekitzelt hatte, und er sie auch, da hatte es schon ein wenig geprickelt. Aber nein, der Werner, nein, das konnte sie sich überhaupt nicht vorstellen! Oder doch?

„Ich zahl’ jetzt!“

Jäh wurde Moni von der lautstarken Bemerkung der Pfitznerin aus ihren Gedanken gerissen. Gott sei Dank geht die jetzt, dachte sich Moni. Als dann die Pfitznerin ihren Mantel packte und sich ihn um die Schultern hängte, war es dann die ältere Dame am Nachbartisch, die noch eine Zugabe lieferte: „Schatz, ich glaub', der Pups geht jetzt!"

Mit einem bitterbösen Blick strafte die Pfitznerin die Dame, die diesen Blick mit einem aufgesetzt freundlichen Lächeln quittierte. Moni musste mit beiden Händen ihr Gesicht verbergen, damit man nicht ihr breites Grinsen sah.

„Servus, Moni, und grüß mir den Werner recht schön!", verabschiedete sich die Pfitznerin.

Moni erwiderte nur trocken: „Du mich auch!", und war ganz froh über den Abgang dieser Person. Dann griff sie zu ihrem Handy, tippte zweimal, und Werners Nummer wurde angewählt.

„Hallo, mein Schatz!", meldete sich Werner. Damit wollte er den Brucker, der ihm gerade gegenübersaß, ein wenig in die Irre führen.

Brucker schreckte richtig auf, als er den Werner solch ungewohnte Worte sagen hörte, und auch Moni reagierte darauf ganz verdutzt: „Hab' ich da jetzt was verpasst oder bin ich im falschen Film?"

Da Werner vor dem Brucker nicht auffliegen wollte, führte er sein Spiel unbeirrt fort. „Du, mach's bitte kurz, ich bin nämlich grad in einer Besprechung."

„Wann machst denn Mittag?", wollte Moni wissen.

„Mei, so in zehn Minuten, wieso fragst?"

„Ja weißt, ich sitzt grad beim Riccardo, und da wollt' ich fragen, ob'st ned auf an Kaffee vorbeikommst."

„Ja, du, super Idee, dann bin ich in a Viertelstund' auch da!"

Fast genau zur zugesagten Zeit betrat Werner das Lokal, und nachdem er sich aufmerksam umgesehen und Moni nicht entdeckt hatte, kam Riccardo auf ihn zu und meinte mit seinem Zeigefinger auf Moni deutend: „Die Donna sitzt da ganz hinten, siehst du?“

Werner ging auf den Tisch zu, an dem Moni saß, und begrüßte unterwegs mindestens ein Dutzend Bekannte.

„Mei, du kennst auch an jeden hier!“, begrüßte sie ihn. Dann erzählte sie ihm von der Pfitznerin und ihrem Benehmen, worüber sie sich schon sehr geärgert hatte. Die Passage mit ihrer Figur und dem Rock ließ sie aber bewusst aus. „Übrigens, als ich heut’ im Laden vom Haderthanner war, hab’ ich der Pfitznerin über die Schulter gschaut und hab’ gsehn, dass die auch in *PremiumPartner* is!“, erzählte sie am Ende ihres Negativ-Plädoyers über die Pfitznerin.

„*Wo* is die?“

„Du weißt schon, die Singlebörse, bei der offensichtlich auch der Haderthanner war!“, antwortete Moni.

„Du meinst, die beiden ham von einander gwusst, dass sie da drin sind?“

Moni überlegte einen Augenblick und meinte dann: “Wer weiß? Vielleicht scho?“

27. Erwin Haderthanner

Als Werner von seiner Mittagspause wieder auf die Dienststelle zurückkam, war die Cindy schon wieder ganz durch den Wind. Da der Keilhofer immer noch krank war, musste Werner auch an diesem Tag als Vertretung vom Keilhofer den ganzen Verwaltungskram erledigen. Als Erstes kam per E-Mail der Browserverlauf (wieso schreiben die des so komisch?), URL und der ganze Mist an. Er schickte die Dateien erst dem Brucker, mit dem Auftrag, die Daten alle zu überprüfen, und dann der Moni. Brucker schaute drein, als ob er den Koran ins Indische übersetzen müsste. Dem Werner war somit klar, dass Brucker ihm nicht sonderlich behilflich sein würde. Als Nächstes bat er die Cindy, den Benno Haderthanner und seinen „Rechtsverdreher“, den Stanglmeier, auf die Polizeidienststelle zu beordern.

In der Zwischenzeit las Werner ein zweites Mal das Testament konzentriert durch. Er hoffte so sehr, dass es Hinweise zur Aufklärung geben könnte. Dann las er es ein weiteres Mal durch und legte es dann zur Seite. Was war an dem Inhalt außergewöhnlich? Was konnte ihm da weiterhelfen? Es spürte förmlich, dass ein wichtiges Puzzleteil direkt vor ihm lag. Das ganze Immobilienvermögen in eine Stiftung, die Erlöse zu einem Drittel erst einmal zugunsten der Millstetterin, der Rest, also zwei Drittel, für den Bau und die Pflege von Brunnen- und Entwässerungsanlagen in Äthiopien. Auch gut. Nach dem Ableben der Millstetterin würden alle Erlöse nach Afrika fließen. Barvermögen circa viertausend Euro. Krinner, der Notar, war der Vermögensverwalter. Werner zählte alle Assets vor seinem geistigen

Auge auf und überlegte scharf. Bingo, Barvermögen! Jetzt war bei Werner der Groschen gefallen! Warum so wenig Barvermögen? Bei den Einnahmequellen und der Art, wie Haderthanner Geld gescheffelt hatte, müsste ja ein riesiger Batzen Barvermögen, Wertpapiere usw. vorhanden sein! Wo war das Geld hin? Das konnte doch nicht so mir nix, dir nix verschwunden sein!

Werner war vor lauter Aufregung von seinem Stuhl aufgesprungen und wanderte nun nervös in seinem Büro auf und ab. Hatte etwa der Benno Haderthanner mit dem Verschwinden des Geldes etwas zu tun? Oder der Sepp Bichler? Oder beide? Wer könnte sonst noch Zugriff zu den Bankkonten des Mordopfers haben? Er musste sofort noch einmal in dessen Wohnung!

Werner rannte nun aus dem Büro und schnappte sich Brucker, der sich die Dateien von der Spusi ausgedruckt hatte und nun hinter einem Stapel Papier vergeblich versuchte, die Zahlen- und Buchstabenkombinationen zu entschlüsseln. Brucker empfand es als Befreiung, dass Werner mit ihm in den Außendienst gehen wollte. Vorher ging Werner aber noch an Cindys Büro vorbei und rief ihr zu: „Blasen's des mit dem Haderthanner und seinem Rechtsverdreher ab beziehungsweise verschiebn's des auf morgen!"

Unter Protest stammelte sie noch so etwas wie „Sind aber schon unterwegs" und „Müssten gleich hier sein", was den Werner aber jetzt überhaupt nicht interessierte.

Im Auto wollte Brucker dann wissen, wo es denn hinginge und was sie dort tun wollten.

Werner erzählte dem Brucker in groben Zügen, dass laut der Aufstellung im Testament so gut wie kein Barvermögen vorhanden war, und weil das für ihn nicht schlüssig war, wollte er etwas nachprüfen. „Wir suchen in der Wohnung vom Haderthanner Kontoauszüge durch, und zwar alle, die da sind; und wenn wir die Bude komplett auf den Kopf stellen – ohne des Wissen, wo des gesamte Bargeld hin is, gehn wir heute nicht raus da!“

Als sie bei der Wohnung angekommen waren, prangte dort immer noch das Amtssiegel, das sie erst einmal brachen. Da Werner den Wohnungsschlüssel noch nicht an die Millstetterin zurückgegeben hatte, konnte er die Eingangstür ohne Gewaltanwendung öffnen. Die Suche nach den Kontoauszügen dauerte dank Haderthanners akkurater Buchführung und Dokumentation keine zehn Minuten, innerhalb kürzester Zeit hatten sie sämtliche Bankdaten einschließlich der Geschäftskonten sichergestellt. In einem Umzugskarton, den der Brucker im Schlafzimmer in einer Ecke entdeckt hatte, wurde die für die Ermittlungen so kostbare Ware abtransportiert.

„Eines muss man dem Erwin Haderthanner schon lassen: Er hatte einen ausgeprägten Ordnungssinn. Seine Pedanterie mag zwar vielen Leuten ganz schön auf den Keks gegangen sein, aber für unsere Ermittlungsarbeit ist sie Gold wert!“, meinte Werner auf dem Rückweg ins Büro über die Charaktereigenschaft Erwin Haderthanners, die sich in seiner Wohnung widerspiegelte. Werner kannte noch ein paar andere Wesenszüge des Ermordeten, aber ein paar ganz spezielle sollte er später noch kennenlernen …

Zurück in der Polizeidienststelle kam ihnen gleich die Cindy recht genervt entgegen. „Du Werner, die waren ganz schön sauer! Und der Stanglmeier hat gmeint, er wird uns eine Rechnung über eine Stunde Beratung und über die Hin- und Rückfahrt berechnen“, jammerte sie Werner vor. „Und außerdem sollst du unbedingt den Landrat anrufen, der war auch nicht gerade gut auf uns zu sprechen, weil ihn die Presse auch schon nervt mit ihren ’Fragen zur Festnahme vom Bichler und über den Stand der Ermittlungen’“, las Cindy nun von einem Zettel den genauen Wortlaut des Landrats vor.

„Danke, Cindy! Is ja gut! Aber wir ham nun etwas anderes zu tun, wir müssen *ermitteln!*“ Als Cindy stutzte, fuhr er fort: „Sonst können wir ja weder dem Landrat noch der Presse irgendetwas zum Stand der Ermittlungen erzählen.“ Damit packte Werner den vollen Karton mit den Kontoauszügen und stellte ihn in sein Büro. Dann ging er in die Kaffeeküche, holte sich eine Kanne Kaffee und erklärte der Cindy im Vorbeigehen: „Des wird heut’ ein sehr langer Abend!“

Bis halb zehn war Werner damit beschäftigt, von drei privaten Konten, zwei Sparbüchern und einem Wertpapierdepot die Kontoauszüge des letzten Jahres durchzusehen. Dabei machte er sich immer wieder Notizen, rechnete mit seinem Tischrechner und recherchierte hin und wieder im Internet. Schließlich warf er seinen Stift zur Seite und lehnte sich mit über dem Kopf verschränkten Armen auf seinem Bürostuhl zurück. Dabei atmete er die Luft durch die zu einem O geformten Lippen aus und nickte anerkennend. Dann räumte er die Kontoauszüge wieder in den Umzugskarton, verschloss diesen und stellte ihn in eine Ecke des Büros. Seine handschriftlichen Aufzeichnungen, drei ganze DIN-A4-Blätter, faltete er einmal zusammen und steckte sie in seine Jackentasche. Dann nahm er seinen Schlüsselbund, sperrte seine Bürotür zu, verließ das Gebäude und ging zum Parkplatz. Auf dem Weg dorthin überprüfte er sein Handy. Da es, weil er nicht gestört werden wollte, auf lautlos gestellt war, hatte er nicht mitbekommen, das unter anderem die Moni schon vier Mal angerufen hatte. Dann war da noch eine Handynummer, die er nicht kannte. Er setzte sich ins Auto und wählte zunächst die fremde Nummer. Nach zwei Freizeichen meldete sich eine süßlich klingende Frauenstimme. „Hallo, starker Mann, erkennst du mich? Ich bin die Ramona, du weißt schon, die aus Haderthanners Modeladen!“

Werner schoss schon bei dem Gedanken an diese Frau eine Parfümwolke in seinen Geruchszinken. „Woher hast du denn meine Nummer? Des möcht’ i scho gerne wissen! Des is nämlich mein Diensthandy und außerdem nur für dringende Fälle!“, blaffte er Ramona an.

„Also komm, sei doch ned so! Du bist halt a bissal abgespannt! Du bräuchtest eine gute Massage zur Entspannung! Magst ned bei mir vorbeischauen? Ich würd’ dich gerne massieren. Und danach gibt’s a gutes Glaserl Wein. Wie schaut’s aus? Heut’ hätt’ ich zufällig Zeit!“, säuselte die Pfitznerin durchs Telefon.

„Naa, heut’ hab’ ich *zufällig* keine Zeit, und auch ein andermal ned. Lass’ des also bleibn. Auf Wiedersehen – oder besser gsagt … Ach, ich sag’ jetzt gar nix mehr! Servus!“ Verärgert beendete er das Telefonat. Dann setzte er sich ins Auto und dachte kurz nach, nahm sein Handy wieder zur Hand, durchsuchte seine Kontakte und wählte die Nummer vom Martl, der sich auch sofort meldete: „Ja, servus Werner, so spät no unterwegs? Du, was war denn am Sonntag mit dir los? Wie ein aufgscheuchtes Huhn bist aufgsprungen und davongrennt!“

„Mei, da redn wir ein andermal drüber, Martl. Aber du, sag mal, hast du der Ramona mei Handynummer gebn?“

„Ja, de hat heut’ Nachmittag bei mi angrufen – Gott sei Dank hat des mei Alte ned mitbekommen – und hat nach deiner Handynummer gfragt, weil sie dir was ganz Wichtiges im Mordfall Haderthanner mitteilen wollte“, berichtete Martl.

„So a Luder, so a verrecktes!“, entfuhr es Werner.

„Wieso, was is los? War des ned richtig?“

„Danke dir … und einen schönen Abend, wir redn beim nächsten Stammtisch drüber!“

„Servus, nix für ungut! Tut mir leid, wenn ich da einen Fehler gmacht hab“, entschuldigte sich der Martl. Aber Werner hatte schon aufgelegt.

Die Sache mit der Pfitznerin ärgerte ihn beim Heimfahren so sehr, dass er ganz vergaß, die Moni zurückzurufen. Gerade wollte er sich aus den Überresten, die im Kühlschrank überlebt hatten, ein Abendessen kochen, da klingelte das Handy. Ein kurzer Blick darauf verriet ihm, dass es Moni war.

28. Moni Beck

Moni hatte heute im Buchladen Überstunden gemacht, weil kurz vor Ladenschluss noch eine Lieferung mit Weihnachtskarten gekommen war, die unbedingt noch verstaut beziehungsweise in die dafür vorgesehenen Ständer einsortiert werden mussten. Nach der Arbeit, so gegen halb sieben, holte sie dann Tom und Lisa bei der Oma ab und die drei fuhren – ausnahmsweise – beim Schachtlwirt vorbei, dem bekannten Fastfood-Restaurant mit dem großen „M" auf dem Dach. Die drei schlemmten im Auto ihre Burger, und danach gab's noch ein McSundy-Eis mit Karamellsoße. Überreste davon fand Moni dann später, als sie die Schulranzen aus dem Auto holte, auf der Rücksitzbank, schön in das schwarz-weiß karierte Stoffmuster „eingearbeitet". Mit einem Lächeln beteuerte sie ihren Kindern, dass das nicht so schlimm war. Jetzt noch kurz die Hausaufgaben durchgesehen, einen Elternbrief unterschrieben und die beiden zum Zähneputzen ins Bad geschickt, dann waren Tom und Lisa müde und fertig zum Schlafen. Als endlich Ruhe eingekehrt war, setzte sie sich auf die Couch und ließ ihre Gedanken in die Ferne schweifen. Dabei musterte sie die zahlenmäßig angewachsenen Chipsbrösel, Popcornreste und sogar Schokoladensplitter. Zeit wäre es, die Couch mal wieder richtig abzusaugen, aber heute hatte sie dazu überhaupt keine Lust mehr. Nach ein paar Minuten der Entspannung erhob sie sich wieder, ging zu ihrem provisorischen Schreibtisch und startete den PC. Es befanden sich mehrere E-Mails im Ordner, das signalisierte ihr ein Icon am unteren rechten Bildschirmrand. Sie fand insgesamt drei Nachrichten, alle mit der Signatur der Polizeidienststelle Mühldorf am Inn. Sie kamen von Werner und jede enthielt im Anhang eine Datei mit über 5 MB Speicherbedarf. Das war der Grund, warum Werner die Dateien auf drei E-Mails aufgeteilt hatte. Der erste Anhang war der Browserverlauf von Erwin Haderthanners Sucheingaben der letzten vier Wochen vor seiner Ermordung. Die zweite Datei enthielt offensichtlich Cache-Daten mit unzähligen Zahlen- und Buchstabenkombinationen. In der dritten befanden sich die gespeicherten Favoriten. Nach kurzer Durchsicht sprang ihr unter den Favoriten sofort die Wortformation *PremiumPartner* ins Auge. Sie durchforstete nun den Browserverlauf. Dort fand sie neben einigen Erotikseiten vor allem viele Aufrufe des *PremiumPartner*-Portals. Was ihr außerdem auffiel, war die hohe Anzahl von Aufrufen von Internet-Banking-Seiten, vor allem der Sparkasse und der VR-Bank. Ein paarmal war auch die ING-DIBA dabei. Aber von der zweiten Datei erhoffte sich Moni die meisten Informationen. Sie war zwar keine Computer-Expertin, aber so viel wusste sie schon, dass da in dem Buchstaben- und Zahlensalat auch Passwörter und Anmeldedaten versteckt waren. Das würde echt eine anstrengende Sysiphusarbeit werden, sich da durchzuwursteln, und dazu hatte sie heute keine Lust mehr.

Sie hatte heute auf dem Weg zur Oma schon mehrmals versucht den Werner anzurufen, da er ihr beim Riccardo ja erzählt hatte, dass er sich den Benno nochmals vorknöpfen wolle. Aber Werner war nicht ans Telefon gegangen oder hatte sein Handy – wie so oft, wenn er nicht gestört werden wollte – auf lautlos gestellt. Nun versuchte sie es ein weiteres Mal. Nach dreimaligem Klingeln meldete er sich mit einem kurzen „Ja!“. Das war ihr doch bedeutend lieber als die Anrede heute Mittag! Werner erzählte ihr voller Eifer und Stolz, dass er nach wiederholtem Lesen des Testaments und langem Nachdenken erkannt hatte, dass da etwas nicht stimmen konnte. Dann erzählte er ihr von der Durchsicht aller Unterlagen, der Sache mit den Kontoauszügen, dem Ergebnis seiner Recherche und dass er herausgefunden hatte, dass Haderthanner sämtliche Konten und Spareinlagen auf ein Minimum reduziert hatte, indem er alles auf ein Konto bei der ING-DIBA transferiert hatte. Dann hatte er seine Wertpapierbestände verkauft und die Erlöse ebenfalls auf das Konto der DIBA überwiesen.

„Und warum hat er das deiner Meinung nach getan?“, fragte Moni.

„Da ist meine Meinung egal, denn das Geld – halt’ dich fest, es sind sage und schreibe 380.000 Euro – hat er auf ein Konto bei einer Bank der Dominikanischen Republik überwiesen! Wart’ mal ... Ich hab’ es mir aufgeschrieben. Es ist die ‚Institute Banco Central de la Républica Dominicana’.“

Da war Moni baff und es vergingen ein paar Sekunden, bis ihre nächste Frage kam. „Und wem gehört dieses Konto?“

„Das weiß ich auch noch ned, da muss ich unsere Finanzspezialisten in München morgen anrufen.“ Dann schilderte er Moni noch, was er alles für den Keilhofer in dessen Abwesenheit hatte erledigen müssen, erzählte ihr vom Landrat und der Presse, und er teilte ihr auch mit, dass wegen der Suche nach den Kontoauszügen die Vernehmung von Benno Haderthanner auf den nächsten Tag verschoben worden war. Zuletzt informierte er sie noch ganz entrüstet über den Anruf der Pfitznerin. Er war noch gar nicht fertig, da polterte die Moni schon los: „Ja, dieses unverschämte Weibsstück, der kratz' ich gleich die Augen aus! Was bildet die sich ein! Die soll dich bloß in Ruh' lassen, sonst kriegt sie's mit mir zu tun!"

Werner war ganz erstaunt über Monis heftige Reaktion. „Hey, Moni, komm wieder runter vom Gas! Mit der werd' ich schon alleine fertig!", beschwichtigte er sie.

Sie aber war noch immer in Rage. „Und überhaupt, woher hat die eigentlich deine Nummer?", fragte sie spitz.

„Bist jetzt eifersüchtig – oder wie soll ich des jetzt verstehn?"

„Naa … natürlich ned, mich ärgert nur dieses mannsgeile Weibsstück!"

Werner klärte sie dann auf, dass die Ramona seine Nummer vom Martl hatte, weil sie ihn unter einem falschen Vorwand darum gebeten hatte.

„So ein Miststück!", ereiferte sich Moni erneut.

Werner bat sie noch, ihn sofort zu verständigen, wenn sie aus den Dateien etwas herausfinden sollte. Dann verabschiedeten sie sich voneinander und wünschten sich eine gute Nacht.

Moni brauchte lange, bis sie einschlafen konnte, so sehr regte sie sich über die Unverschämtheit und Unverfrorenheit der Pfitznerin auf, wie diese sich an den Werner rangemacht hatte. Aber Werners Reaktion auf diese primitive Anmache beeindruckte Moni schon sehr. Es gibt also doch noch Männer, die sich nicht so leicht von so einem Flittchen einlullen lassen, dachte sie schon halb im Schlaf.

29. Benno Haderthanner

Als Werner am Dienstagmorgen aufwachte, sah er sofort auf seinen Wecker. Fünf nach acht! Wie vom Blitz getroffen sprang er auf, schnappte sich frische Unterwäsche, seine Hose, holte ein von Mama frisch gebügeltes Diensthemd aus dem Schrank, zog auch die übrigen Sachen an und spurtete zu seinem Auto. Soweit er sich erinnern konnte, hatte er schon lange nicht mehr verschlafen – zumindest die letzten zwei Wochen nicht.

Im Büro herrschte dieselbe Unruhe wie an den Tagen zuvor. Also, folgerte Werner, war der Keilhofer immer noch krank.

Cindy bedrängte ihn auch gleich: „Wo bist denn so lange? Hier laufen schon die Telefone heiß, der Chef hat auch schon nach dir verlangt. Den solltest du zuallererst anrufen!“

Werner wusste, dass er um dieses Gespräch nicht herumkam, und sperrte sein Büro auf, um gleich den Keilhofer auf seiner Privatnummer anzurufen. Gerade als er den Hörer anhob und wählen wollte, schaute Brucker zur Tür herein. „Du Werner, der Alte hat scho a paarmal angrufen und is stinksauer, weil ihn der Polizeipräsident heut’ Morgen scho an’pflaumt hat!“

„Ja, danke, ich weiß scho, bin grad dabei!“, antwortete Werner und wählte Keilhofers Nummer.

„Ja, guten Morgen, der Herr! Sind wir jetzt auch scho wach? Wird wohl ausgnutzt, wenn ich ned da bin!“, bellte Keilhofer heiser durchs Telefon. Dann erzählte er ihm vorwurfsvoll, dass der Polizeipräsident „not amused“ darüber sei, dass die Presse bislang noch keine Stellungnahme zur

Festnahme vom Bichler bekommen habe. Sogar der Chefredakteur des *Mühldorfer Tagblatts* habe sich schon beim Polizeipräsidenten beschwert.

Werner rechtfertigte sich damit, dass er ohne ihn, also den Keilhofer, nicht an die Presse gehen wolle, da dies doch Chefsache sei.

„Ja Himmiherrgottsakrament! Geht denn hier gar nix, wenn ich ned da bin?! Da sieht man wieder, was passiert, wenn keine Führung da is!", krächzte es aus dem Hörer. Werner hatte diesen schon auf den Schreibtisch gelegt und stellte fest, dass die Lautstärke seine beiden Gehörorgane immer noch heftig strapazierte. Als er seinen Chef über den aktuellen Stand der Ermittlungen informierte, also dass der Bichler nur die Sache mit dem Schuldschein und nicht den Mord gestanden hatte, rastete der Dienststellenleiter beinahe schon wieder aus. „Glauben Sie, sowas gesteht man so einfach? Da is Vernehmungstaktik einzusetzen! Wenn man ned alles selber macht!"

Werner erzählte dann noch den Sachverhalt mit dem umgebuchten Vermögen, aber das interessierte den Keilhofer so gut wie gar nicht. „Huber, wir haben eine Festnahme! Wir haben einen Sack voll Indizien. Jetzt muss nur noch der Sack zugemacht werden, verstehen's mich?" Keilhofer kündigte daraufhin hustend an, dass er jetzt seinen Krankenstand eigenmächtig beenden und die Sache wieder selbst in die Hand nehmen werde. Am Vormittag wolle er persönlich aus dem Bichler ein Geständnis „rausprügeln". Cindy solle alles organisieren, damit dann am Nachmittag eine Pressekonferenz stattfinden könne.

Vergeblich versuchte Werner, seinen Chef von seiner – Werners Meinung nach voreiligen – Euphorie abzubringen, dass der Täter bereits gefunden und gefasst sei. Er versprach ihm aber dann doch, wenn auch widerwillig, für diesen Nachmittag eine Pressekonferenz einberufen zu lassen.

Als Werner dann den Hörer wieder aufgelegt hatte, seufzte er tief und wurde von lauten Magengeräuschen daran erinnert, dass er bis jetzt weder Kaffee oder sonst irgendetwas zu sich genommen hatte. Also nahm er seinen Kaffeebecher und wanderte in die Kaffeeküche, vorbei an Cindys Büro, der er gleich mitteilte, dass der Chef in Kürze erscheinen würde, und gab ihr noch den Auftrag mit der Pressekonferenz weiter.

Cindy kommentierte Werners Nachricht mit einem tiefen Seufzer und einem schlichten „Des aa no!". Auf dem Rückweg von der Kaffeeküche zu seinem Büro bat er sie dann noch, den Benno Haderthanner und seinen Rechtsverdreher für zehn Uhr einzubestellen. Cindy war auch hierüber nicht sehr erfreut. Daraufhin ging er in sein Büro, holte aus seiner Schublade einen Schokoriegel – seine Kraftnahrung, wie er den Inhalt seiner Schublade nannte –, brachte die Leckerei in Cindys Büro und legte es ihr direkt vor die Nase. Sofort ging ein warmes Lächeln über ihr Gesicht. „Des is aber lieb von dir!"

Kurz danach wurde es noch hektischer und noch lauter in der Dienststelle, was nur eines bedeuten konnte: Der Keilhofer war wieder da! Diese Phase war aber nur von kurzer Dauer, da sich der Alte den Brucker schnappte und mit ihm zur JVA Mühldorf fuhr, um den Bichler zu verhören.

Pünktlich um zehn kamen dann die einbestellten „Gäste". Cindy brache sie sogleich ins Vernehmungszimmer und Werner folgte ihr kurz danach. Haderthanner hatte wieder so eine hellgraue Schickimicki-Lederhose mit schwarzen Seitenstreifen an, passend dazu silbern glänzende Stiefletten. Werner platzierte die beiden am Vernehmungstisch nebeneinander und deutete der Cindy an, dass er jetzt anfangen wollte, was hieß, dass sie ab jetzt das Aufnahmegerät einschalten musste. Der Anwalt warf vorher noch ein, dass er wegen der Absage vom Vortag, die ihn Zeit gekostet hatte, eine Rechnung schreiben werde und dass sein Mandant sich nichts vorzuwerfen habe.

Werner murmelte, dass er schon wisse, dass der Stanglmeier gerne Rechnungen schreibe, konzentrierte sich dann aber auf seine vorbereiteten Fragen. „Herr Haderthanner, wir haben ja letztes Mal festgestellt, dass Sie und der Sepp Bichler einander gut kennen und …“

„Einspruch! Mein Mandant kennt den Herrn Bichler, ja, aber nicht gut, so wie Sie das sagen!“, unterbrach ihn der Stanglmeier. „Ich bitte das zu Protokoll zu nehmen!“, forderte er und sah dabei die Cindy an.

Diese nickte und tippte die Information in ihr Notebook.

„Zumindest haben sich die beiden im Eiscafé *Da Riccardo* getroffen und sehr hitzig über ein Kuvert diskutiert!“, gab Werner zu Bedenken.

„Das tut nichts zur Sache! Man kann sich ja in so einem Café unterhalten, das ist ja nichts Strafbares, oder? Und da kein anderer Platz mehr frei war, hat sich mein Mandant dort hingesetzt“, kam Stanglmeier dem Haderthanner zuvor. Der lächelte nur süffisant.

„Darf Ihr Mandant vielleicht auch selbst reden oder haben Sie ihm des jetzt verboten?“, fragte Werner den Stanglmeier.

Dieser streckte nur den Kopf aus seinem Hemdkragen, der mit einer hässlichen Krawatte gebunden war, und schwieg.

„Herr Haderthanner – und jetzt will ich von Ihnen eine Antwort – der Sepp Bichler behauptet, und das würde er sogar beeidigen, dass Sie ihm fünftausend Euro angeboten haben und ihm versprochen haben, nichts über seine Vorstrafen verlauten zu lassen, wenn er Ihnen den Schuldschein vom Hoymeyer verschafft. Stimmt das?“ Werner blickte den Haderthanner streng an.

Bevor Haderthanner darauf antworten konnte, kam ihm Stanglmeier wieder zuvor: „Wieso hätte sich mein Mandat hier bereichern wollen, wenn er sowieso in Kürze einen Teil des Erbes antreten wird? Und außerdem, was zählt eine eidesstattliche Aussage eines Vorbestraften schon gegen das Wort eines unbescholtenen Staatsbürgers?“

Jetzt wurde es Werner zu bunt und er haute mit der flachen Hand demonstrativ auf den Tisch. „Zefix, hab’ ich ned gsagt, dass ich eine Antwort vom Haderthanner haben möcht’ und ned von Ihnen?“ Werners Stimme war sehr laut geworden.

„Bitte, Herr Haderthanner, so viel Zeit muss sein!“, meinte Stanglmeier pikiert.

Werner sah ein, dass er hier nicht mehr viel ausrichten konnte, wollte aber nicht klein beigeben. “Gut, wenn das so ist, dann sehen wir uns vor Gericht wieder und werden dort auch noch klären, was sie zum Tatzeitpunkt im Hausgang der Millstetter getan haben.“ Das saß! Sogar mehr als Werner erwartet hatte. Er nahm die betroffenen Gesichter der beiden mit Genugtuung zur Kenntnis. Er musste aber vorher unbedingt noch mit der Grahammerin reden, ob sie wirklich den Haigermoser oder nicht doch den Haderthanner gesehen hatte. Denn von der Statur her glichen sich die beiden. Und da er auch den Inhalt des Testaments kannte, freute er sich insgeheim schon auf Haderthanners Reaktion, wenn der erfuhr, dass er überhaupt nichts erben würde. Leider würde er, Werner, nicht dabei sein. So schloss er die Vernehmung und wandte sich an Cindy mit den Worten: „Bitte denk' dran, auch den *Herrn* Haderthanner als Zeuge beim Strafprozess in der Mordsache Haderthanner Erwin zu laden!"

Verwirrt und unsicher sah Haderthanner seinen Anwalt an und erwartete von ihm eine Stellungnahme. Dieser schüttelte aber nur den Kopf und bedeutete ihm, nach draußen zu gehen. Also stand Haderthanner auf und ging hinaus.

Stanglmeier blieb noch sitzen. „Wenn Sie gegen meinen Mandanten Aussagen und Beweise haben, dann muss ich das wissen. Ansonsten lege ich Beschwerde über Ihre unzureichende Beweisführung ein!", sagte er forsch, ordnete seine Akten, stand auf und verließ mit einem Nicken als Gruß den Raum.

Cindy sah Werner kopfschüttelnd an und meinte nur, bevor sie ebenfalls den Raum verließ: „So ein blanchierter Affe!"

Werner saß noch eine Weile da und überlegte. Was hatte der Haderthanner zum Mordzeitpunkt im Hausgang zu tun gehabt? Denn allein das kurze Aufblitzen in Haderthanners Augen hatte ihm verraten, dass der Haderthanner und nicht der Haigermoser von der Grahammerin gesehen worden war. Aber wie konnte er ihm das beweisen? Noch dazu hatte er ja zu Protokoll gegeben, dass er erst viel später vom Todesfall seines Onkels erfahren hatte. So viele Ungereimtheiten, so viele Vermutungen! Und was jetzt?

Werner stand auf und ging in sein Büro. Kaum hatte er sich hingesetzt, da kam auch schon wieder die Cindy herein. „Du, der Keilhofer is schon wieder da und möcht', dass wir uns alle in zehn Minuten im War Room treffen." Und beim Hinausgehen ergänzte sie noch: „Und übrigens, die Pressekonferenz ist für halb zwei angesagt."

Werner kam pünktlich zum Termin und fand im War Room einen verschnupften und schlecht gelaunten Keilhofer vor. Als alle versammelt waren, donnerte dieser auch gleich los: „Meine Herren", und an Cindy gewandt, „Sie, Fräulein Cindy, schließ' ich hiervon aus! Es is scho sehr verwunderlich, wenn ich ein paar Tag ned da bin und dann gleich die ganze Dienststelle den Bach runtergeht!" Mit jedem Wort wurde Keilhofer lauter. „Nicht nur, dass wir noch überhaupt kein Ermittlungsergebnis haben, sondern auch des ganze Drumherum funktioniert ned!" Dabei musterte er die Anwesenden wie ein Schullehrer, der herausbekommen möchte, wer etwas ausgefressen hat. „Wer hat den Bichler zuletzt vernommen?"

Kleinlaut und zögernd hob Brucker die Hand.

„Des war des letzte Mal, Brucker, dass Sie sowas gmacht ham. Erst einmal belegen sie den Kurs ‚Verhörtechniken' in der Polizeiakademie, dann sehn wir weiter, ob Sie jemals wieder ein Verhör führen können."

Brucker versank förmlich in seinem Stuhl und tat dem Werner fast schon ein wenig leid.

„Aber jetzt zu den Fakten, von denen wir leider ned allzu viele haben. Also ... der Bichler hat auf jeden Fall den Schuldschein aus dem Tresor vom Hoymeyer entwendet.

Damit war klar, dass er den Haderthanner aus dem Weg räumen musste, da der ihm sonst dahintergekommen wäre. Damit hätten wir einen Hauptverdächtigen. Leider hat der aber dank Bruckers stümperhafter Verhörtechnik jetzt lang genug Zeit ghabt, um sich die Geschichte so hinzubasteln, dass er von sich ablenken kann. Aber für mich is er der Mörder!“ Fast triumphierend stellte sich Keilhofer vor seine Mitarbeiter.

„Aber eines, Chef, ist schon no zu bedenken: Der Diebstahl des Schuldscheins fand erst *nach* dem Mord statt, also fällt des Argument, der Haderthanner muss weg, doch a bissal schwach aus“, wandte Werner ein, da ihm der Brucker nun doch sehr leid tat.

„Was reden’s denn, Huber, dann hat er ihn halt schon vorher umbracht, weil sein niederes Motiv eben der Schuldschein war!“

Werner schüttelte nur den Kopf und fand es müßig, weiter mit dem Keilhofer zu debattieren, da dieser ihm sowieso nicht Recht geben würde.

Nach der Teambesprechung im War Room hetzte jeder wieder zu seinem Arbeitsplatz zurück. Werner hoffte nur, dass er bei der Pressekonferenz nicht dabei sein musste, und suchte verzweifelt nach einem Grund, am Nachmittag nicht in der Dienststelle sein zu müssen. Vielleicht nochmal den Hoymeyer befragen? Der war heute Nachmittag sicher im Buchladen, da die Moni am Dienstagnachmittag immer frei hatte. Dann war da noch die Grahammerin, die wollte er ja auch noch befragen, ob sie denn ganz sicher den Haigermoser und nicht den Haderthanner Benno gesehen hatte. Aber bis es so weit war, wollte er noch etwas prüfen.

Dazu wählte er eine Münchner Nummer. Nach dem zweiten Klingeln hob Herbert Vogl, zuständig für das Ressort Finanzverbrechen, ab.

„Servus, Herbert, hier der Werner aus Mühldorf!“, meldete sich Werner.

Ein kurzes Schweigen folgte, das offenbar dazu diente, darüber nachzudenken, ob der Herbert einen Werner aus Mühldorf kannte. Dann fiel der Groschen. „Ah, der Werner! Ja, wie geht’s dir? Habt’s ihr in Mühldorf auch so a Sauwetter wie mir hier in Minga?“

„Ja, hier is ned anders“, erwiderte Werner. „Du, Herbert, ich hab’ a dienstliche Frage an dich. Kannst du mir anhand einer Kontonummer den dazugehörigen Kontoinhaber rausfinden?“

Vogl zögerte kurz. „Wenn du die genaue Bankverbindung und die Kontonummer hast, müsst’ des möglich sein“, antwortete Vogl.

„Die Bank is aber im Ausland!“

„Wo genau?“

„Dominikanische Republik.“

„Auweh zwick, des is natürlich a Nummer größer. Da muss i no andere Kollegen mit ins Boot nehmen. Worum geht’s denn da?“

„Mord.“

„Ah, vielleicht euer Blumentopfmörder, wie er hier bei uns genannt wird? Des war gestern Thema bei uns unten in der Kantine beim Mittagessen. A Kollege von da Polizeidirektion hat gsagt, dass der Präsi tobt, weil er ned über den Stand der Ermittlungen informiert wird.“

„Genau, darum geht’s!“, bestätigte Werner.

„Schick mir die Nummer und die Bank rüber, dann schau' i, was i tun kann! Dann hab' i aber auch was gut, wenn du wieder bei uns herobn bist. Zum Beispiel a Mass beim Augustiner?"

„Abgmacht!", bestätigte Werner den Deal. Nachdem er aufgelegt hatte, holte er einen zusammengefalteten Zettel aus der Jackentasche, machte das polizeieigene E-Mail-Programm auf und schickte die Bankdaten an den Kollegen Vogl. Dann wollte er sich die Dateien ansehen, die er von der Spurensicherung bekommen und sofort an Moni weitergeleitet hatte. Am Bildschirm blätterte er Seite für Seite die endlosen Kolonnen von Zahlen und Buchstaben durch. Für ihn war das ein Schloss mit sieben Siegeln, damit konnte er beim besten Wissen nichts anfangen. Also schloss er das E-Mail-Programm wieder und sah auf die Uhr: Viertel vor zwölf. Mit einem Rückruf vom Vogl war vor Mittag wahrscheinlich nicht mehr zu rechnen. Also rief er zu Hause an und fragte seine Mutter, ob sie denn etwas zum Mittagessen vorbereitet hatte. „Ja freilich hab' ich was, a Schwammerlsuppn mit Knödel. Wann willst denn vorbeikommen?" Werner antwortete: „Jetzt gleich!" und nahm seine Sachen, um nach Hause zu fahren.

Werner aß meistens nur wenig zu Mittag. Entweder nahm er von zu Hause einen selbst zubereiteten Happen mit oder fuhr mittags auf einen Ratsch zum Riccardo in die Altstadt hinunter. Deshalb freute es Werners Mutter immer besonders, wenn er zum Essen nach Hause kam. Schon auf der Heimfahrt freute sich Werner so richtig auf die Schwammerl mit Knödel, deren Duft er schon im Auto wahrzunehmen glaubte. Beim Essen verschlang er dann auch mit großem Genuss doppelt so viel wie seine Mutter.

Als er sich nach dem üppigen Mal etwas ausruhen wollte und gerade die Füße auf der Couch hochlegte, vibrierte sein Handy, gefolgt von einem Entengequake. Cindy.

„Ja, was gibt's?", bellte er genervt ins Telefon, schon wissend, was nun kommen würde.

„Du, Werner, du sollst sofort in die Polizeidienststelle kommen. In zwanzig Minuten geht die Pressekonferenz los und der Keilhofer möchte dich unbedingt dabei ham!", sagte sie, und Werners letzte Hoffnung, dieser peinlichen Vorstellung zu entkommen, schmolz nun ganz dahin. Also fuhr er wieder zurück zur Dienststelle und wurde dort, anders als erwartet, vom Keilhofer persönlich und sehr freundlich empfangen und sogar von seinem Büro abgeholt. Gemeinsam gingen sie ins Foyer hinunter, um dort der örtlichen Presse Rede und Antwort zu stehen. Kurz bevor die Pressekonferenz begann, wies ihn Keilhofer noch freundlich, aber bestimmt darauf hin, das Handy doch auszuschalten, wenn er es denn noch nicht getan hätte. Werner meinte, er habe selbst schon daran gedacht, und tat so, als ob er das nur noch überprüfen wollte, schaltete aber das Handy erst jetzt und unbeobachtet auf den Flugmodus. Werner hatte schon einmal bei so einem Anlass einen Anruf bekommen. Ausgerechnet von seiner Mutter, die ihn darum gebeten hatte, auf dem Heimweg bei der Reinigung Mund vorbeizuschauen …

30. Moni Beck

Moni hatte den Vormittag über beim Hoymeyer viel zu tun. Als ob schon das Weihnachtsgeschäft angelaufen wäre, gaben sich die Kunden die Türklinke in die Hand. Vor lauter Arbeit verging der Vormittag wie im Flug. Als kurz vor zwölf der Hoymeyer zur Tür hereinkam, war sie ganz erstaunt, wie spät es denn schon war.

Hoymeyer stellte sich an der Kasse ganz verstohlen vor sie hin und zog hinter seinem Rücken einen kleinen Strauß Blumen hervor. „Die sind für Sie, Frau Beck, weil Sie doch immer so fleißig sind und ich mich immer auf Sie verlassen kann."

„Mei, des is aber lieb von Ihnen, vielen Dank!", bedankte sich Moni, sichtlich erfreut über die nette Geste vom Hoymeyer. Sie hatte schon die Tage über bemerkt, wie entspannt der Hoymeyer jetzt war, da der Schuldschein wieder aufgetaucht war. Dann packte sie ihre Sachen zusammen und verließ mit einem herzlichen Abschiedsgruß den Buchladen.

Nachdem Tom und Lisa erst gegen Viertel nach eins von der Schule zurückkommen würden, nutzte sie die Gelegenheit, um beim Riccardo einen Cappuccino zu trinken. Als sie sich nach der üblichen netten Begrüßung von Riccardo im Lokal umsah und ihre Freundin Angelika und deren Kollegin, die Elvira, entdeckte, freute sie sich doppelt und ging auf sie zu. Mit einem „Hallo, ihr beiden Hübschen! Darf ich mich zu euch setzen?" begrüßte sie die zwei.

„Aber, natürlich!", kam es fast gleichzeitig von Angelika und Elvira, was alle zum Kichern veranlasste.

Moni setzte sich dazu und bestellte ihren Cappuccino. Es gab – begleitet von viel Gelächter – allerlei zu berichten über die Männer- und Geschäftswelt von Mühldorf. Gerade als sich der Gesprächsstoff erschöpft hatte, kam die Pfitznerin zur Tür herein. Vergeblich suchte sie einen freien Platz, wandte sich dann, sichtlich enttäuscht, wieder um und verließ das Lokal.

Die drei hatten dies natürlich bemerkt und die Schadenfreude darüber war allen anzusehen. Moni ergriff als Erste das Wort und meinte: „Recht geschieht es ihr, dem falschen Luder!“ Sie erzählte ausführlich und mit vielen Ausschmückungen die Geschichte mit dem Telefonanruf beim Werner.

„So ein ausgschamt's Weibsbild!“, kam es von Elvira.

“Des is doch mehr als unverschämt!“, äußerte sich auch Angelika abfällig dazu, und Elvira fügte noch hinzu: „Ich weiß sowieso ned, wie sie sich des alles leisten kann. Erst vorletzte Woche war sie irgendwo in der Karibik im Urlaub! Dem Martl, einem Freund vom Stefan, hat sie erzählt, dass des rein geschäftlich war!“ Sie hatte noch nicht ganz zu Ende gesprochen, da wusste sie, dass sie einen Fehler gemacht hatte. Wie sollte sie da bloß wieder herauskommen? Um vielleicht doch noch die Kurve zu kriegen, fügte sie hinzu: „Der Stefan is nämlich gestern beim Bäcker hinter mir gstanden und hat mir des gsagt.“

„So?“

„Wirklich?“

Moni und Angelika sahen Elvira eindringlich an. Dies führte zum nächsten Fauxpas, denn Elvira wurde puterrot. Nachdem die Moni der Angelika vor Kurzem erzählt hatte, dass sie die Elvira mit dem Stefan mittags gemeinsam im

Getreidekeller gesehen hatte, bestätigte Elviras Erröten, dass da mehr dahinter war als nur ein Mittagessen.

„Echt? So weit weg? Kann sie sich des überhaupt leisten? Und … was hätt' die für ein Gschäft im Ausland zu machen? Die is ja zu blöd, ein Flugzeug zu besteigen!", versuchte Moni sehr unsachlich, das Gespräch wieder auf das Thema zurückzuführen.

„Wer weiß, mit was die alles ihr Geld verdient!", mutmaßte Angelika boshaft.

„Und überhaupt, habt's ihr scho bemerkt, dass die immer was Neues anhat? Gestern hab' ich sie mit einer Louis-Vuitton-Tasche gsehen, de kostet doch mindestens tausend Euro!", wusste Angelika noch zu berichten. „Und den Martl muss die ja auch schon in da Reissn ghabt ham."

Da wurde Elvira schon wieder puterrot. „Es gibt das hartnäckige Gerücht, dass die Pfitznerin auch den alten Haderthanner anbaggert hat. Der hat sie aber angeblich ganz schön abblitzen lassen!", meinte sie.

„Der hat recht ghabt! Stellt's euch vor, die wären ein Paar. Dann hätt' de jetzt des ganze Erbe! Naa, des tät' ich der überhaupt ned vergönnen!", wetterte Angelika.

So ging es dann auch noch weiter und der Pfitznerin müssen wohl die Ohren geklungen haben, so arg wurde da über sie hergezogen.

Viertel vor eins zahlte Moni dann, denn Tom und Lisa würden bald von der Schule kommen, und da wollte sie zu Hause sein. Also machte sie sich auf den Weg zum Auto und fuhr nach Hause.

31. Yolanda#66

Tom und Lisa hatten eine Menge zu erzählen, denn in Lisas Klasse war die Verkehrswacht gewesen und hatte die Kinder für den Fahrradführerschein vorbereitet. Und Tom hatte eine Klassenarbeit mit Bestnote Eins zurückbekommen. Nach dem Mittagessen machten sich die beiden Kids über ihre Hausaufgaben her und Moni setzte sich wieder an ihren Computer. Zuallererst meldete sie sich auf dem Portal *PremiumPartner* an. Dort stellte sie die Suchanfrage so ein, dass sie Interesse an Frauen hätte, die im Umkreis von zehn Kilometern um Mühldorf herum wohnten. Über hundert Einträge kamen als Liste auf den Bildschirm, die sie Profil für Profil durchsuchte. Aber das Profil der Pfitznerin war und war nicht zu finden.

Als sie bereits über achtzig solcher Profile gecheckt hatte, läutete das Telefon. Moni war nicht wenig überrascht, als sich Elvira Weinberger meldete.

„Hallo, Elvira, was verschafft mir die Ehre?"

„Du, Moni, ich möcht' dir was sagen." Als Moni darauf nichts erwiderte, fuhr sie fort: „Du hast mich doch neulich mit dem Stefan, dem Freund vom Werner, im *Getreidekeller* gsehen! Ich wollt' … ich wollt' dir nur sagen … Also der Angelika hab' ich des auch gerade erzählt … dass da was is zwischen uns zwei … also dem Stefan und mir. Bitte mach' mir jetzt keine Vorwürfe … Es is eh schon so kompliziert, und irgendwann muss des auch sei Frau erfahren."

Moni überlegte kurz, um dann dazu Stellung zu nehmen: „Du, Elvira, des geht mi ja nix an, was du und der Stefan macht's, und wenn es wirklich sehr ernst is, dann freut mich des für euch beide."

„Vielen Dank, Moni!“ Man hörte die große Erleichterung in Elviras Stimme. „Und“, fuhr sie stockend fort, „ich möcht’ ned … in die gleiche Schublade gsteckt werdn wie de Pfitznerin ... Ich … ich schnapp’ ned den Frauen ihre Männer weg und lass’ sie dann wieder fallen, so wie die!“

Moni hörte, dass die den Tränen nahe war und versicherte ihr, dass sie und auch Angelika so etwas nicht von ihr denken würden und dass das erst einmal „Verschlusssache“ sei.

Sichtlich gerührt von Elviras Offenheit machte sie sich nach dem Gespräch wieder auf die Suche nach dem Profil der Pfitznerin bei *PremiumPartner*. Als sie alle Profile ihrer Suchauswahl inspiziert hatte und keines davon auch nur annähernd auf die Pfitznerin passte, stutzte Moni. Sie hatte doch genau gesehen, dass die Pfitznerin im Laden vom Haderthanner auf der *PremiumPartner*-Seite war, da war sie sich sicher!

Gerade, als sie so in Gedanken versunken war, da meldete eine melodisch klingende Glocke, dass eine Nachricht für sie bei *PremiumPartner* eingegangen war. Schnell öffnete sie die Message. Sie kam von Superheld#79, einem Profil, mit dem sie schon öfters Kontakt gehabt hatte. Seinem Profilbild und seiner Beschreibung nach war er ein sehr attraktiver Mittdreißiger, der viel Wert auf gute Kleidung legte, in der Kommunikationsbranche tätig und zudem auch noch Single war – was auf diesen Portalen nicht unbedingt selbstverständlich ist.

„Hallo, du Zuckerschnecke, heute keine Arbeit, weil du schon nachmittags online bist?“

Moni lächelte und überlegte, ob sie darauf antworten sollte, aber die Anmache war ihr zu billig und deshalb löschte sie die Nachricht und widmete sich wieder ihrer Suche. Warum verflixt nochmal war die Pfitznerin nicht zu finden? Hatte sie etwa einen anderen Wohnort eingegeben? Wenn sie eine erneute Suche starten würde, dann würde das wahrscheinlich Stunden dauern, die Treffer noch einmal alle zu durchsuchen. Also ging sie wieder auf ihren E-Mail-Account und suchte die drei Nachrichten von Werner mit den Computerdaten vom Haderthanner. Sie öffnete gezielt die zweite Datei mit den Cache-Daten des Computers. Auch das würde Stunden dauern, alle Daten zu durchforsten und überhaupt … Nach was genau sollte sie eigentlich suchen? Moni war am Verzweifeln und stand auf, um sich erst einmal einen Kaffee zu holen. Mit der Tasse in der Hand marschierte sie wieder zum Schreibtisch zurück und öffnete nochmals das Browserfenster mit den Cache-Daten. Wie lautete nochmal das Passwort, das Werner auf dem Zettel in der Wohnung vom Haderthanner gefunden hatte? Sie versuchte in Gedanken, die Kombination wieder zusammenzustellen und schrieb das Ergebnis gleich auf ihren Schreibblock: ER für Erwin, HA für Haderthanner, 05 für den Geburtsmonat und 58 für das Geburtsjahr. Also ERHA0558. Zeile für Zeile durchsuchte sie den Computerauszug auf ihrem Bildschirm.

„Du Mama, kannst du mir sagen, was eine Diagale ist?“

Moni schreckte auf und wandte sich um. Hinter ihr stand Lisa mit dem Füller in der einen Hand und dem Geometrieheft in der anderen. „Du, Schatz, die Mami arbeitet momentan ganz fest und muss sich konzentrieren!“, versuchte ihr Moni zu erklären.

„Was schreibst du denn so Wichtiges?“, wollte Lisa wissen, als im gleichen Augenblick das Chatfenster aus der

PremiumPartner-Seite eine neue Nachricht von Superheld#79 meldete. „Ui! Arbeitest du mit Superhelden zusammen?“, fragte sie staunend.

Moni schloss mit ein paar Mausklicks das Chatfenster und stand auf, nahm Lisa an die Hand, um mit ihr ins Kinderzimmer zu gehen und ihr bei der Hausaufgabe zu helfen. Die Diagale war eine Diagonale und Moni konnte der Lisa die Aufgabe so erklären, dass sie nun selbständig weitermachen konnte. Anschließend ging sie wieder zurück an ihren Schreibtisch und öffnete erneut das Fenster mit den Cache-Daten. Wo war sie stehen geblieben? Nach wenigen Augenblicken fand sie die zuletzt gelesene Seite wieder. Angespannt las sie Zeile für Zeile und scrollte den Bildschirm immer wieder so, dass die zuletzt gelesene Zeile ganz ober war. Nach weiteren dreißig ermüdenden Minuten erblickte sie auf dem Bildschirm die bekannte Buchstaben- und Zahlenkombination. Und eine Zeile tiefer wieder, und beim Scrollen war dieses Passwort – dass es ein solches war, da war sie sich jetzt hundertprozentig sicher – immer wieder zu sehen. Beim genaueren Hinschauen sah sie jeweils darüber immer wieder eine weitere Buchstaben- und Zahlenformation: Brummbär#58. War das das Pseudonym, das Haderthanner benutzt hatte? Das war ja leicht herauszubekommen! Schnell öffnete sie wieder die Seite von *PremiumPartner* und musste feststellen, dass Superheld#79 schon wieder eine Nachricht geschickt hatte. Diesmal war sie nicht mehr neugierig und sie meldete sich, ohne die Nachricht gelesen zu haben, ab. Nun erschien wieder die Anmeldeseite der Singlebörse auf dem Bildschirm. Langsam tippte sie als Anmeldenamen Brummbär#58 ein. Dann gab sie das mutmaßliche Passwort ein. „Anmeldename oder

Passwort sind fehlerhaft“ erschien nun auf dem Bildschirm über den getätigten Eingaben.

Moni seufzte enttäuscht auf. So sehr war sie überzeugt gewesen, den richtigen Anmeldenamen gefunden zu haben!

Sie blickte wieder auf den Bildschirm. Ach, sie hatte beim Passwort statt ERHA0558 ERGA0558 getippt, weil das G gleich neben dem H auf der Tastatur lag! Moni versuchte es erneut – und Bingo, sie war drin! Moni freute sich so, dass sie ein lautes „Jaaahaaa“ von sich gab, was Lisa natürlich hörte und sofort zu Moni ins Wohnzimmer lief.

„Was hast denn? Hast du gegen den Superhelden gewonnen?“, fragte Lisa ganz unschuldig.

„Nein, mein Schatz, ich habe etwas Wichtiges entdeckt, das dem Onkel Werner bei der Arbeit helfen wird.“

Als Lisa wieder in ihr Kinderzimmer abzog, navigierte Moni zuerst auf die von Haderthanner eingegebenen Profildaten.

Alter: 61 (Sehr ehrlich, dachte sich Moni. Die meisten Männer machten sich auf solchen Portalen wesentlich jünger.)

Vorlieben: südländische Frauen, Latinas. („Aha, so einer!“, überlegte Moni laut.)

Freunde (Da waren nur drei Einträge vorhanden): BI-Maus#45, Romantica#61 und … Yolanda#66!

Wow!!!

Moni jubilierte, diesmal aber etwas leiser, um nicht wieder Lisa aus ihren Hausaufgaben zu reißen. Geschickt wusste sie den Nachrichtenverlauf zu öffnen. Eine ellenlange Auflistung unzähliger Nachrichten war dort zu sehen. Sie begann den Chatverlauf von Anfang an zu lesen. Mit jeder Nachricht beschleunigte sich ihr Pulsschlag und in ihrem Kopf beantworteten sich viele offene Fragen. Nach einer weiteren halben Stunde – und da hatte sie bei Weitem noch nicht alle Nachrichten gelesen – war ihr mehr als klar, was den alten Haderthanner dazu bewegt hatte, sein nahezu komplettes Barvermögen in die Dominikanische Republik zu überweisen. Diese Yolanda war eine verwitwete Schönheit, 55 Jahre alt, aus der Dominikanischen Republik. Das Profilfoto zeigte eine Latina mit üppiger Oberweite und einem bildhübschen Gesicht mit strahlendweißen Zähnen. Aus der virtuellen Konversation ging hervor, dass sich allmählich eine richtige Beziehung angebahnt hatte. Heiße Liebesschwüre von beiden Seiten schienen geradezu eine Love-Story zu beschreiben. Immer wieder war von einer gemeinsamen Zukunft in der Dominikanischen Republik die Rede. Die Krönung und Besiegelung dazu sollte ein gemeinsames Eigenheim sein, auf einem Grundstück direkt am Strand, das Yolanda in den nächsten Wochen erwerben wollte, wenn Haderthanner ihr das notwendige Geld dazu überwiesen hatte. Haderthanner wollte dann noch vor Weihnachten in die Dominikanische Republik fliegen, um sich das Grundstück anzusehen und mit einem Architekten den Bau des Eigenheims planen.

Moni lehnte sich auf ihrem schon sehr verschlissenen Schreibtischstuhl zurück. Was lief hier ab? Da konnte man die Fäule ja schon aus dem Bildschirm riechen!

Haderthanner lernt eine Schönheit im Internet kennen, verliebt sich in sie, verliert Herz, Kopf und Verstand und schickt ihr all seine Ersparnisse, um damit ein Grundstück zu erwerben und ein Haus zu bauen. Wo war da die Verbindung? Sie hatte sie in ihrem Kopf, es war da! Nur nicht so, dass sie es erkennen konnte.

Plötzlich – von einer Sekunde auf die andere wurde ihr klar, wie die Dinge zusammenpassten! War nicht die Pfitznerin vorletzte Woche in der Karibik gewesen? Wenn das kein Zufall war! Nach ein paar weiteren Überlegungen kombinierte Moni haarscharf – und sprang dabei von ihrem Bürostuhl so heftig auf, dass dieser nach hinten umkippte.

Ja, das war die Lösung! Und das traute sie dieser Person auch zu! Schnell schnappte sie sich ihr Handy und wählte Werners Nummer. Nach dreimaligem Durchläuten ging die Mailbox an. Moni war ja kein Freund von Mailboxen und legte normalerweise immer sofort auf, wenn sie anging, aber in dem Fall war es viel zu wichtig, als dass man es aufschieben konnte. Ganz aufgeregt sprach sie auf die Mailbox: „Du, Werner, ich glaub', ich weiß jetzt wohin … also zu wem das Geld geflossen ist. Ich habe Haderthanners Profil in der Singlebörse geknackt! Da gibt es eine Yolanda, mit der er eine gemeinsame Zukunft in der Dominikanischen Republik verbringen wollte. Dorthin hat der das Geld geschickt! Und ich weiß auch, wer hinter dem Profil dieser Yolanda steckt, keine andere als deine Freundin …", sie legte eine kleine Pause ein, um die Spannung zu erhöhen, „… Ramona Pfitzner!"

„Tuuut tuuut tuuut", machte es, als die Aufnahme unterbrochen wurde, bevor sie den Namen ausgesprochen hatte. Moni wollte aber keine unnötige Zeit verstreichen lassen, ging zu Tom und Lisa und teilte ihnen mit, dass die Mami noch mal schnell in die Altstadt fahren musste, um etwas zu erledigen. „Bleibt's brav, und wenn ich ned so schnell wieder da bin, dann dürft's fernsehschauen."

32. Benno Haderthanner

Moni war so nervös und aufgeregt, dass sie auf der Fahrt zum Mühldorfer Stadtplatz beinahe eine rote Ampel überfahren hätte. Da in der Regel am Spätnachmittag der Stadtplatz voll war, fuhr sie ihr Auto zum Stadtwall, um dort einen Parkplatz zu ergattern. Mit viel Glück gelang ihr das, da gerade eine ältere Frau aus einer Parklücke ausscherte. Die Frau ließ sich sehr lange Zeit und musste mit ihrem Kleinfahrzeug dreimal wieder zurückstoßen, bis sie dann endlich die Parklücke freigab. Monis Nervenkostüm war mehr als angespannt. Nachdem sie ihren Seat fahrschulmäßig in die Parklücke manövriert hatte, stellte sie den Motor ab, stieg aus, verriegelte ihr Fahrzeug und hastete die Stufen zur Bräugasse hinauf. Die bekannte Route führte sie dann in die unmittelbare Nähe des Wohn- und Geschäftshauses von Erwin Haderthanner, dort wo sich im Untergeschoß auch der *Getreidekeller* befand. Als sie etwa fünfzig Meter vom Zielort entfernt war, sah sie aus dem *Getreidekeller* den Benno kommen. Er war der Letzte, dem sie jetzt unter die Augen kommen wollte. Also verbarg sie ihr Gesicht, indem sie sich umdrehte und interessiert die Schaufensterauslage des Weltbuchverlages betrachtete. Haderthanner blieb stehen, nahm sein Handy heraus, wählte eine Nummer und hielt sich das Smartphone ans Ohr. Unmittelbar danach begann er gestikulierend in sein High-Tech-Gerät zu sprechen. Obwohl Benno eine kräftige Stimme hatte, war der Umgebungslärm doch so laut und die Entfernung zu ihm doch so groß, dass Moni durch die Spiegelung der Schaufensterscheibe nur die Mundbewegungen ihres Verflossenen wahrnehmen konnte. Nach ein paar Minuten beendete er das Telefongespräch, steckte das Gerät ein und ging in den Modeladen seines Onkels.

Sch…!, dachte sich Moni und pirschte sich ein paar Meter näher zum Eingang des Modegeschäfts heran, in dem Benno soeben verschwunden war. Monis Neugier war nun angefacht. Langsam und unauffällig, immer die Schaufensterbummlerin vorgebend, näherte sie sich der Auslage von Haderthanners Modeladen. Durch die Spiegelung im Glas konnte sie nur schwer Einblick in den Verkaufsraum gewinnen. Was sie aber sah, genügte, um ihren Gehirnwindungen wieder neue Nahrung zu geben. Benno, der alte Frauenheld, war der Pfitznerin schon sehr nahe, und diese lachte und kokettierte auf Teufel komm raus. Hatte dieser Hallodri jetzt auch diese arrogante Bachstelze herumgekriegt? Oder war es letzten Endes doch die Pfitznerin, die sich an ihn herangemacht hatte? Denn Benno wäre ja theoretisch ein Miterbe vom Nachlass seines Onkels und allein schon deswegen für die Pfitznerin interessant.

Moni hatte sich mittlerweile schon weiter in die Mitte des Schaufensters gewagt, um eine bessere Sicht auf das Treiben im Laden zu gewinnen. Die beiden turtelten ungeniert und waren so mit sich beschäftigt, dass sie weder einen Blick nach draußen warfen noch auf die Idee kamen, dass sie irgendwer durch das Schaufenster beobachten könnte. Als die Pfitznerin dann zum Abschied die Arme um Bennos Hals legte und ihm ein Küsschen auf die Wange hauchte, da kochte es förmlich in Moni. So ein vermaledeites Miststück!, schoss es ihr durch den Kopf und sie musste sich schon sehr beherrschen, um nicht auf der Stelle reinzuplatzen und der Pfitznerin den Marsch zu blasen. Aber mit welcher Berechtigung? Benno war zwar ihr Ex, aber das ging sie jetzt überhaupt nichts mehr an. Und trotzdem ärgerte sie sich maßlos, dass die beiden offensichtlich mehr verband als eine reine Bekanntschaft. Vielleicht aber auch, weil sich dieses respektlose Flittchen nicht nur an den Benno herangemacht, sondern wahrscheinlich auch noch seinen Onkel um seine Ersparnisse gebrachte hatte. Oder – sie konnte in ihrem Gefühlsaufruhr momentan kaum vernünftig denken – steckten die beiden womöglich unter einer Decke?

Moni wich zurück, als Benno Anstalten machte, den Laden wieder zu verlassen. Als er sich schon zum Gehen umgewandt hatte, hielt er plötzlich inne, holte aus seiner Jackentasche seine Geldbörse heraus und entnahm einen Schein, ja, es war ein Hundert-Euro-Schein, drehte sich wieder um und steckte ihn der Pfitznerin – wie widerlich! – in den Ausschnitt. Diese bedankte sich mit mit einem gekonnten Augenaufschlag und mit wie zum Kuss geschürzten Lippen.

Monis Nervenkostüm war jetzt endgültig ausgereizt. Unruhig stapfte sie ein paar Meter zurück, um nicht doch noch von Benno gesehen zu werden, wenn dieser in den nächsten Sekunden aus der Ladentür kommen würde. Einen Wimpernschlag später war er dann auch schon da, und Moni hätte keine Möglichkeit mehr gehabt, ihm auszuweichen. So wartete sie, bis Benno mit zufriedenem Gesichtsausdruck den Stadtplatz überquert hatte und dann in Richtung *Da Riccardo* abbog, was höchstwahrscheinlich auch sein Ziel war. Moni ging vorsichtig wieder zum Eingang von Haderthanners Modeladen. Durch das Schaufenster sah sie, wie die Pfitznerin in ihren kleinen Raum verschwand, wahrscheinlich wieder, um ihr *PremiumPartner*-Portal zu pflegen. Ansonsten befand sich offensichtlich keine weitere Person im Laden, wobei das aufgrund der Größe des Geschäftsraumes nicht so leicht feststellbar war. Aber gerade deswegen, weil sich die Pfitznerin in ihre PC-Kabine verzogen hatte, lag die Vermutung nahe, dass sie allein im Geschäft war. Das war Monis Chance! Schnellen Schrittes ging sie auf die Eingangstür zu, öffnete sie und trat ein. Genauso schnell war sie an der Kassentheke angelangt. So schnell, dass die Pfitznerin gar nicht mit einer Kundschaft gerechnet hatte, sondern meinte, dass der Benno zurückgekommen war. Deswegen blieb sie erst einmal in ihrem Kabuff sitzen und säuselte durch den zugezogenen Vorhang: „Mausibärli, bist du's? Hast was vergessen?“, was Moni schon wieder in Rage brachte. Aber weil sie ihr eigenes Vorhaben nicht durchkreuzen wollte, riss sie sich zusammen, blieb äußerlich ruhig und antwortete genauso süßlich: „Naa, es is nur Kundschaft!“

Sofort steckte die Pfitznerin ihren Kopf hinter dem Vorrang hervor und erwiderte mit einem aufgesetzten Grinsen: „Für Stammkundschaft bin ich natürlich sofort verfügbar!“

Moni hörte sie noch eine Weile auf der Tastatur klappern, dann trat Ramona aus ihrer Kammer heraus. Moni wollte die Pfitznerin in die Enge treiben, und wie, das hatte sie sich erst jetzt in diesem Augenblick überlegt. Dazu war es aber nötig, dass sie ungestört und unbeobachtet, also möglichst weit vom Schaufenster weg waren. Bevor Moni etwas sagen konnte, meinte die Pfitznerin mit einem Hauch von Sarkasmus: „Na? Hat der Rock deine Figur doch ned so richtig unterstrichen?“

Moni ließ sich bewusst provozieren. „Wie meinst des, Ramona?“, fragte sie misstrauisch.

„Ja, weil du doch ein etwas … üppigeres Hinterteil hast, hat der enge Rock vielleicht doch die überflüssigen Pfunde zu sehr betont?“

Moni musste sich sehr beherrschen. „Tja, in Bayern mögen die Mannsbilder halt Rundungen und ned so Steckerlfüß’ wie du sie hast.“ Und mit einem herablassenden Blick auf das nicht allzu ausgeprägte Dekolleté der Pfitznerin fügte sie boshaft hinzu: „Und außerdem stehen richtige Männer auf ein gscheites Holz vor da Hüttn!“

Da lief die Pfitznerin vor Wut rot an, und fast hätte man meinen können, sie haut der Moni eine runter, so sehr blitzten ihre zusammengekniffenen Augen. Aber sie riss sich zusammen und blaffte Moni an: „Was willst’d denn hier, außer zu stänkern?“

Da Moni wusste, dass sich die Damenunterwäsche im hinteren Drittel des Ladengeschäftes befand, meinte sie: „Einen BH würde ich mir gerne kaufen, der mein Holz vor der Hüttn schön zur Geltung bringt.“

Die Pfitznerin wollte Moni wieder abwimmeln und antwortete: „Schaust halt hinten, weißt eh, wo’s sind!“, und machte sich daran, sich wieder in ihre Kammer verziehen.

Aber da hatte sie nicht mit Monis Hartnäckigkeit gerechnet. „Ich bräucht’ aber ein wenig Beratung dabei!“, heuchelte sie.

Also nahmen beide Kurs auf die Wäscheabteilung. Moni stöberte sich langsam durch die Regalständer und die Pfitznerin musste ihr – wenn auch widerwillig – wie ein Entlein hinterherwatscheln. Als sie weit genug vom Einsichtbereich des Schaufensters weg waren, fragte Moni: „Ich hab’ ghört, du warst vorletzte Woche in der Domrep?“

„Ja und? Is des verboten?“

„Naa, wennst nix angstellt hast, dann ned!“ Moni, immer noch dabei, die einzelnen Wäschestücke eingehend zu betrachten, meinte dann nach einer Weile beiläufig: „Ramona, sag’ mal, bist du ned auch auf so einem Portal, auf so einer Singlebörse angemeldet?“

Die Augen der Pfitznerin funkelten gefährlich. „Was sollte ich auf so einem Portal, ich hab’ ja meinen Schatz schon gfunden, den kennst du sogar, den Benno!“, wich die Pfitznerin aus und musterte dabei Moni eindringlich.

Die ließ sich aber nicht aus der Ruhe bringen und fuhr fort: „Ich mein’ ja nur … weil ich geglaubt hab’, dein Profil dort schon mal gsehen zu haben.“

„Welches Profil? Ich hab’ keins!“ Ramonas Augen lagen lauernd auf Moni.

„Ned? Hmm … Ich dachte, du bist die … Yolanda#66?“

Moni konnte beobachten, wie die Pfitznerin bei der Erwähnung des Profilnamens zusammenzuckte. Zu allem Ärger läutete ausgerechnet jetzt im Kabuff das Handy der Pfitznerin. Diese nutzte auch gleich die Chance, der unangenehmen Situation zu entkommen, und eilte schnellstens zu ihrem Handy.

Moni hörte, wie Ramona das Gespräch annahm, sehr kurz angebunden war und versuchte, das Telefonat so schnell wie möglich zu beenden. Nachdem Ramonas Stimme verstummt war, horchte Moni, ob sie jetzt wieder zu ihr in die Wäscheabteilung kommen würde, und überlegte, was sie tun sollte, falls nicht. Aber es war still. Sehr still. Nur das leise Öffnen und Schließen einer Schublade war zu hören …

33. Werner Huber

Werner verfolgte die Pressekonferenz mit gemischten Gefühlen. Erstens, weil sie wie erwartet ein Monolog Keilhofers wurde, und zweitens, weil der den Vertretern der örtlichen Presse den Bichler als den Hauptverdächtigen vorführte, dem nur noch anhand der vorgelegten Indizien ein Geständnis abgerungen werden musste. Werner, der davon überzeugt war, dass Bichler nicht der Mörder war, überlegte schon, wie der Keilhofer da wieder rauskommen wollte, wenn sich dann herausstellte – und das würde es, da war er sich sicher –, dass der Bichler unschuldig war.

Als Keilhofer mit seinen Ausführungen fertig war, setzte er sich und sah aus wie ein Schuljunge, der ein gutes Referat gehalten hatte. Erwartete er Beifall oder etwa ein Lob? Die Frage der Pressefuzzis, warum denn so lange keine Informationen geflossen waren, beantwortete Keilhofer mit „aus ermittlungstaktischen Gründen." Nur eine einzige Frage wurde an Werner gerichtet. Und da ging es um die Sache mit der Moni, die vom Bichler in der Wohnung überwältigt worden war. Die Frage lautete sinngemäß, welche Rolle denn die verletzte Person bei den Ermittlungen spielte und wieso sie eine Woche nach dem Mord in der Wohnung des Opfers gewesen war. Als Werner die Frage beantworten wollte, fuhr Keilhofer dazwischen und meinte, die besagte Person habe der Schwester vom Haderthanner einen Gefallen erweisen und etwas aus der Wohnung holen wollen. Dabei streifte er Werner mit einem Blick, der sagte, dass das noch ein Nachspiel haben würde. Ein paar weitere belanglose Fragen über den Termin der Vorführung beim Untersuchungsrichter und wann mit dem

Prozessbeginn zu rechnen sei, beantwortete der Keilhofer so genau, als ob dies schon alles feststünde.

Nach der Pressekonferenz ging Werner mit Keilhofer zum Treppenhaus und fuhr mit ihm – diesmal mit dem Aufzug – in den zweiten Stock zurück. „Haben wir das nicht wieder sehr gut hinbekommen?“, posaunte Keilhofer heraus, mehr als Feststellung denn als Frage. Kurz bevor sie ausstiegen, meinte er dann noch: „Das mit der Frau Beck … darüber müssen wir noch sprechen. Möglicherweise hat dies noch strafrelevante Folgen!“

Werner ließ die Aussage so stehen und nahm Kurs auf sein Büro. Kurz davor passte ihn schon die Cindy ab. „Und, wie war's?“

„Du meinst wohl, wie *er* war?“

Cindy nickte eifrig.

„Langweilig und voll auf der falschen Fährte!“, antwortete Werner ärgerlich.

Cindy wollte aus Loyalität zu ihrem Chef hierzu keine Stellung beziehen und wechselte das Thema. „Du, Werner, irgendein Vogel aus München, vom Ressort Finanzverbrechen, hat bei dir schon zweimal angrufen. Ich hab' ihn vertröstet und gesagt, dass du glei nach der Pressekonferenz zurückrufst!“

Werner ging in sein Büro, schloss die Tür hinter sich und setzte sich an den PC. Parallel zum Telefonat mit dem Herbert wollte er noch seine E-Mails checken.

„Servus, Werner!“, begrüßte ihn sein Kollege. „Du bist ja schlechter zu erreichen wia da Papst! Oiso … I hab' mit den Kollegen der internationalen Finanzfahndung gsprochen, und die ham de Kontoinhaberin ermittelt: Eine Yolanda Cortez di Maria aus Santa Domingo hat dieses Konto erst vor zwei Wochen eröffnet. Und da du mir gsagt hast, dass es bei der Mordsache mit dem Blumentopfmörder eine Rolle spielt, ham de no weiter gforscht. Was rauskommen is, is, dass es diese Yolanda Cortez di Maria gar ned gibt, zumindest ned unter dem Namen."

Werner frohlockte innerlich. „Du bist ein Schatz, Herbert, de Information is sogar zwei Mass wert!"

„Dann schau zua, dass'd wieder amoi nach Minga kommst!", forderte der Herbert ihn auf.

Aber da waren Werners Gedanken schon wieder ganz woanders. Nach einem herzlichen Dankeschön und einem kurzen Abschiedsgruß beendete Werner das Telefonat. „Schau dir des an!", sprach er zu sich selbst. „Da is der Haderthanner wohl einer Schwindlerin aufgsessn. Aber warum kommt mir der Name so bekannt vor?"

Er überlegte und überlegte. Dann nahm er das gefaltete Papier mit seinen Aufzeichnungen heraus und durchforstete diese. Darauf waren ein paar Namen festgehalten. Namen von Personen, die größere Überweisungen bekommen oder selbst welche getätigt hatten. Aber ein paar Zeilen weiter stand da ganz deutlich Cortez di Maria, Y. Zur Überprüfung zückte er sein Handy und suchte in den abfotografierten Zetteln auf Haderthanners Schreibtisch. Jawohl, der war's! Es stand zwar nicht der vollständige Name darauf, aber der Vorname Yolanda in Verbindung mit der sonderbaren Kombination #66.

So, jetzt musste er nur noch herausbekommen, wer diese Yolanda war, dann war ein weiterer Meilenstein erreicht und vielleicht auch ein Hinweis oder ein Motiv des Täters aufgedeckt werden, sagte er sich. Er spürte förmlich, dass er vor der unmittelbaren Auflösung des Rätsels stand …

Als er die Foto-App wieder geschlossen hatte, bemerkte er, dass auf seinem Handy immer noch der Flugmodus eingeschaltet war. Er deaktivierte ihn und bekam zwei Meldungen: Ein Anruf und eine Sprachnachricht von Moni! Er hörte die Nachricht ab und wurde ganz aufgeregt, als das Band dann viel zu früh abschaltete: „… das Geld geschickt! Und ich weiß auch, wer hinter dem Profil dieser Yolanda steckt, keine andere als deine Freundin …“ Hier endete die Sprachnachricht.

Welche Freundin? Was wusste die Moni von seinem Liebesleben? Aber die, die er mehr oder weniger regelmäßig besuchte, konnte doch nicht einmal einer Fliege etwas zuleide tun! Und mit Singlebörsen kannte die sich auch nicht aus! Werner schüttelte den Kopf, dachte kurz nach und wählte Monis Nummer. Es läutete zwar durch, aber Moni ging nicht ran. Das war schon sonderbar! Zweiter Versuch: Festnetz. Nach dreimaligem Klingeln meldete sich Lisas süße Stimme: „Hier Lisa Beck!“

„Du, Lisa, hier is der Onkel Werner. Is die Mami da?“

„Nein, die is noch in die Stadt gfahren, weil sie was Wichtiges zu erledigen hat. Wahrscheinlich, weil sie den Superhelden besiegt hat, da hat sie sich sooo sehr gefreut, dass der Bürostuhl umgfallen is!“

Werner verstand überhaupt nichts. Superheld besiegt, in die Stadt, was zu erledigen? „Was für ein Superheld?“, fragte Werner noch, aber die Kleine sagte nur noch: „Tschühüs!“ und legte auf.

Werner war sehr verunsichert. Moni ließ die Kinder alleine zu Hause und ging dann nicht an ihr Handy. Und dann noch die Sprachnachricht, wo doch die Moni Sprachnachrichten verabscheute. Irgendetwas stimmte hier nicht! Die

Moni wird doch nicht schon wieder eigenmächtig ermitteln?, überlegte er. Aber wen hatte sie gemeint mit „deine Freundin“? Er blickte auf sein Handy, das genau in dem Moment zu vibrieren anfing und auf dem Display den Namen seinen Freundes Martl anzeigte.

„Was gibt's denn, dass du mich am helllichten Tag anrufst?“, blaffte er genervt ins Telefon.

„Du, Werner … du musst mir helfen! Du weißt, dass ich dich selten um einen Gfallen gebeten hab' … aber heut' is mir des wichtig!“

„Was hast denn angstellt?“, frotzelte Werner.

„I bin heut' in eine Radarfalle reingfahrn, aber schon so! I glaub', i war vierzig zu schnell! Und des kost mi an Schein!“

Pause.

Werner wusste nicht sofort, was er darauf antworten sollte, und fragte stattdessen: „Und was soll ich da jetzt genau tun?“

„Wenn'st schaun kannst, dass des Foto verschwindet, dann wär' i dir scho gscheid dankbar!“

„Ja wie stellst du dir des vor? De Radarkontrolle wird von einem Fremddienstleister gmacht, da bekommen wir gar nix mit. Die schicken die Ordnungsstrafen glei direkt zu den Verkehrssündern, und die härteren Sachen gehen an so eine Zentralstelle!“, erwiderte Werner.

„Du machst des scho!“, behauptete Martl zuversichtlich. Und weil das Problem für ihn damit gelöst war, schnitt er ein anderes Thema an. „Hat sich die Ramona no amal bei dir gmeldet?“

„Die soll sich unterstehen und no amal bei mir anrufen!“, antwortete er. „Also, Martl, ich muss jetzt wieder …

Ich schau', was ich für dich tun kann, aber versprechn kann ich dir nix! Servus, bis zum Sonntag!"

„Danke, du bist halt a Freund! Servus!"

Werner starrte vor sich hin und ließ das Gespräch Revue passieren. Genau! Das war es! Die Moni hatte mit „Freundin" ironischerweise die Pfitznerin gemeint! Steckte die hinter der Yolanda? Und vielleicht auch hinter dem Mord? Werner konnte es nicht glauben! Aber, wenn man eins und eins zusammenzählte, dann bekam alles einen Sinn. Und wenn das alles zutraf, dann war Moni in großer Gefahr!

Werner sprang auf, schnappte sich seine Polizeijacke und -mütze und stürmte aus seinem Büro, und zwar direkt in das Nachbarbüro, zum Brucker, der aber nicht da war. Dann hetzte er ins nächste Büro, in das von der Cindy.

„Wo is denn der Brucker?"

„Ein Verkehrsunfall, mit'm Damoser is er da hingfahren!", antwortet Cindy.

„Sag' ihm, ich bin unten am Stadtplatz, beim Modeladen vom Haderthanner. Sobald er fertig is, soll er gleich direkt dort hinkommen!", rief ihr Werner beim Hinauslaufen zu, rannte so schnell er konnte zu seinem Dienstfahrzeug, stieg ein und fuhr mit Blaulicht und Martinshorn los.

34. Ramona Pfitzner

Moni kramte erst einmal weiter in den Wäscheständern, ohne darauf achtzugeben, was die Pfitznerin jetzt vorhatte. Aus den Augenwinkeln sah sie sie dann auf sie zukommen. Moni ging ein paar Schritte weiter und wühlte nun in einem Präsentationstisch mit Damenslips im Angebot. Ramona blieb hinter ihr stehen und wartete offensichtlich auf eine Reaktion. Als nichts kam, fauchte sie Moni an: „Wie war des mit dem Profil, du Polizistenflietscherl?"

Moni drehte den Kopf zu Ramona – und sah direkt in den Pistolenlauf einer kleinkalibrigen Schusswaffe! Moni zuckte zusammen, drehte sich ganz um und wich reflexartig zurück. Da stand aber der Präsentationstisch und so konnte sie keinen größeren Abstand gewinnen. Ihr Puls schnellte in die Höhe und Angst erfüllte sie. „Was soll des, willst mich jetzt erschießen?" Sie versuchte Zeit zu gewinnen.

„Wenn du dich so verhältst, wie ich dir sag', dann passiert dir nix!", erwiderte Ramona mit ausdrucksloser Miene. „Wenn du aber vorhast, mir meinen Plan zu durchkreuzen, dann kann des schnell ein böses Ende mit dir nehmen!", fauchte sie. „Wie bist denn draufgekommen, dass ich die Yolanda bin? Hast mir nachspioniert, du dreckiges Luder! Aber von dir lass' ich mir mei Zukunft ned vermasseln! Es is alles nach Plan glaufen – nur wegen dir muss ich jetzt kurzfristig umdisponieren. Aber ich wär' ja ned die geniale Ramona, wenn ich des ned schaffen würde!"

„Du wirst doch ned glauben, dass du so ohne Weiteres davonkommst?", versuchte Moni nun, die sich mittlerweile wieder etwas gefangen hatte, die Pfitznerin zu verunsichern.

„Pah, des wäre ja gelacht!

Ein Vibrieren, begleitet von einem hellen Klingelton, war nun zu hören. Es kam aus Monis Gesäßtasche.

„Raus damit! Und wirf es in den Präsentationstisch da!", befahl die Pfitznerin und fuchtelte mit ihrer Waffe herum.

Moni zog ihr Handy heraus, warf kurz einen Blick darauf, erkannte Werners Nummer und deponierte es wie befohlen an den besagten Ort. Nach mehrmaligem Klingeln verstummte es wieder. Werner hatte offensichtlich ihre Nachricht abgehört und wollte sich nun genauer erkundigen. Und so, wie sie Werner kannte und einschätzte, würde er sie jetzt suchen. Und wo, das hatte sie ihm ja in ihrer Sprachnachricht indirekt vermittelt. Also ging es jetzt darum, so viel Zeit wie möglich herauszuschinden!

„Warum ... warum hast du den Haderthanner umbringen müssen?, startete Moni nun das Ablenkmanöver.

„Weil der Depp anders ned anbissen hat! Den hab' ich umgarnt wie selten einen Mann. Hab' kurze, enge Röcke angezogen – die mir wesentlich besser stehen als dir – hab' eindeutige Anspielungen gemacht. Aber nein, der alte Tatterer steht auf dunkelhäutige Frauen und Latinas!" Verächtlich verzog sie ihren Mund.

Moni ignorierte die beleidigende Bemerkung über die unterschiedliche Passform von Miniröcken und provozierte die Pfitznerin, um das Gespräch am Laufen zu halten. Sie wusste, dass diese Vorgehensweise auch nach hinten losgehen und die Situation eskalieren konnte, aber ihr blieb keine andere Wahl. „Ramona, war es der Haderthanner oder sein Geld, das du wolltest?"

„Sein Geld natürlich, der Geizkragen wär' ja sonst auch in seinem Haufen Geld irgendwann einmal gstorben!" Ramona überdrehte die Augen. „Des alles hat sich eines Tages so ergebn … Er hat mich hier im Gschäft erwischt, wie ich grad im *PremiumPartner*-Portal, damals noch unter einem anderen Pseudonym, gsurft bin. Ich hab' scho dacht, der schreit jetzt rum oder schmeißt mi raus. Aber nix! Stattdessen hat er sich dafür interessiert, wie man so ein Profil anlegt. Und da hab' ich ihm halt gholfen …. Interessen: südländische Frauen, Latinas …" Die Pitznerin machte eine abwertende Geste. „Phhh!!! Und *mi* lässt er abblitzen, der oide Depp!" Sie machte eine kleine Pause und erzählte weiter: „Aber ab dem Zeitpunkt war ich seine Vertraute in Liebessachen! Und da is mir die Idee mit der Yolanda gekommen! Also hab' ich ein Fake-Profil anglegt, das Foto einer schwarzhaarigen Schönheit reingstellt und ihn dann angschrieben. Er hat sofort anbissen! Und der Aff hat mir dann immer brühwarm erzählt, was die Yolanda alles gschrieben hat!" Sie lachte schrill auf.

„Is ihm des ned sonderbar vorkommen, dass du auf Deutsch mit ihm kommuniziert hast? Weil Spanisch kannst du sicherlich ned."

„Ich hab' ihm einfach gschriebn, dass meine Mutter deutschstämmig is und ich in Santa Domingo mehrere Jahre Deutsch glernt hab'. Des hat der scho gfressn, so verliebt war er in die Yolanda! Und vor lauter Liebe wollt' er dann mit ihr eine Zukunft in der Dominikanischen Republik aufbauen." Ramona machte eine Pause und erinnerte sich. „Bis zu dem Zeitpunkt hab i nur mit ihm gspielt. Aber dann hab' ich ihm gschriebn, dass ich ein schönes Grundstück direkt am Strand kenn' und einen Architekten, der dort was

Schönes planen könnt'. Den Namen des Architekten hab' ich natürlich im Internet recherchiert. Und kaufen musste des ja ich, weil der Grund nur an Einheimische verkauft wird. Also hab' ich Urlaub gnommen und meinem Chef gsagt, dass ich dringend zu meiner reichen Erbtante nach Berlin muss. Ich bin aber in die Dominikanische gflogen und hab' dort ein Konto eröffnet – natürlich auf einen anderen Namen, nämlich auf Yolanda Cortez di Maria. Hört sich doch gut an, ned wahr? Und dann hat er mir flugs des Geld überwiesen und scho war ich reich!" In Ramonas Augen blitzte so etwas wie Wahnsinn auf.

„Und welche Rolle spielt da dei Haberer, der Benno?"

„Der Looser hat davon nix mitkriegt. Er hat mir lediglich den falschen Pass bsorgt, weil ich ihm gsagt hab', dass ich da so einen reichen Rentner im Internet kennenglernt hab', den ich mit einem kleinen Trick etwas erleichtern möcht'."

„Und warum ned da Benno, sondern der alte Haderthanner? Der Benno bekommt doch jetzt eh das Erbe!", flunkerte Moni.

„Erstens mal hab' ich mit eigenen Augen gsehn, dass der alte Haderthanner den Benno enterbt hat. Der oide Depp hat des Testament bei mir da in der Schublade aufbewahrt, nachdem der Bichler ihm des bracht hat. Und weil ich mein Glück dann selber in die Hand gnommen hab', hab ich den eingebildeten, selbstverliebten Schnösel nimmer braucht." Die Pfitznerin kam nun einen Schritt näher auf Moni zu, die Waffe im Anschlag immer noch auf sie gerichtet.

„Und dann hast dem Haderthanner eiskalt den Blumenstock auf den Kopf gschmettert?“ Moni versuchte verzweifelt, weitere Zeit zu gewinnen.

„Was hätt’ ich anders tun sollen? Anfangs war er so verliebt, dass er nimma vernünftig hat denken können, aber dann hat der alte Depp angfangen nachzuforschen und hat sich über ein Detektivbüro nach der Identität der Yolanda erkundigt. Mir hat er des an dem Vormittag erzählt. Und da … da is mir nix anderes übriggebliebn … Erst wollt ich ihn vor seiner Wohnung abpassen, aber dann hab ich den großen Blumentöpf da oben gsehn, und somit war des Plan A. Plan B wäre dann immer no möglich gwesn, aber des mit dem Blumentopf hod so guad klappt! I war beim Werfn immer scho guag gwesn! Des verstehst du doch, Moni, oder? I hob des tun *miassn*!“

„Na, des versteh’ i ned!“, widersprach ihr Moni. „Und du glaubst, du wärst damit durchkommen?“

„Was heißt da *wärst?* Ich *bin* durchkommen! Es lief alles wie geplant … bis du hinterlistiges Drecksstück rumgschnüffelt hast und auf mein Profil kommen bist. Jetzt muss ich meinen Flug nach Kingston vorverlegen, aber davon kannst du Provinzschnalle mich nimmer abhalten.“

„Wieso Kingston?“ Ein letzter Versuch, Zeit zu gewinnen.

„Weil ich auf Jamaika auch Zugriff zu meinem Konto hab’. Des wird dann leergräumt … Und ich hab’ mir noch eine weitere Identität verschafft, so werd’ ich dann mein Leben auf Jamaika als Jody Bernstein verbringen, hahaha!“ Die Pfitznerin lachte lauthals und Moni sah den Irrsinn in ihren Augen. „Aber, Schätzchen“, die Pfitznerin schritt nun noch näher an Moni heran, „du wirst das nicht mehr erleben. Dafür warst du mir jetzt zu neugierig. Ich kann dich doch nicht mit dem Wissen einfach so gehen lassen!"

Moni lief es eiskalt über den Rücken und ihre Knie fingen an zu schlottern.

„Dreh dich um, aber langsam!", befahl die Pfitznerin.

Moni wusste, dass sie jetzt schnell handeln musste, wenn sie aus der Situation noch lebend herauskommen wollte. Sie folgte der Anweisung, aber bevor sie irgendetwas tun konnte, spürte sie auf dem Hinterkopf einen harten Schlag, der sie sofort zum Taumeln brachte. Sie sackte zusammen und verlor die Besinnung …

Als sie wieder zu sich kam, waren ihre ihre Hand- und Fußgelenke am Rücken zusammengebunden, sodass sie weder aufstehen noch sich robbend vorwärtsbewegen konnte. Ihr Mund fühlte sich ausgetrocknet an. Er war mit einem Knebel verschlossen, der mit einer Binde, die um ihren Kopf gewickelt war, gehalten wurde. In ihrem Schädel hämmerte eine ganze Armee von Schmieden und an ihrem Hinterkopf spürte sie klebriges Nass. Wie aus weiter Ferne hörte sie erneut ihr Handy läuten und sie war sich sicher, dass es Werner war.

Die Pfitznerin befand sich noch im Geschäft, denn Moni hörte sie telefonieren. Es ging um eine Flugumbuchung, aber aufgrund ihres Zustandes konnte Moni nicht alles verstehen und schon gar nicht dem Gespräch folgen. Was sie aber hörte, war „British Airways" und „19:45 Uhr". Unter extremen Schmerzen hob Moni leicht den Kopf, um mehr vom Telefonat mitzubekommen. Ramonas Stimme war nun nicht mehr zu hören, aber … da war etwas anderes! Erst jetzt bemerkte sie den aufdringlichen Geruch.

Billiges Parfüm … nein … Da befiel sie plötzlich Panik, denn es war der Geruch von Benzin! Als sie nochmals den Kopf hob, sah sie die Pfitznerin auf sie zukommen. „Hast aber einen harten Dickschädel!“, machte sie sich über die Moni lustig und beugte sich so tief zu ihr hinab, dass Moni durch den Benzingeruch ihr Parfüm riechen konnte. Moni dachte, auch nicht viel besser, der Geruch, dachte auch noch einen kurzen Moment an ihre Kinder und spürte dann einen weiteren Schlag auf ihren Kopf. Nun glitt sie endgültig in einen tiefen Schlaf …

35. Werner Huber

Mit Blaulicht und Martinshorn fuhr Werner mit hoher Geschwindigkeit und großes Aufsehen erregend in die Altstadt. Der einsetzende Feierabendverkehr ließ ihn an der einen oder anderen Stelle stocken, da aufgrund der Verkehrsdichte nicht jedes Auto sofort rechts ranfahren konnte. Während der Fahrt hatte er nochmals vergeblich versucht, Moni am Handy zu erreichen. Beim Fahrzeug vom Damoser und Brucker hatte er dann noch einen Funkspruch hinterlassen, um sie erneut darauf hinzuweisen, nach Abschluss der Unfallaufnahme unverzüglich zum Stadtplatz zu kommen.

Er war immer noch nicht am Zielort, da kam ein Funkspruch, auf den er gerne verzichtet hätte, nämlich vom Keilhofer. Der bellte so laut ins Mikrophon, dass die Lautsprecher des Funkgerätes kurz davor waren, sich zu verabschieden. „Huber, was is los? Warum machen's so einen Wirbel? Und wer wann wohin befohlen wird, das entscheide immer noch ich, verstanden?“

Werner versuchte sich zu rechtfertigen. „Hier geht's um Leben und Tod, da musste ich sofort los und brauche Verstärkung! Ich glaub', wir haben den Mörder vom Haderthanner, aber da ist wahrscheinlich eine Person gerade in starker Bedrängnis.“ Als Keilhofer ungebremst weiterbrüllte, legte Werner das Mikrophon wieder auf die Gabel zurück und schaltete das Funkgerät aus. Gleich danach vibrierte und quakte sein Handy, was er ebenfalls ignorierte.

Da die Hauptstraße durch den Stadtplatz ziemlich verstopft war, stellte er sein Auto seitlich ab und ließ das Blaulicht an. Er stieg aus und rannte so schnell er konnte auf das

Ladengeschäft vom Haderthanner zu. Die umstehenden Passanten schauten teils neugierig, teils erschrocken dem Einsatz zu. Ein paar rauchende Gäste vom *Getreidekeller* standen vor dem Abgang zum Lokal und beobachteten erstaunt, wie Werner im Laufschritt zur Eingangstür vom Modegeschäft rannte. Diese war wie erwartet abgeschlossen. Werner lugte hinein. Drinnen brannte kein Licht, alles war ziemlich dunkel … nein, nicht ganz! Im hinteren Teil flackerte etwas … Werner erschrak. Feuer! Er nahm sein Handy heraus, wählte die 112 und wurde sofort mit der Rettungsleitstelle Traunstein verbunden. Professionell gab er seine persönlichen Daten und alle Informationen an, die für so einen Einsatz benötigt wurden. Zudem hinterließ er seine Dienstnummer, um der Brisanz seiner Meldung Nachdruck zu verleihen.

Mittlerweile konnte er schon Rauchschwaden im Inneren des Geschäfts erkennen. Er nahm seine Dienstwaffe aus dem Holster, was die sensationslüsternen Gaffer mit einem Schrei zurückschrecken ließ. Mit dem Schaft der Pistole schlug er auf die Scheibe der Eingangstür ein, nach drei bis vier Schlägen zerbarst sie. Blitzschnell zog er einen Handschuh an und griff durch das gezackte Loch der zerbrochenen Scheibe, um den Türgriff von innen zu fassen zu bekommen. Die Tür ließ sich aber nicht öffnen, sie war mit dem Schlüssel zugesperrt worden, der aber nicht steckte. Also nahm Werner einen kurzen Anlauf und warf sich mit seinem ganzen Körpergewicht gegen das noch in der Eingangstür verbliebene Verbundglas. Samt den Glasscherben landete er unsanft im Inneren des Geschäfts auf dem Teppichboden. Beißender Rauch kam ihm entgegen, der jetzt durch die aufgebrochene Tür nach draußen drang. Werner erhob sich und ging in geduckter Haltung suchend durch das Geschäft. "Moni! Moni!!!" Die immer stärker werdende Rauchentwicklung im Laden ließ ihn husten und behinderte auch die Sicht. Mit einem blechernen Getöse fiel ein großer Kleiderständer um, dessen beladene Bügel auf seinem Rücken landeten und ihn niederdrückten. Nun setzte er seinen Weg auf allen Vieren fort. Die Flammen loderten immer dichter, je weiter er nach hinten kam. Da! Da lag jemand auf dem Boden! Werner beschleunigte seinen Vierfüßlergang und konnte nach wenigen Sekunden die Moni – bewusstlos, sonderbar verknotet, geknebelt und mit einer blutenden Kopfwunde – ausmachen. Er rappelte sich auf und hob Moni auf seine Arme. Das Flammenmeer wurde immer bedrohlicher. Der Sauerstoffmangel und der immer dichter werdende Rauch erschwerten ihm das Atmen und umstürzende Regale behinderten ihn auf dem Weg zum Ausgang, wohin er die bewusstlose Monis bringen wollte. Endlich sah er sein Ziel vor Augen, es waren nur noch ein paar Meter. Erleichtert vernahm er das Sirenengeheul der Feuerwehr. Mit allerletzter Kraft hievte er Moni noch einen halben Meter weiter, bevor sein Gesichtsfeld immer enger wurde und er in Ohnmacht fiel …

Als er hustend erwachte, fand er sich auf einer Trage in einem Rettungswagen wieder und wusste nicht, wie lange er ohnmächtig gewesen war. Sobald er sein Bewusstsein vollständig erlangt und der Husten etwas nachgelasssen hatte, erkundigte er sich nach Moni.

„Alles gut, Herr Huber! Die Frau Beck ist bestens versorgt und bereits unterwegs ins Krankenhaus", beruhigte ihn der Rettungssanitäter.

Werner richtete sich auf und bemerkte die Kanülen in seinem Arm, an denen zwei Infusionen angeschlossen waren, die von der Decke des Rettungsfahrzeuges baumelten. Die rückwärtige Tür wurde geöffnet und Brucker wagte einen Blick auf Werner. „Na, bist unter die Rauchfangkehrer gegangen?“ Er fand seinen Kommentar so witzig, dass er ein Grinsen nicht unterdrücken konnte.

„Jetzt is keine Zeit für Scherze, wir müssen handeln!“ Werner wurde ganz hektisch, als er an die Ergreifung der Mörderin dachte und wollte von seiner Trage aufstehen, was der neben ihm sitzende Rettungssanitäter geschickt zu verhindern wusste.

„Nix müssen wir!“, verkündete Brucker mit einem breiten Grinsen.

Werner konnte nicht verstehen, wie man nur so ignorant sein konnte!

„Die Moni hat sich nicht so wie du gleich auf eine Trage zum Schlafn glegt. Sie hat uns, bevor sie abtransportiert wurde, mit allen notwendigen Informationen versorgt, sodass die Fahndung nach der Pfitznerin unmittelbar eingeleitet werden konnte. Die kommt ned weit, am Flughafen warten schon die Kollegen auf sie, wenn sie denn ned scho vorher abgfangen werden kann.“

Werner schloss die Augen und ließ sich erleichtert auf die Trage zurücksinken.

Epilog

Feine Schneeflocken tänzelten um die Äste eines blattlosen Baumes herum. Der Herbst war nun endgültig vorbei und der Winter kam mit großen Schritten ins Land.

Werner und Moni saßen in der Cafeteria des Mühldorfer Krankenhauses und blickten von dort in die Gartenanlage des Gebäudes. Stumm verfolgten sie die ersten Schneeflocken und waren in ihre Gedanken versunken.

„Ja, da seid's ja!" Die bekannte Stimme vom Brucker beförderte sie wieder in die Gegenwart zurück.

„Servus, Brucker! Setz dich zu uns!", forderte Werner seinen Kollegen auf.

„Wie geht's euch beiden?", fragte Brucker, wobei er aber nur Moni anschaute, und setzte sich an den Tisch.

„Mei, des wird scho wieder", antwortete Moni, „der Kopf brummt halt, weil die blöde Nuss von Pfitznerin gleich zweimal hat draufschlagen müssen! Und die Platzwunde is diesmal ein wenig größer, aber da die Haare wieder drüberwachsen, tut des meiner Schönheit auch keinen Abbruch."

Brucker sah sie aufmerksam an und nickte.

„Und was is jetzt rauskommen bei der Sach'?", wollte Werner, nun schon ganz ungeduldig, wissen.

Brucker überlegte kurz und informierte sie über den aktuellen Stand: „Ja, die Pfitznerin ham sie am Flughafen beim Einchecken glei kassiert. Die hat no a bissal aufgmuckt, meinte, einen auf Chicago machen zu müssen und hat ihre Waffe gezogen. Aber die Flughafenpolizei is ned auf der Brennsuppn dahergschwommen, de ham glei gsehn, dass des nur a Schreckschusspistole war, und ham ihr die wie einem dummen Lausbub, der nur angeben will, einfach abgnommen. Gestern bei der Vernehmung hat's alles gstanden und den Benno Haderthanner noch mächtig belastet, weil der ihr einen gfälschten Pass bsorgt hat. Sie hat auch no zu Protokoll gegeben, dass sie mitghört hat, wie der Benno dem Bichler den Deal mit dem Schuldschein vorgschlagen hat. Ja, und der Keilhofer hat gestern mit dem Ressort für Finanzverbrechen telefoniert, weil er wissen wollt', wer hinter der Überweisung an des Konto in der Dominikanischen Republik steckt, und war ned schlecht überrascht, dass die eh schon im Bilde waren. Das Geld is wieder auf dem Weg auf Haderthanners Konto, und die Testamentsverkündigung kann übermorgen stattfinden – allerdings ohne den Benno Haderthanner, denn der sitzt in Untersuchungshaft."

Werner lächelte schadenfroh.

„Ja, und den ham wir dann heut' auch verhört. Der Keilhofer is sich no ned sicher, ob er ned doch etwas gwusst hat vom Mord an seinem Onkel, wo doch die zwei, die Pfitznerin und er, so a nettes Pärchen waren. Deshalb hat er ihn in Untersuchungshaft gsteckt. Auf alle Fälle wird der auch sitzen, wegen Anstiftung zum Diebstahl und Dokumentenfälschung. Der Keilhofer hat gsagt, der sitzt mindestens drei Jahr."

Als Brucker mit seinem Bericht fertig war, saßen die drei da und schauten dem Treiben der Schneeflocken draußen zu. Da niemand etwas sagte, durchbrach Moni die Stille: „Wer wird denn jetzt den Laden führen, wo doch die Pfitznerin nicht mehr da is?"

„Ob da jemals wieder ein Modegschäft reinkommt, des wag' ich zu bezweifeln. Der Brand hat so ziemlich alles verwüstet da drin. Ein Wunder, dass bei den Löscharbeiten der *Getreidekeller* nicht wesentlich zu Schaden gekommen is", wusste Brucker zu berichten. Nach einer Weile, die wiederum von Schweigen geprägt war, stand er auf und meinte: „Ich werd's jetzt wieder packen. Die Pflicht ruft! Und euch noch gute Besserung! Der Keilhofer lässt übrigens grad einen großen Geschenkkorb für euch herrichten und freut sich scho auf die Pressekonferenz morgen, wo er wieder verkünden wird, wir gut er den Mordfall aufklärt hat! Also dann … servus beinand'!"

Moni und Werner saßen weiterhin stumm da, lächelten sich hin und wieder an und beobachteten das Schneetreiben im Garten. Es schneite nun stärker, die Schneekristalle landeten in dicken Flocken auf den Ästen der Bäume und sammelten sich dort. Jetzt war es Werner, der die Stille beendete. „Was man heutzutage alles im und mit dem Internet machen kann! Wenn man bedenkt, dass wir früher die Mädels beim Tanzen kennenglernt ham und ned beim Chatten ..."

Moni nickte zustimmend. „Und wenn man jung is, dann is des Kennenlernen a koa Problem. Nur in unserem Alter, wo möchtest du da noch jemanden kennenlernen? Höchstens beim Altennachmittag, und da hab' ich noch ein paar Jahre hin. So is Internet doch a Möglichkeit, andere Menschen und vielleicht auch den richtigen Partner kennenzulernen."

Werner schob sein Kinn vor und sah Moni mit prüfendem Blick an. „Und welchen Superhelden hast dann du vorgestern besiegt?"

Moni errötete und schluckte. Dann brabbelte sie verlegen: „Ich weiß jetzt wirklich ned, was du meinst …" und stand auf. „Ich geh' jetzt wieder auf mein Zimmer. Abendessen wird auch bald kommen. Wenn'sd Lust hast, dann kommst später noch bei mir vorbei. Ich glaub', heut' kommt ein Ostfriesenkrimi auf dem Zweiten." Dann drehte sie sich um und verschwand im Treppenhaus.

Werner nahm seine Kaffeetasse und leerte sie mit einem einzigen kräftigen Schluck. Dann stand er ebenfalls auf und ging zum gegenüberliegenden Treppenhaus, denn dahinter befand sich die Männerstation. Auf dem Weg dorthin kamen gerade die Elvira und der Stefan rechts von der Entbindungsstation. Die drei begrüßten sich herzlich.

„Ja was macht's ihr denn da? Habt's einen Besuch gmacht? Wer hat denn entbunden?"

Stefan schüttelte den Kopf und Elvira errötete und sah verlegen auf den Boden.

„Naa, Werner, wir kriegn ein Baby!", klärte ihn Stefan auf, und Werner war erst einmal sprachlos. „Ja ... ja … ja des is … ja super! Mei Gratulation!", stammelte er dann und klopfte dem Stefan auf die Schulter. Die angehenden Eltern grinsten bis über beide Ohren, verabschiedeten sich und begaben sich zum Ausgang.

Werner stand da und sah ihnen nachdenklich nach. Ein Grinsen breitete sich auf seinem Gesicht aus. Er hob die Schultern, zog die Schlaufe seines Morgenmantels enger und machte sich auf zu seinem Zimmer.

Personenverzeichnis

Moni Beck:	Alleinerziehende Mutter und „Hobbykriminalistin“; Hauptfigur
Werner Huber:	Polizist; Schui-Spezl von Moni
Erwin Haderthanner	Geschäftsmann in Mühldorf
Gertraud Millstetter:	Erwin Haderthanners Schwester
Wilhelm Hoymeyer:	Buchladenbesitzer in Mühldorf
Lisa Beck:	Monis Tochter (10 Jahre)
Tom Beck:	Monis Sohn (12 Jahre)
Benno Haderthanner:	Erwin Haderthanners Neffe
Klaus Keilhofer:	Leiter der Polizeidienststelle Mühldorf
Eberhard Brucker:	Dienstbeflissener Polizist, Kollege von Werner Huber
Erika Grahammer:	„Stadtratschn“ von Mühldorf
Bert Haigermoser:	Wirt vom *Getreidekeller*
Wastl und Emmi Reichgruber:	Monis Vermieter
Hilde und Franz Beck:	Monis Eltern
Angelika Weiher:	Monis Freundin
Elvira Weinberger:	Kollegin von Angelika Weiher
Sepp Bichler:	Frührentner und „Mädchen für alles“
Riccardo Beloni:	Eisdielenbesitzer und Charmeur
Ramona Pfitzner:	Angestellte im Modehaus Haderthanner
Hias (Matthias), Martl (Martin) und Stefan:	Freunde von Werner Huber

Cindy Demberger:	Sekretärin auf der Polizeidienststelle von Mühldorf
Linus Krinner:	Notar, am Stadtplatz von Mühldorf ansässig
Gottfried Kirchner:	Schankkellner im *Getreidekeller*
Dr. Elias Sagmeister:	Staatsanwalt
Tante Lotti:	Schwester von Monis Mutter Hilde
Dr. Heinichen:	Stationsarzt im Krankenhaus Mühldorf
Schwester Brigitte:	Krankenpflegerin im Krankenhaus Mühldorf
Sebastian Stanglmeier:	Rechtanwalt; Pflichtanwalt von Benno Haderthanner
Herbert Vogl:	Polizeibeamter im Ressort Finanzverbrechen, München
Heinz Damoser:	Polizeibeamter in Mühldorf, Kollege von Werner Huber

Danksagung

An der Entstehung dieses Buches waren mehrere Personen beteiligt. Zuallererst möchte ich meine Lebensgefährtin Corinna erwähnen, die mir den Rücken freigehalten hat und an vielen langen Abenden und Wochenenden, die ich mit Schreiben verbracht habe, auf mich verzichten musste.

Mein großer Dank gilt auch Claudia Matusche, meiner Lektorin. Sie hat tatkräftig mit dazu beigetragen, dass aus der Geschichte eine runde Sache geworden ist.

Ebenso gilt mein Dank Ann-Cathrin Ruatti für die Gestaltung und Bearbeitung des Covers.

Zu guter Letzt möchte ich mich bei Christine Dannhoff, der Inhaberin des Scholastika Verlags, bedanken, die sich bereit erklärt hat, mein Buch zu veröffentlichen.

Peter Lerchner, Mai 2021